教育メディア空間の言説実践

明治後期から昭和初期までの教育問題の構成

岩田一正
Iwata Kazumasa

世織書房

はしがき

教育ジャーナルや教育に関連する時事問題を報道したり論じたりする一般紙や総合雑誌、また子どもに対する教育機能を有する少年雑誌や少女雑誌、教科書などのメディアが形成する教育に関する意味空間を、本書では「教育メディア空間」と呼称する。

教育メディア空間は、出版資本主義の勃興を背景として形成されたものであり、その空間においてどのような教育問題がどのように論じられたのか（あるいは、どのような教育問題が論じられなかったのか）ということが、近代以降の日本の教育実践や教育政策、また人々の学校、教師、子どもに対する眼差しに影響や変容をもたらし続けている。したがって、教育メディア空間における教育問題の構成は、教育の諸様相に影響を及ぼす社会的な事実であると捉えることができる。

本書は、このような社会的事実を産出する教育メディア空間に照準し、明治後期～昭和初期（一八九〇年代半ば～一九三〇年前後）の期間に、その空間でどのような事象が教育問題として構成されたのか、またそれらの問題構成は、当該時期のどのような歴史的な構造や状況と相関していたのかという探究を試みるものである。

この探究を通じて、同じような教育に関する事象が繰り返し生じるにもかかわらず、なぜある時期に教育メディア空間で教育問題化されるのかということを考察することとしたいし、三〇年超に及ぶ期間に、その空間における教育問題の構成に変容が見られるのかどうかということも分析することとしたい。その空間を囲繞している政治、経済、思想、社会、文化などの歴史的な構造や状況と相関しながら、教育問題がどのように構成されたのか、またその構成に変容が生じたのか、変容が見られるのであれば、どのような変容がどのように、なぜ発生したのかということを照射することができればと思う。

以上のような探究を遂行するために、本書では、従来の日本近代教育史ではそれほど注目を集めていなかった少年雑誌における投稿文に関する編集部の方針転換、全国的な学習展覧会、小学校教師の学力問題や殉職事件、学制頒布五〇年記念祝典などの諸事象に焦点を合わせ、それらの事象を論じた教師、学者、ジャーナリスト、政治家、児童文学者、保護者、子ども、学生、新聞や雑誌の読者といったさまざまな人物の多様な言説を分析対象として設定している。

多種多様な事象や言説に着目するのは、事象の性質や人々の背景を超えた歴史的な構造や状況が、ある時期の教育に関する言説実践を特徴づけ、教育に関する問題構成の論理を基礎づけていたのではないかと想定するからであり、またそれにもかかわらず、同じ歴史的な構造や状況に基盤を有する教育に関する問題の論じ方のあいだにも、論じ方それ自体、そしてその論理などに差異が見られるのではないかとも推測するからである。

教育メディア空間、またその空間における教育問題の構成に迫ろうとする研究には、いくつかの系譜を想定することができる。すなわち、第一にメディア研究の効果理論やイデオロギー論に連なるもの、第二に歴史社会学的な言説研究に連なるもの、第三に教育ジャーナリズム史研究に連なるものを挙げることができるだろう。

メディアが人々の行動や意識にどのように影響を与えるのかを検証する第一の系譜は、メディアの政治的・社会的な機能を分析しようとするものであるが、この系譜が剔抉するのは、メディアにおける言説や問題構成というよりも、むしろメディアの効果、その背後にある利害関係、あるいはメディアの権力性である。それゆえ、なぜ特定の言説や問題構成が人口に膾炙し、他のものはそうはならなかったのかを説明するものとは言えない。

特徴的な教育に関する言説を例示しながら、その言説がある時期に量的にどの程度普及したのかを分析する第二の系譜は、言説（の産出）を社会的な事実と捉えるものである。しかし、この系譜では、なぜ他の言説ではなく、例示される言説がその時期に浮上したのかという歴史的な構造や状況、言い換えれば、その特徴的な言説を構成することとなった出来事が見えにくくなっている。

教育事象の発掘のための史料として教育メディア空間を活用する第三の系譜は、言説ではなく、その言説の外部に存在する教育事象に関心を有するものであり、言説をその事象の写像と認識していると見ることができる。

これらの系譜に連なる研究から得ることができる知見を踏まえつつも、本書は教育メディア空間を、その外部に存在する政治力学が特定の教育に関する言説や問題構成を書き込む空間としてのみ把握するのではなく、その空間自体が言説や問題構成が対抗し、特定のものを正統化していく政治力学が作用するアリーナでもあると認識した上で、ある時期を特徴づけるものとして語られる教育言説や教育問題が、具体的にはどのような出来事を通じて創出され、正統化されたのかを記述しようとするものである。そして、この記述の過程において、結果的に傍流となって潜在化することとなった日本近代が有していた教育問題の論じ方も発掘したいと考えている。

三つの系譜とは異なる迫り方で教育メディア空間に焦点を合わせる本書の研究を通じて、従来の教育史研究の主流である教育制度史研究や教育思想史研究に還元し切ることのできない歴史を描出することができればと願っている。本書の研究が、そのような歴史をどれだけ表現することができているのか、読者の判断に委ねることとしたい。

教育メディア空間の言説実践◆目次

【凡例】

一、漢字については、読みやすさを考慮し、原則として、引用文を含めて旧字体を新字体に改めた。
二、引用文中の旧仮名遣いはそのままとし、合字は仮名に改めた。
三、引用文中の圏点は原則として原典通りであるが、必要に応じて省略した。
四、引用文中に含まれる差別的な表現については、歴史的資料であることを鑑み、原文のままとした。

教育メディア空間の言説実践

序章
主題の所在

はじめに――問題の所在と研究の方法

教育に関する最も重要な現実は、教育の現場で生み出されている。このことに異論を差し挟む人はいないだろう。学校教育であれば、知的文化的遺産を媒介としながら、教師と子ども、あるいは子ども同士が顔を合わせながらかかわる教室や学校という場において、学校教育の最も重要な現実は生み出されている。そして我々は、教室や学校で生じている事象を観察し、さまざまな事柄を論じ、語り、問い、書くことを通じて、その場で生み出されている現実やその現実が有している意味に迫ろうとしている。

一方、教育に関する問題がどこで構成されているのかを考えれば、必ずしも教育実践が展開されている場であるとは言えなくなる。それ以外の場で教育に関する問題が構成されることもあるからであり、その問題が教室や学校における教育の現実の創出に関与していくこともある。

例えば、ある少年事件が生じ、新聞や雑誌において少年の了解不能な心の闇が報道されると、人々の認識に少年の心の闇が実体化されていくことがある。新聞や雑誌の記事に掲載される専門家などの言葉を読み、人々がその言葉を踏まえて行動する結果、了解不能な心の闇をいかに了解可能なものへと変換していくのかということが教育の問題となり、学校教育における教師と子どものかかわりにその問題が挿入され、教室や学校で創出される教育の現実に変容をもたらす。

本書は教育に関する問題を構成する場の一つとして、以下で定義する「教育メディア空間」を対象として、「教育ジャーナル」などが形成するその空間が、教育に関する問題、特に国民教育にかかわる問題を、どのように構成してきたのかを分析することを課題としている。その際に、国民国家の創出過程が半ばに入り、国民教育が制度的に整備・確立され、小学校に通うことが社会的慣行となりつつあった明治後期（一八九〇年代半ば）から、国民国家の創出過程が終焉を迎え、国民教育が自明視されることとなった昭和初期（一九三〇年前後）までの時期に焦点を合わせ、この課題に取り組んでいくこととする。

「教育ジャーナル」と「教育メディア空間」という表現を用いたが、本書では「教育ジャーナル」を「教育に関連する記事や論考を中心として構成されている雑誌」と定義し、「教育メディア空間」を「教育ジャーナルや教育に関連する時事問題を報道したり論じたりする一般紙や総合雑誌、また子どもに対する教育機能を有する少年雑誌や少女雑誌、教科書などのメディアが形成する教育に関する意味空間」と定義する。なお、稿を改め、教育事象を扱った映像メディアを対象に含む研究に取り組むこととしているが、本書では活字メディアが構成する教育メディア空間を分析対象とする。

周知のように、ベネディクト・アンダーソン（Benedict Anderson）は、*Imagined Communities : Reflections on the Origin and Spread of Nationalism*（London : Verso, 1983. 白石隆・白石さや訳『想像の共同体』リブロポート、一九八七年）において、同じ「国語」で書かれた同じ出版物を同じ時間に読むという経験の均質性、同質性の創出を梃子として、国民国家は一つの抽象的な全体として想像されると論じ、国民国家という想像された共同体の形成が出版資本主義に媒介されている機制を示した。アンダーソンの議論を敷衍するならば、教育ジャーナルなどを読むという経験の均質性、同質性を通じて、（国民）教育に関与する人々が帰属する教育メディア空間という想像された共同体が形成されたと見ることができる。

それでは、一八九〇年代半ばから一九三〇年前後までの時期において、想像された共同体である教育メディア空間において、教育に関する諸問題はどのように発生し、それらの問題はどのように論じられることとなったのであろうか。またそれらの諸問題（を論じる言説）は、どのような当該時期の歴史的な構造や状況という文脈と相関していたのであろうか、さらに分析対象とする三〇年超の期間において、教育に関する問題の論じ方は一様なものであったのか、あるいはそうではないとするならば、どのような変容が見られたのであろうか。本書では、これらの点を分析していくことを通じて、前述した課題を考察することとする。

第1節　本書の課題

本書は大半の章において、教育ジャーナルを主要な史料の一つとして、教育に関する問題の発生と拡張に対して教育メディア空間がどのような機能を果たしていたのかを分析する。本節では、第一に、教育ジャーナルを史料として教育事象を論じている教育ジャーナリズム史研究を検討する。第二に、その検討を踏まえ、教育メディア空間において教育にかかわる問題や事象がどのように論じられ、語られ、問われ、書かれたのかを分析しようとする本書の分析枠組みや課題を提示し、本書が教育学や日本近代教育史に対してどのような貢献を期待できるものであるのかを述べることとする。

1　先行研究の検討――教育ジャーナリズム史研究の概観

一八七三年に『文部省雑誌』が、そして一八七七年に民間の教育ジャーナルとして『教育新誌』が創刊され、その後数多くの教育ジャーナルが発刊されている。教育ジャーナルをどのように定義するのかによって、その数は変化するが、木戸若雄は明治期に発行された教育ジャーナルに限っても、「その正確な数字をあげることは不可能に近い。一雑誌でも改題また改題で数種の名を持つものもあるが、とにかく題号だけを数えあげたら五百種類くらいになるように思う」(1)としている。また、後述する教育ジャーナリズム史研究会は、調査に基づいて明治期に創刊された教育ジャーナル五八二点を確認している(2)。

このような膨大な数に及ぶ教育ジャーナルを史料として、教育問題の分析という領野を開拓した在野の教育ジャーナリストであり、教育史家でもあった木戸若雄の一連の著作は、本書の先行研究と位置づけることができるものである。

木戸は、一九六〇～六五年に全国公立学校教頭会の機関誌『学校運営』に「明治時代の教育雑誌」、「大正時代の教育雑誌」、「昭和時代の教育雑誌」を連載している。その連載をまとめた『明治の教育ジャーナリズム』(近代日本社、一九六二年)、『大正時代の教育ジャーナリズム』(玉川大学出版部、一九八五年)、『昭和の教育ジャーナリズム』(大空社、一九九〇年)という三部作は、明治初期から昭和三〇年代中頃までに創刊された数多くの教育ジャーナルを渉猟し、計二二五誌に及ぶ教育ジャーナルに関して、それぞれの創刊の背景や関係者の人脈などを辿ることを通じて、各誌の特徴を記述したものとなっている(3)。

この作業に加えて、木戸は『明治の教育ジャーナリズム』において、教育ジャーナルの投書家たちがどのような人生を歩んだのかを叙述し(4)、『教育学術界』と『児童研究』を舞台とする樋口勘治郎と熊谷五郎の「教育学会」という名称を巡る論争を記述し(5)、教育ジャーナルの記者が中心となって結成した諸教育団体の特徴を描出している(6)。また、木戸は教育ジャーナルを史料として明治期に生じた教育問題を分析し(7)、さらに教育図書雑誌におけるいくつかの筆禍事件について検討している(8)。そして、『大正時代の教育ジャーナリズム』では、教育ジャーナルを史料として、教育者や教育ジャーナリストと教育改革運動との関係を紹介するとともに(9)、大正期に生じた教育問題を分析している(10)。

このように、数多くの教育ジャーナルを渉猟し、それらを史料として教育問題を検討した木戸は、教育ジャーナルに関連するさまざまな領域を開拓している。しかし、その記述の関心は、教育に関連する事実や事件そのものに留まっている。

一方、本書の関心は、教育ジャーナルを始めとする教育メディア空間の言説を通じて、ある時期にどのような教育に関する問題がどのように構成され喧伝されるようになったのか、そしてその構成と喧伝にはどのような歴史的な構造や状況が関係していたのかを分析することにある。それゆえ、このような本書の関心から見れば、木戸の研究は膨大な教育ジャーナルの渉猟を踏まえて数多くの事実や事件を発掘したものであると高く評価できる一方で、事実や事件それ自体に関心の焦点が絞られ、発掘した事実や事件がなぜその時期に生じたのか、またその事実や事件はそれらを囲繞する政治、経済、思想、社会、文化などの歴史的な構造や状況との関連においてどのような意味を有していたのか、という観点からの考察が主題化されていないものとなっている。

木戸が開拓した領域を継承し探究を深めているのが、教育ジャーナリズム史研究会を組織した榑松かほる、菅原亮芳、小熊伸一による一連の研究であり、具体的には①榑松かほる・菅原亮芳「民間教育雑誌の成立に関する一断面(上)――『教育時論』と『教育報知』をてがかりとして――」(『桜美林論集』第一五号、一九八八年、四七～七〇頁)、②同前「民間教育雑誌の成立に関する一断面(下)――『教育時論』と『教育報知』をてがかりとして――」(『桜美林論集』第一六号、一九八九年、一三～四六頁)、③榑松かほる・菅原亮芳・小熊伸一「近代日本教育雑誌史研究(一)――明治期刊行教育雑誌の諸類型とその変容――」(『桜美林論集』第一七号、一九九〇年、四九～六八頁)、④同前「近代日本教育雑誌史研究(二)――明治期刊行教育雑誌の諸類型とその変容――」(『桜美林論集』第一八号、一九九一年、二五~四二頁)、⑤同前「大正・昭和戦前期における教育雑誌の変容過程──その類型化を中心として──」(『立教大学教育学科研究年報』第三六号、一九九二年、七九~九三頁)を挙げることができる。

また、教育ジャーナリズム史研究会編『教育関係雑誌目次集成』(日本図書センター、一九八七~九四年、全一〇一巻)は、教育ジャーナルの目次だけでなく、補遺として各誌解題、執筆者索引、所蔵機関一覧が収められ、教育ジャーナルを史料とする研究者の必読文献となっている。

①と②は『教育時論』と『教育報知』の社説の内容、また誌面・欄構成、さらに「論説」欄や「学術」欄における記事の傾向を分析することを通じて、文教政策に対する立場などに見られる両誌の性格の差異を考察する論文である。③と④は明治期における教育ジャーナルの発行状況を数量的に分析し、編集発行主体を官側、民間、校友会・学友会、地方教育会、個人の五つに分類した上で、その分析と分類に基づいて、明治期を明治初年から一〇年代まで、明治二〇年代から三〇年代半ばまで、明治三〇年代半ばから四〇年代までという三つの時期に区分し、各時期の教育ジャーナルの創刊の意図や特徴、また記事の傾向を、諸教育ジャーナルの創刊の辞や誌面・欄構成から考察した論文である。⑤は一九一〇年から四〇年代半ばまでの教育ジャーナルの創刊点数の推移を数量的に検討するとともに、一九一〇年代、一九二〇年代、一九三〇年代以降の三つの時期に関して、それぞれの時期に創刊された教育ジャーナルの創刊号を主たる分析対象として、教育ジャーナルの出版動向から各時期の教育の世界を描出することを試みた論文となっている。

各論文、特に③~⑤は、膨大な教育ジャーナルの渉猟と分析を踏まえた研究成果であり、本書が対象とする時期における教育ジャーナルの動向を検討する際の視座を提供する。しかしながら、主として創刊号が分析対象となっているため、これらの論文を通じて、各教育ジャーナルが創刊された意図と創刊の背景にあった教育を巡る諸状況とを認識することはできるが、論文⑤で述べられている通り、本書が取り組もうとしている課題の一つである「教育雑誌の中での教育言説の研究はこれから残された課題」(11)に留まっている。つまり、③~⑤の論文は教育ジャーナルの創刊を巡る諸状況を照射するものであるが、それらの論文では、創刊された教育ジャーナルが、その後の教育メディア空間においてどのような機能を果たしたのかという点に関する分析はなされないままとなっている。

なお、教育ジャーナルには、榑松かほる・菅原亮芳・小熊伸一の論文③~⑤が指摘しているように、校友会や学友会が発行していた雑誌も含まれる。校友会や学友会が発行していた雑誌を史料として、学ぶ者の視座を組み込んだ学校生活の実態史を描こうとした論文に、斉藤利彦・市川雅美「旧制中学校における校友会雑誌の研究」（『東京大学大学院教育学研究科紀要』第四八巻、二〇〇八年、四三五~四六一頁）がある。

同論文は、アンケート調査を実践して旧制中学校における学友会雑誌の刊行・保存状況に関する基礎的なデータを提供するとともに、校友会雑誌の名称の由来や変遷を記述し、誌面構成の傾向や誌面の各欄の内容を検討することを通じて、各校友会雑誌の特徴や時代ごとの傾向を明らかにしている。また、校友会雑誌の編集体制が変遷していることの意味を考察するとともに、投稿から校友会雑誌への参加状況を検討し、規約や編集後記、記事から校友会雑誌が旧制中学校やその生徒たちにとって果たしていた機能を分析している。

この論文を発展させた斉藤利彦編『学校文化の史的探究——中等諸学校の『校友会雑誌』を手がかりとして——』（東京大学出版会、二〇一五年）は、植民地のものも含む校友会雑誌を史料として、学校文化の諸相の深層を読解し、また学校文化内部の亀裂を記述し、さらに生徒文化から学校文化を解明するとともに、帝国日本と学校文化の相関を描出している。

その他、橋本紘市・丸山和昭「近代日本における「教育界」の構造分析——イシュー・アクター・ネットワーク——」（『東京大学大学院教育学研究科紀要』第四九巻、二〇〇九年、八五~一〇四頁）も、教育ジャーナルを分析対象としたものである。同論文は、『教育時論』の一八九〇・一八九五・一九〇〇・一九〇五・一九一〇・一九一五年の各一年分に掲載された「内外雑纂」と「時事彙報」に含まれる記事から問題群を抽出し、それぞれの問題群にどのような参加者が関与していたのかをネットワーク分析することを通じて、高等教育に力点を置きながら教育界の構造を解明しようとした論文である。

斉藤らの研究、また橋本・丸山の研究は、本書の分析対象や研究手法と異なったものであるが、教育ジャーナルを史料とする新たな研究が胎動しつつあることを示している。

2 分析の枠組み

ここまでの先行研究の検討を踏まえながら、以下では本書の分析枠組みを提示することとしたい。

木戸の研究、そしてその研究を継承し発展させている榑松・菅原・小熊の研究を概観してきたが、それらの諸研究は、教育ジャーナルを史料として数多くの事実や事件を発掘し、また教育ジャーナルの編集発行主体、誌面構成、創刊の意図、創刊点数の推移、創刊号から見た各時期の教育の世界の特徴を考察するなど、多様な観点から教育ジャーナルを分析したものとなっている。教育ジャーナルを史料として事件や事実を発掘することや、教育ジャーナルの史料批判を蓄積することの教育学的・日本近代教育史的意義は非常に大きい。

しかしながら、第一に、木戸の研究や榑松・菅原・小熊の研究は、教育ジャーナルに史料がほぼ限定されているため、他の活字メディアにおいて、教育にかかわる問題や事象がどのように論じられていたのかについては十分な分析がなされていない。このことの一因は、当然のことながら、その研究の射程が、教育ジャーナルを史料とした教育に関連する諸問題や諸事象の発掘や記述、あるいは教育ジャーナルが創刊された意図やその背景の考察、また教育ジャーナルの出版動向の分析にあるからである。

けれども、教育の領域は他の領域の支配を受けない自立的・自律的な固有領域であり、教育を専門に扱う教育ジャーナルを分析すれば、対象時期の教育に関連する事象を記述できるという想定が、教育ジャーナリズム史研究に存在しているゆえに、教育ジャーナルに史料を限定している側面が存在するのではなかろうか(12)。

また第二に、榑松・菅原・小熊の研究が創刊誌を分析対象としていることには、史料の制約が存在する点を考慮しなければならないが、それに加えて、教育ジャーナルはその創刊以前に構築された意図やイデオロギーが反映される場であるという認識が作用しているのではないだろうか。このような認識に基づけば、教育ジャーナルはその外部に存在する政治力学に従属する媒体となってしまう。

第一の点に関して言えば、従来の教育ジャーナリズム史研究とは異なり、本書は、教育の領域は、教師や子どもを始めとする個々の主体によって教育にかかわる諸行為が展開される領域であると同時に、政治、経済、思想、社会、文化の諸状況と相関する領域でもあり、また本書の対象時期について言えば、確立され、自明視されつつあった国民国家という全体社会によって構造化、制度化されている領域でもあるという観点から、教育ジャーナルも含む教育メディア空間に接近していくものである(13)。

しかし、教育メディア空間と相関する領域を拡張するという迫り方に留まるのであれば、相関領域を拡張する意義はあるとしても、教育メディア空間を他の領域における政治力学に従属する場として認識しかねない点で、本書と従来の教育ジャーナリズム史研究とのあいだに大きな違いはないものと言える。それゆえ、教育メディア空間を他の場の力学に従属する場として把握する視角を超えなければ、教育ジャーナリズム史研究が有している可能性を伸張させることはできず、第二の点に関して新たな視角を提示することはできないままとなる。

第二の点に関連して改めて注目しなければならないのは、榑松・菅原・小熊が自らの研究に関して、前述したように「教育雑誌の中での教育言説の研究はこれから残された課題」と記し、従来の教育ジャーナリズム史研究には、教育雑誌を史料とする言説の分析が課題として残されていることを指摘している点であろう。このことを本書の関心に引き付けて言えば、教育メディア空間は他の場の政治力学に従属するだけでなく、その空間自体が教育に関する問題の論じ方を構成する政治力学が作動する場であり、その力学も分析しなければならない、ということとなる。

榑松・菅原・小熊が指摘する残された課題に取り組むには、二つの方向があり得る。第一は三人が探究している方向である。

榑松・菅原・小熊は二〇〇三年度に三人を含む教育情報史研究会を組織し、「教育雑誌の中での教育言説の研究」に取り組んでいる。教育情報史研究会は、「近代日本における教育情報の歴史的研究」というテーマで、「学校システムの企画・構築に関わる政治過程の分析を重視する従来の伝統的教育史研究を超えて、子どもの側・青年の側の学びへの「志」がいかに喚起され、どのような方向性をもってキャナライズされたかを分析」(14)し、その研究成果として菅原亮芳編『受験・進学・学校――近代日本教育雑誌にみる情報の研究――』(学文社、二〇〇八年)を刊行している。

同書は、従来は活用されていなかったものも含む受験雑誌、進学案内書などを史料として、各雑誌・書籍の誌面構成、内容、創刊の意図などを分析したものであり、前掲の榑松・菅原・小熊の③〜⑤の論文以上に各雑誌・書籍の特徴を鮮明に描出したものとなっているし、日本近代における学習者たちの学びの経路がどのような情報や媒体によって水路づけられていたのかを開示するものとなっている。

また、菅原亮芳『近代日本における学校選択情報――雑誌メディアは何を伝えたか――』(学文社、二〇一三年)は、書誌的研究に基づいて進学案内書、苦学案内書、受験雑誌などのそれぞれの媒体の特性を検討するとともに、その媒体から伝えられる情報の質などを分析し、どのような情報が青年を鼓舞したのかを考察することによって、学校に限定されない青年の学びの構造を照射している。

しかし、これらの研究が分析対象とする受験雑誌や進学案内書は整理された情報を伝達する媒体であり、それゆえに、これらの研究では、各史料にどのような情報が掲載されていたのか、またそれがどのように変容したのかに関する検討に比重が置かれている。したがって、進学案内書、苦学案内書、受験雑誌という史料の性格に由来するが、これらの研究は、教育に関する問題や事象に関する論じ方を構成する場という側面から教育メディア空間に接近してはいないのであり、「教育雑誌の中での教育言説の研究」は教育メディアが伝達する情報の分析となっている。

本書の課題は、分析対象とする史料の特徴を記述することではなく、対象とする諸史料が構成する教育メディア空間において、教育に関する事象がどのように表象され、論じられ、その結果、どのような教育問題がどのように発生し、拡張していったのかということを考察することである。

この点に関する検討は、特定の媒体の通時的な分析によっても可能なのかもしれないが、諸媒体が構成する教育メディア空間の共時的な分析から迫ることがより妥当なものであると見ることができる。なぜなら、特定の媒体のみを史料としては、ある事象が教育問題としてその媒体で論じられたこと、そして頻繁に論じられるようになったことを記述することはできるかもしれないが、そもそもなぜその問題が発生したのか、そして他の媒体でも問題として論じられていたのかを描出することはできないのであり、これらの点を描出するには、他の媒体を含む教育メディア空間におけるその問題の発生と拡張の動態を共時的に分析する必要があるからである。この教育メディア空間の共時的な分析こそ、「教育雑誌の中での教育言説の研究」に取り組む第二の方向であり、本書は、第二の方向を探究することを通じて、教育ジャーナリズム史研究が有していた可能性を伸張させていくこととしたい。

以上を踏まえて、本書の理論的な分析枠組みを整理すれば、次の二つの枠組みから、想像された共同体である教育メディア空間において、ある時期に特定の教育に関する問題が発生し拡張した機制に迫る、ということとなる。

第一に、国民教育制度が確立し、学校教育を通じて学ぶことが当然視される時期以降に、教育メディア空間においてどのような教育に関する事象がどのように論じられたのかという、その空間内部の言説に見られる教育問題の発生と拡張を分析していく。

第二に、それらの諸問題の発生や拡張は、教育メディア空間を包囲する政治、経済、思想、社会、文化といった諸領域におけるどのような歴史的な構造や状況と相関するものであったのかを検討することによって、教育メディア空間内部の言説実践が、どのような歴史的基盤に支えられたものであったのかということを分析していく。

この二つの枠組みを通じて、三〇年超に及ぶ教育メディア空間を考察し、教育メディア空間において、ある時期に特定の教育に関する問題が産出されていく機制を照射するとともに、教育に関する問題の構成に、時代の変遷に応じて、あるいは同時代であっても状況に応じて、どのような差異が見られるのかということを描出することとしたい。

したがって、本書は、国民国家や国民教育の形成を単一の均質な円滑な過程として認識するのではなく、その形成過程に見られる複数性を浮き彫りにすることを射程に収めるものであり、教育に関する問題の発生や拡張に関して教育メディア空間が有していた機能の多様性、重層性から、多種多様な近代を照射しようとするものである。国民国家論に収斂しない教育メディア空間の機能、あるいは教育メディア空間から見える国民国家論に潜在化されている近代の複数性に迫っていくことに、本書の理論的課題はある。

そしてこの課題に迫ることは、法令や政策を分析する教育制度史研究や教育思想（家）を分析する教育思想史研究に還元し切ることのできない日本近代教育の歴史を、教育メディア空間に照準して描出することでもあり、別言すれば、制度や思想によって構築される教育の世界が、人々によってどのように論じられてきたのかを、教育メディア空間を通じて記述することでもある。

第2節　分析対象時期の設定

本書は分析対象とする時期を、一八九〇年代半ばという明治後期から一九三〇年前後という昭和初期までに設定している。一八九〇年代半ばから分析を始めるのは、主として二つの事態に起因している。

第一に、本書が分析を開始する一八九〇年代半ばから数年が経過した一九〇〇年前後は、佐藤学が論じているように国民教育が制度的に整備され、確立する時期であり(15)、またそれと同時に、佐藤秀夫が述べているように小学校教育を受けることが社会的な慣行となる時期でもあることと関係している(16)。

この時期区分が妥当であるとするならば、一九〇〇年前後に生じた国民教育や学校教育が子どもの生活世界に浸透する事態の到来は、その教育との関連で子どもを把握していく問題認識の増大をもたらすとともに、学校において子どもに知識や技能を提供する存在である教師についての論じ方や書き方、問い方、語り方の変容をもたらしたであろうと想定することができる。また、保護者にも、従来とは異なり、学校教育を通じた国民教育の浸透を踏まえた観点から子育てについて語ることを促したであろう。

したがって、一九〇〇年前後の時期を一つの画期として、子どもが学校に通い、国民教育を受けることを与件として、人々は子どもや教師、また教育に関連する問題や事象を語るようになるという転換が生起したと推測することができる。この転換を描出するために、本書では一九〇〇年前後に先立つ一八九〇年代半ばから分析を始めることとする。

第二に、対象時期を一八九〇年代半ば以降とするのは、教師や保護者、またそれ以外の人々が、子どもや教師について、また教育に関連する問題や事象について共時的に語る場として、教育ジャーナルを中心とする教育メディア空間が拡張し始めた時期でもあったからである(17)。

本書が史料とする教育ジャーナル、総合雑誌、少年雑誌、少女雑誌、婦人雑誌の創刊年、廃刊年、発行所は次頁にある表1の通りとなる。表に記載していないものも含めて言えば、教育ジャーナルでは、『教育実験界』(一八九八年創刊)、『児童研究』(同前)、『日本之小学教師』(一八九九年創刊)、『教育学術界』(同前)、『教育界』(一九〇一年創刊)、『実験教授指針』(一九〇二年創刊)、『教育研究』(一九〇四年創刊)、『小学校』(一九〇六年創刊)、『教育の実際』(同前)、『内外教育評論』(一九〇七年創刊)、『初等教育』(一九〇八年創刊)などが一八九〇年代末から一九〇〇年代に創刊されているし、少年雑誌や少女雑誌では、『少年園』(一八八八年創刊)、『小国民』(一八八九年創刊、一八九五年『少国民』と改題)、『少年世界』(一八九五年創刊)、『少年倶楽部』(一八九七年創刊)、『少年界』(一九〇二年創刊)、『少年』(一九〇三年創刊)、『日本少年』(一九〇六年創刊)といった少年雑誌が一八八〇年代末から一九〇〇年代に、『少女界』(一九〇二年創刊)、『日本の少女』(一九〇五年創刊)、『少女世界』(一九〇六年創刊)、『少女の友』(一九〇八年創刊)といった少女雑誌が一九〇〇年代に創刊されている。

雑誌名	創刊年	終刊年	発行所（創刊時）
教育雑誌・教育週刊紙			
帝国教育（＊1）	一九〇九	一九四四	帝国教育会
教育時論	一八八五	一九三四	開発社
信濃教育（＊2）	一九〇七	刊行中	信濃教育会
教育実験界（＊3）	一八九八	一九一九	教育実験社
児童研究	一八九八	刊行中	第一書房
日本之小学教師	一八九九	一九二〇	湘南堂書店
教育学術界	一八九九	一九三九	同文館
都市教育（＊4）	一九一一	一九二五	東京市教育会
教育界	一九〇一	一九二四	金港堂
教育研究	一九〇四	一九四一	大日本図書
教育の実際	一九〇六	一九三六	教育実際社
小学校	一九〇六	一九三四	同文館
学校教育（＊5）	一九一四	一九四一	学校教育研究会
教育問題研究・全人（＊6）	一九二八	一九三三	イデア書院
学習研究（＊5）	一九二二	一九四一	目黒書店
教育週報	一九二五	一九四四	教育週報者
総合雑誌			
中央公論（＊7）	一八九九	刊行中	反省社
日本及日本人（＊8）	一九〇七	二〇〇四	金尾文淵堂

所、1893～1906年)、『教育広報』(帝国教育会、1896～1909年）を継続前誌とする。

1901～1904年)、『東京市教育会雑誌』(東京市教育会、1904～1911年）を継続前誌とし、『帝

～1928年）を継続前誌とし、1970年に『教育問題研究』(成城学園初等学校）として再刊。

を継続前誌とする。

(政教社、1893～1895年)、『日本人』(1895～1906年）を継続前誌とする。

之法律』(博文館、1888～1894年)、『日本大家論集』(博文館、1887～1894年）を総合したもの。

社）として復刊され、2002年に廃刊。


年〕の継続後誌)、『日本之少年』(博文館、1889～1894年)、『幼年雑誌』(博文館、1891～1894

を継続前誌とし、『戦時女性』(東京社、1944～1945年)、『婦人画報』(婦人画報社、1945年

表1　本書で史料とする教育雑誌、総合雑誌などの創刊年・終刊年、発行所

風俗画報	一八八九	一九二六	東陽堂
太陽（＊9）	一八九五	一九二八	博文館
実業之日本（＊10）	一八九七	一九九〇	大日本実業学会
新公論	一九〇四	一九二一	新公論社
向上	一九〇八	刊行中	修養団本部
改造（＊11）	一九一九	一九四四	清水書店
少年雑誌、少女雑誌			
少年世界（＊12）	一八九五	一九三三	博文館
日本少年	一九〇六	一九三八	実業之日本社
女学世界	一九〇一	一九二五	博文館
少女の友	一九〇八	一九五五	実業之日本社
少女	一九一三	一九二四	時事新報社
女学生	一九二〇	一九二三	研究社
婦人雑誌			
婦人画報（＊13）	一九〇九	一九四四	東京社
婦人世界	一九〇六	一九三三	実業之日本社
婦人之友（＊14）	一九〇八	刊行中	家庭之友社
婦女界（＊15）	一九一〇	一九四三	同文館
婦人公論	一九一六	刊行中	中央公論社
主婦之友	一九一七	二〇〇八	東京家政研究会
母之友	一九二〇	一九四六（？）	婦女界社
婦人倶楽部	一九二〇	一九八八	大日本雄弁会

注・（継続前誌がある場合には、継続前誌を含めた）創刊年順。
＊1　『大日本教育会誌』（大日本教育会、1883年）、『大日本教育会雑誌』（大日本教育会事務
＊2　『信濃教育会雑誌』（信濃教育会、1886～1907年）を活動後誌とする。
＊3　『創造』（教育実験社、第1巻第5号からは新造社、1919～1923年）を継続後誌とする。
＊4　『東京市教育時報』（東京市教育会、1900～1901年）、『東京教育時報』（東京市教育会、
都教育』（帝都教育会、1926～1943年）を継続後誌とする。
＊5　1946年に復刊。
＊6　『教育問題研究』（大日本文華ＫＫ出版部、1920～1928年）、『全人』（イデア書院、1926
＊7　『反省会雑誌』（反省本部、1887～1893年）、『反省雑誌』（反省雑誌社、1893～1898年）
＊8　『日本人』（政教社、1888～1891年）、『亜細亜』（政教社、1891～1894年）、『日本人』
＊9　『日本商業雑誌』（博文館、1890～1894年）、『婦女雑誌』（博文館、1891～1894年）、『日本
＊10　1900年に大日本実業学会は実業之日本社に改組、1994年に『実業の日本』（実業之日本
＊11　1946年に復刊し、1955年に廃刊。
＊12　『学生筆戦場』（博文館、1894年）（『日本全国小学生徒筆戦場』〔博文館、1891～1893年）などを統合したもの。
＊13　『婦人画報』（近事画報社、1895～1907年）、『東洋婦人画報』（東京社、1907～1909年）～）を継続後誌とする。
＊14　『家庭女学講義』（家庭女学会、1906～1907年）を継続前誌とする。
＊15　1948年に復刊するが、1950年に休刊し、1952年に再度復刊し、同年に廃刊。

この時期に簇出した雑誌メディアという場において、子ども（の教育や発達）や教師、また教育問題に関心を有する人々は、教師を相手に、あるいは子ども、またその保護者を相手に自らの思うところを語り合うことが可能となったのであった。

以上の二つの理由から、本書は一八九〇年代半ばという明治後期から分析を始め、教育メディア空間において、その時期以降に教師や子ども、また教育に関する問題や事象についてどのような論じ方や語り方、問い方、書き方が生じ、その言説実践にどのような差異や変容が見られたのかということを、事件や展覧会、祝典といった出来事などを契機として、その空間で発生した教育に関する問題の構成に焦点を合わせて考察していくことを試みたい。

それでは、本書はなぜ一九三〇年前後という昭和初期で考察を終えるのか。第一に、史料渉猟と史料読解に関して、膨大な史料の集積に対峙するには筆者の力が不足しているために、どこかで区切らざるを得ないという消極的な理由が存在している。

しかし第二に、一九三〇年前後で対象時期を区切るのは、以下に述べるように、その時期が国民国家創出期、教育に焦点を合わせて換言すれば、国民教育の制度化・普及期が終焉を迎え、国民国家の存在が自明視されるようになった時期であり、国民国家が体制選択を迫られる国民国家改革期の前夜の位置を占めているからである、という積極的な理由が存在している。ここでは、一九三〇年前後を画期とする点を指摘している二つの研究に言及しておくこととしたい。

「今日の教育史の基本的なパラダイム」の原型を構成している二つの時期区分、すなわち、第一に文部省編『学制八十年史』（一九五四年）が提示した、学制（一八七二年）、森有礼による学校制度の整備（一八八六年）、臨時教育会議（一九一九年）、国民学校令（一九四一年）、終戦（一九四五年）という時期区分と、第二に海後勝雄・広岡亮蔵編『近代教育史』全三巻（誠文堂新光社、一九五二～五六年）が提示した第一期：江戸期（資本主義の成立過程の教育）、第二期：幕末から第一次世界大戦まで（資本主義の爛熟期の教育）、第三期：第一次世界大戦から第二次世界大戦まで（全般的危機における教育）という時期区分に対して、佐藤学は「近代日本の教育史を資本主義の世界システム（Wallerstein）の歴史的展開に即して再認識する必要」を喚起し、「「国民教育」の確立とその展開を機軸とする教育史の時期区分」を次のように提示している(18)。

すなわち、第一期は世界的に進行した国民国家の建設に対応した時期であり、日本で言えば、学制頒布から一九三〇年前後までの国民教育の制度化・普及期、第二期は大恐慌を契機として、各国がソヴィエト型社会主義体制・国家社会主義体制・福祉国家体制という三つ選択肢から体制の選択を迫られた一九三〇年代から八〇年代末までの時期、第三期は第二期の体制選択システムが日本も含めて世界的に崩壊した一九八〇年代末以降、という三つの時期区分を提示している。そして第一期については、第三次小学校令（一九〇〇年）によって国民教育制度が整備された一九〇〇年前後を分水嶺として前半と後半に分け、第二期については、敗戦を迎えた一九四五年を画期として前半と後半に分けている。

佐藤が提起した国民教育の確立とその展開を機軸とした時期区分を踏まえるならば、一九三〇年前後は第一期と第二期の転換期としての位置を占める。実際、本書第2部第7章・第8章において言及することとなるように、その時期には教育メディア空間における教育に関する問題の構成にある徴候が見られるようになる。すなわち、国家と子どもの教育とを直截的には関連づけない徴候が現れてくるのである。佐藤の時期区分の論拠と、本書第2部第7章・第8章で記述することとなる教育メディア空間の問題構成に見られる微かな徴候がどのように関係するのかということを考察する課題は、本書の手に余り、射程外の問題である。

しかし、元森絵里子が「子ども」語りという言説の布置を歴史社会学的に分析した研究において、近代日本における国家創出過程は、一九三〇年前後の時期にある達成に至り、それ以降は創出された国家の改革が問題となる時代が到来する、と次のように論じている点は示唆的で興味深い。

……「子ども」を統一体と結びつける語り口は、昭和初期以降、しばしば(国家という──引用者)統一体の呼称をその時期に広まった「社会」という語に置き換えつつ、思想的な対立を超えて共有されるようになる。ただ、そこでは、国家や社会はこれから立ち上げるものではなく、すでにあるものとされている。そして、それを大きく変容させたり、改善したりする要として「子ども」とその教育が見出されている(19)。

佐藤の時期区分と元森の指摘とを重ね合わせるならば、一九三〇年前後という昭和初期は国民国家創出期から国民国家改革期への転換期に該当すると把握することができ、人々にとっての国家の位置づけの変容と連動しながら、その時期を画期として教育メディア空間における問題の論じ方に変容が生じたと推測することができる。

本書では、両者の示唆を踏まえ、また第2部の後半で論じることとなる教育にかかわる問題の構成に見られる微かな変容を踏まえ、国民国家創出期(国民教育の制度化・普及期)の後半、すなわち一八九〇年代半ばという明治後期から一九三〇年前後までという昭和初期を対象時期として設定し、その期間の教育メディア空間において、どのような教育に関する問題がどのように発生し拡張していったのか、その発生と拡張にはどのような意味があり、その発生と拡張は政治、経済、思想、社会、文化といった諸領域の歴史的な構造や状況とどのように相関していたのか、また教育メディア空間における教育に関する問題の発生と拡張に関して、時代や状況に応じてどのような差異が存在するのかということを分析していくこととしたい。

一九三〇年前後以降の体制選択の時期・国民国家改革期に、教育メディア空間において教育に関する問題を巡る言説実践に変容が見られたのかどうか、また変容が見られたとするならば、何を契機とし、その変容にはどのような意味があり、教育以外の領域におけるどのような歴史的な構造や状況と相関していたのか、さらに新たな教育に関する問題構成の布置は、その後どのように展開し、どのような教育にかかわる現実を創出していったのかという課題には、他日を期して取り組み、教育メディア空間から見た日本近現代における教育史の時期区分について、改めて筆者なりの見解を示すことに挑戦したい[20]。

以上に基づき、本書では、国民教育制度が制度的に整備・確立される時期であると同時に、子どもが小学校教育を受けることが社会的な慣行となり始める時期でもある一九〇〇年前後に数年先立つ一八九〇年代半ばから、一九三〇年前後という近代国民国家の創出過程が終焉を迎える時期までに生じたいくつかの事象や出来事に焦点を合わせ、その期間に人々が、教師や子ども、また両者の関係、さらに教育に関する問題を、教育メディア空間においてそれぞれの視角からどのように論じ、語ったのか、またその言説実践には時代や状況に応じて変容が見られるのかということを検討し、当該期間の教育メディア空間における教育に関する問題構成の布置が有している意味や、その布置の変容や更新を分析することとしたい。

なお、本書は教育ジャーナルなどによって構成される教育メディア空間の記事や論考を主たる史料としながら、一八九〇年代半ばから一九三〇年前後までを対象時期として、その期間に生じたいくつかの出来事に照準し、教育に関する問題の構成や転換を分析することを課題としている。既に検討した木戸若雄や榑松かほる・菅原亮芳・小熊伸一の一連の研究を始めとして、一八九〇年代半ばから一九三〇年前後までの時期における教育事象を、活字メディアに掲載された記事や論考を史料として分析した研究は、本書の先行研究に相当するものと位置づけることができる。しかし、その数は膨大なものであり、各章で扱う事例に関連する先行研究については、それぞれの章において論及し、検討していくこととする。

第3節　本書の構成

本書は全二部から構成され、第1部と第2部は時期で分割される。周知のように、臨時教育会議は、国民国家としての内実を備えた日本が、第一次世界大戦後における世界史のプレイヤーとしての地位を確固たるものとしていくための学制改革を志向した。言い換えれば、臨時教育会議は、国民国家に国民を統合する教育、そして国民国家を担う国民の教育を担ってきた学制を、一等国に相応しいそれへと転換する意思を有していたと言える。本書では、独立した国民国家を構成する国民の教育から一等国を担う国民の教育へと国民教育の内実を転換しようとした臨時教育会議の設置年を、第1部と第2部の境界線としている。

臨時教育会議設置までを対象時期とする第1部では、第1章と第2章において国民教育が確立し、小学校教育を受けることが社会的な慣行となっていく一九〇〇年前後に、そして第3章と第4章では確立した学校教育の成果が問われていく一九一〇年前後に照準する。臨時教育会議設置以降を対象時期とする第2部では、第5章と第6章において学制頒布から五〇年ほどが経過し、教育と国家の繋がりが改めて問題化される一九二〇年前後に、そして第7章と第8章では教育と国家の繋がりが自明視される一九三〇年前後に照準していくこととなる。以下では、各部各章において取り組む課題を概観したい。

第1部第1章・第2章の対象時期となる一九〇〇年前後は、前述したように、子どもが小学校教育を受けることが社会的な慣行となる時期である。換言すれば、一九〇〇年前後は学校教育が子どもの生活世界に浸透し、学校教育との関連において子どもが語られ、眼差されるようになった時期であると位置づけることができる。そして学校教育との関連で子どもを語ることは、大人とは異なり、国民となっていくために特別な配慮を必要とする特有の存在として子どもを見出していくことでもあり、このことがその存在に国民教育を授ける学校教育の制度的地位を確固たるものとしていく。

したがって、一九〇〇年前後は、配慮を必要とする存在である子どもを、その存在に配慮する学校教育や教師との連関で論じる基盤が形成される時期であると見ることができるが、このような時期の前後において、教育メディア空間では、子どもの論じ方や表象にどのような転換が生じたのであろうか。第1章と第2章は、教育ジャーナルに隣接する当時の少年雑誌や国語読本において、児童や少年がどのように論じられ、描かれていたのかを検討することを通じて、学校教育や教師との連関において子どもや教育事象が論じられる端緒の時期である一九〇〇年前後における、子どもの表象を巡る転換を分析することを課題としている。別言すれば、その後の教育問題を構成していく文脈が形成される時期に、子どもがどのように論じられ、表象されるようになったのかを分析することが、第1章・第2章の分析課題となる。

第1章では、明治後期に少年雑誌のなかで最も人気を博していた『少年世界』（博文館）の第一巻～第一六巻（一八九五～一九一〇年）を史料として、第2章では、広く読まれた検定教科書であった国語読本『帝国読本』尋常科用（一八九三年）と、第一期国定国語読本『尋常小学読本』（一九〇三～〇四年）とを史料として、前述の課題に迫ることとしたい。

第1章では、『少年世界』編集部の少年表象の転換に対して、少年自身はそれをどのように受容していたのかという問題について、少年自身の記した投稿文を史料として検討する作業にも取り組みたい。

第2章では、二つの国語読本における児童像には差異が存在すること、そしてその差異と連動して、児童に教える存在である教師像にも差異が見られることも明らかにすることとしたい。すなわち、『帝国読本』における教師は児童に教える役割を独占する存在として描出されているが、『尋常小学読本』における教師は児童に教える役割を独占する存在ではなく、家族や近隣の古老とその役割を分有する存在として表象されている。したがって、『尋常小学読本』における教師像は、教師の専門性は何なのか、そしてそれはどのように担保されるのかという問題を惹起する余地を残す教師像となっている。この点は、第3章と第4章で言及することとなる教師の専門性に対する疑念が、既に国語読本の表象において胚胎していたことを示している。

第1部第3章・第4章の対象時期となる一九一〇年前後は、普及し始めた小学校教育の成果が問われる時期である。子どもの学習成果を一望することを可能にした学習展覧会というイヴェント、そして教師の専門性を問題化した事件という、いずれも一九一二年の出来事に照準し、教育メディア空間において、子どもの学習成果を担保する教師の存在がどのように問題視され、教師たちがどのように対応しようとしていたのかを分析していくことが、第3章と第4章の課題となる。

第3章では、実業之日本社が主催し、一種のメディア・イヴェントと化した「全国小学校成績品展覧会」を事例として、展覧会に児童の成績品を出品するということが、教師や児童にとってどのような事態をもたらすものであったのか、また出品された成績品を評価する審査員の講評が、小学校教育の世界においてどのような機能を果たすものであったのかということを、同社が発行していた『日本少年』と『実業之日本』に掲載された関連記事を主たる史料として考察することとしたい。

第4章では、『万朝報』に掲載された特集記事によって惹起された「小学校教師の学力問題」を論じた教育ジャーナルや新聞の記事を史料として、その問題を契機として小学校教師の専門性に疑念が差し挟まれると同時に、教育関係者が教師の学力問題という当初の問題を、教育の権威の問題へと変換して学校教育の領域を聖域化し、その結果、その領域の特異性を主張する欲望を増大させていく過程を分析する作業に取り組むこととしたい。

第2部は、第1部第4章で検討する学校教育を聖域化する政治力学を巡って、学校教育の内部と外部の世界はどのように相関していたのかということを、一九二〇年前後の時期に生じた出来事を対象として分析することを課題としている。一九二〇年前後は、一方に一等国である日本に相応しい国民教育への欲望が、他方にデモクラシーや人道主義という理念とともに語られる社会改造の重要なモメントとしての教育改革への欲望が台頭した時期である。この二つの欲望と、学校教育を聖域化しようとする政治力学がどのように交差していたのか。第2部第5章・第6章では、この機制を二つの章で検討することとなる。

一九一九年に生じた松本虎雄の殉職と、一九二二年に生じた小野さつきの殉職は、子どもを救うために教師が溺死するという類似した事件であったにもかかわらず、教育メディア空間での扱いに大きな差異が見られた。第5章では、この二人の教師の殉職事件を事例として、教育メディア空間においてそれらの殉職事件の扱いに差異が見られたことに、果たしてどのような意味があったのかということを、教育ジャーナルや新聞、総合雑誌、婦人雑誌などを史料として考察することとなる。また、小野の殉職事件が大きく扱われた結果、どのような教師像が喚起されたのかということについても記述したい。

第6章では、一九二二年に催された「学制頒布五〇年記念祝典」について論じている教育ジャーナルや新聞などの記事や論考を史料として、教育は国家の隆盛をもたらすものであり、教育改革が国家の最優先事項であるという教育に関する問題構成が増幅する様相を記述するとともに、そのような問題構成を妥当なものとするために、また人々の教育に対する関心を高めるために、教育擁護同盟を始めとする教育団体や教育関係者がどのように尽力したのかを分析していく。そして、その分析過程において、教育概念の膨張＝拡散が招来されることとなった事態を照射していく作業にも取り組むと同時に、そのような教育団体や教育関係者の運動に批判的であった教師たちも、教育概念の膨張＝拡散を共有していたことを論じることとしたい。

以上のように、第5章と第6章では、国家における（学校）教育の重要性が喧伝された事例を扱うこととなるが、続く第2部第7章・第8章では、一九三〇年前後の時期の教育メディア空間において、子どもと国家の関係、教育と国家の関係が直截的には語られなくなっていくという徴候が現れ始めたことを、郊外に形成された学園都市に集合した新中間層の保護者が子どもの教育について綴っている文章と、私立大学において生じた学校紛擾を扱った新聞記事や雑誌の論考とを史料として叙述していくことを課題としている。

第7章では、一九二〇年代後半に学園都市として形成された成城に焦点を合わせ、大正新教育の拠点校の一つである成城小学校が発行し、同校に子どもを通わせる保護者の大半が購読者となっていた同校機関誌『教育問題研究・全人』に掲載された保護者の文章を史料として、郊外の新中間層が子どもの教育を、また子ども自体をどのように語っていたのかということを、そしてその語りにおいて国家がどのような位置を占めているのかということを分析する課題に取り組むこととなる。

第8章では、当時その改革が課題となっていた高等教育機関において生じた出来事に照準する。具体的には一九三〇年に生じた「早稲田大学同盟休校」を事例とし、学生たちは大学運営にどのような問題性を見出したのか、また学生の要求を高等教育機関の経営者や教育者、教育ジャーナリストはどのように把捉し、どのように紛擾の原因や対策を論じていたのかということを、教育ジャーナルや総合雑誌、また新聞に掲載された記事や論考を史料として分析していく。

一九三〇年前後は、私立大学の学生数が増加し、学生の私立大学への帰属意識をどのように担保していくのかということが、また文部省学生部による学生思想統制政策をどのように強化していくのかということが課題となっていた時期であり、その二重の文脈が重なり合う地点に生じた早稲田大学同盟休校において、学生の主張は、以前の学校紛擾とどのように異なっているのかという点を検討する作業にも取り組むこととしたい。さらに、その同盟休校を論じた教育ジャーナルや新聞などの記事や論考において、国家がどのように語られているのかということについても検討したい。

以上の各部各章は、特定の時期という水平線に沿って、教育メディア空間において、特定の事象や出来事に関して特定の教育に関する問題構成が主要なものとなっていくことにはどのような意味があったのか、また特定の言説の正統化にはどのような政治力学が相関していたのかということを、それぞれの部で探究していくものである。終章では、全二部で対象とする一八九〇年代半ばから一九三〇年前後までという垂直線にそって、教育メディア空間における教育に関する問題の論じ方には通時的にどのような変容が見られたのかということを考察したい。

第1部　国民教育の確立、実質化に向けて――児童像と少年像の転換、教育の成果の問題化

臨時教育会議の設置までを対象時期とする第1部は、一九〇〇年前後の教育メディア空間における教育問題の構成に照準する第1章と第2章、一九一〇年前後のそれに焦点を合わせる第3章と第4章から構成される。以下では、第1部で扱う事例を概観することとしたい。

子どもが小学校教育を受けることが社会的な慣行となるのは、換言すれば、義務教育が制度だけでなく、内実も伴ってきたのは、国民国家創出期の半ばであり、近代教育の制度化・普及期の半ばであった一九〇〇年前後のことであるとされている。したがって、この時期を端緒として、子どもは学校教育における国民教育という配慮を通じて国民

となっていく存在として見出され、その存在に配慮する学校教育との関係で子どもが論じられる傾向が強化されると想定できる。

また、一九〇〇年前後は、子どもを読者層とする児童雑誌、少年雑誌、少女雑誌の簇生が見られた時期でもあった。したがって、そのような雑誌の読者、消費者としても子どもは層として見出されたとも言うことができ、子どもの生活世界には学校教育だけではなく、雑誌も浸透し始めたのであり、そのメディアを通じて、子どもに対して理想的な子ども像が語られることとなっていく。

したがって、一九〇〇年前後はそれ以前とは異なり、学校教育が子どもの生活世界に浸透し、学校教育との関連において子どもが眼差されるようになる時期であり、また雑誌が子どもを読者として獲得し始める時期であるが、この時期に教育メディア空間において子どもの論じ方や表象にどのような転換が生起したのであろうか。

第1章と第2章では、当時の国語読本や少年雑誌において、児童や少年がどのように表象されていたのかを検討することを通じて、一九〇〇年前後の時期における児童や少年の表象の転換を分析することとしたい。

第1章では、明治後期に「出版王国」として屹立していた博文館の主力雑誌の一つであり、「お伽のおじさん」と呼ばれることとなる児童文学者巌谷小波が主筆を務めた『少年世界』(一八九五年創刊)に掲載された少年の投稿文を史料として、投稿文の文体が、言文一致会・少年言文一致会を始めとする当時の言文一致運動の興隆や、その興隆と連動した『少年世界』編集部の方針転換と相関しながら、漢文くずし体(漢文訓読体)や擬古文から言文一致の口語文体に変容することを照射する作業に取り組むこととしたい。そして少年の書字文化に生じた変容に照準することを通じて、『少年世界』が読者として想定する少年像が、それ以前は少年に含まれていた青年と区別されながら再編制されたこと、またその再編制は少年の自己表象にも反照していったことを剔出していくこととなるだろう。先取り的に言えば、「巌頭之感」を記した第一高等学校の生徒藤村操のような、漢文くずし体を綴る煩悶する青年とは異なり、少年は天真爛漫な言文一致体を綴る存在として見出されていくこととなる。

『少年世界』が規範的なものとして提示する再編制された少年像を、少年たちが自己表象に反照させ、言文一致の口語文体を綴るようになると、興味深いことに、彼らは『少年世界』誌上において他者に呼びかける投稿文を数多く綴るようになっていく。アノニマスな他者との新たな共同性を構築しようとする少年の投稿文は、『少年世界』における少年像の再編制が従来とは異なる新たなコミュニケーション回路を創出する梃子としても作動していたことを示唆する。第1章では、少年たちがどのようなコミュニケーション回路を構築しようとしていたのかについても検討していくこととしたい。この検討作業は、少年たちは学校教育を通じてだけでなく、雑誌メディアを通じて、書字文化に馴染み、書字文化における所作を学んでいたことを示唆するものとなるだろう。

第2章では、広く読まれた検定教科書であった国語読本『帝国読本』尋常科用第一～八巻（学海指針社編、一八九三年）と、第一期国定国語読本『尋常小学読本』第一～八巻（一九〇三～〇四年逐次刊行）という二つの国語読本を史料として、先行研究とは異なり、両読本の教育内容ではなく、児童表象に焦点を絞り、両読本に見られる児童表象に転換が生じていたのかどうか、また生じていたのであれば、どのような転換が生じていたのかを分析する課題に迫ることとする。『帝国読本』は学校に通うことが社会的慣行となる以前に発行された国語読本であり、『尋常小学読本』は学校に通うことが社会的慣行となった時期に発行された国語読本である。両者の刊行時期の違いが、両者で描かれる児童像にどのような差異をもたらしているのかを検討していくことが、換言すれば、国民国家創出期の前半と後半の差異を、児童表象から分析する作業に取り組むことが、第2章の課題となる。

また、当然のことではあるが、尋常小学校で使用されるゆえに、両国語読本において児童は学ぶ存在として描かれている。そして、児童を学ぶ存在として描くことは、児童に教える存在をどのように記述するのかという問題に接続していく。したがって、第2章では両国語読本における児童の表象を主として分析するが、それと同時に教師を含む教える存在がどのように描写されているのか、そこに相違は存在するのかどうかということも検討していくこととなる。

さらに、『尋常小学読本』においては、児童は学ぶ存在として記述されるだけでなく、別の側面を有する存在としても表象されている。どのような存在として眼差されているのかということに関しても、『尋常小学読本』を検討する際に照準することとしたい。

限られた史料の分析であるが、第1章と第2章を通じて、前述したように、雑誌メディアと学校教育が子どもの生活世界に浸透し、従前とは異なった存在として子どもが見出される端緒となる一九〇〇年前後に、教育メディア空間における子どもの論じ方や表象にどのような変容が生じていたのかを見ていくこととしたい。

続く第3章と第4章では、一九一〇年前後の時期に焦点を合わせ、国民教育、学校教育の達成の一つである子どもの学習成果を一望に収める学習展覧会という、その時期から催され始めたイヴェントと、教師の専門性を問題化することとなった事件とを事例とする。それらの事例の分析を通じて、教育メディア空間において子どもたちの学習成果がどのように評価されることとなったのか、そして子どもたちに知識や技能を与える役割を担い、子どもたちの学習成果を担保し、子どもを国民としていく専門家である教師の専門性が、どのように問題化されることとなり、教師はその問題化に対してどのように対応しようとしていたのかを考察することとしたい。

第1章で扱った『少年世界』（博文館）から少年雑誌の代名詞の地位を『日本少年』（実業之日本社）が簒奪する契機となったのは、実業之日本社が主催し、文部省が協賛した全国小学校成績品展覧会（一九一二年）の開催であった。第3章では、『少年世界』とは異なり、『日本少年』は学校教育との連携を意識し、社会教育（通俗教育）の一端を担おうとした少年雑誌であったことを開示するとともに、実業之日本社が全国小学校成績品展覧会を、自社発行雑誌における宣伝や文部省の賛助だけでなく、皇族、新聞記事、新聞広告といった諸メディアを動員しながらメディア・イヴェントとして演出していく過程を記述することとしたい。

全国小学校成績品展覧会は、高等小学校二年までの児童による書方、綴方、図画、裁縫、手工の数多くの成績品を集めて開催されたイヴェントであり、その成績品を人々の目に見える形で展示し、児童の学習成果に対して評価を与える場として機能した。しかし、その展覧会において児童の成績品が評価されるということは、その成績品を指導した小学校教師の教育実践が比較され、その実践に対してある評価が下されるということも意味していると見ることができる。そして同時に、児童の成績品や小学校教師の実践に評価が与えられるということは、評価の主体である審査員を、全国の小学校教師の実践を導く存在として屹立させることともなる。

第3章では、以上の機制を検討するとともに、この機制を通じて、審査員であった東京高等師範学校訓導芦田恵之助の思いとは異なり、教育の過程よりも教育の（そして児童の学習の）成果自体が目的となってしまう事態が、そして実践から言説が立ち現れるというよりも、むしろ言説が実践を統制する事態が到来することについても言及することとしたい。したがって、主導的な教師の言説に基づいて教育実践を改革することによって、教師たちは自らの専門性に対する疑念に応えようとしていたと言うことができるだろう。

全国小学校成績品展覧会が開催された一九一二年は、小学校教師に学力問題が生じた年でもあった。その問題は『万朝報』が一連の特集記事を掲載したことによって生じたものであり、その特集記事を契機として、『万朝報』だけでなく、数多くの新聞や雑誌の記事や論考が小学校教師の専門性を問題化していくこととなった。第4章では、第一に、新聞記事を主たる史料としながら、小学校教師の学力がどのように問題視され、教師の専門性がどのように批判されていたのかを検討することとしたい。

新聞記事の検討を通じて、小学校の校長や正教員の書き取り試験の成績不振を問題化した小学校教師の学力問題は、発端となった『万朝報』においては、漢字が習得困難なゆえに惹起されたものであり、人々に国字改良、特にローマ字採用の必要性を喚起するという文脈で論じられる傾向が強いものであったが、他紙においては、国字改良やローマ字採用から離れ、小学校教師の質や専門性を問題化していく文脈において論じられたことを記述することとなるだろう。

そして第二に、教師を始めとする教育関係者が、小学校教師の学力問題をどのように把捉していたのかを、『教育時論』や『帝国教育』などの教育ジャーナルに掲載された論考を史料として分析することとしたい。

それらの論考には、新聞記事と同様に、小学校教師の学力問題を漢字の難しさなどに関連づけるものも存在していた。しかし、教師の専門性に疑義を差し挟む新聞からの批判に対して、小学校教師の学力問題を教育実践の遂行に必要不可欠な権威を毀損する問題へと読み替え、簇生してきた教育ジャーナルを拠点としながら、学校教育の話がわかる、あるいは国民教育を担う教職の労苦を共有しているという内輪の論理を梃子として、学校教育の領域を他者からの批判を拒絶する聖域とし、学校や教師の権威を保持しようとする論考が数多く存在していたことを見出すこととなるだろう。

しかしながら、教師たちが学校教育の領域を聖域化し、その固有性を主張しようとしても、学校教育が国家や社会のサブシステムである限り、国家や社会に何らかの形で接続せざるを得ない。そうであるとするならば、どのように接続しようとしていたのか。第三に、社会学者建部遯吾の議論などを参照しながら、その接続の様態に関する素描を試みることとしたい。

以上の第一部の探究を通じて、国民国家創出期後半の前期に該当するこの時期の教育メディア空間において、子どもたちを国民に統合していくとともに、国民に相応しい存在に育成していく役割を担うことを期待された教育や教師に対して、教育対象である子どもをどのように認識するのか、また教育の成果をどのように充実させていくのかということが問われていた様相を照射していくこととしたい。

第1章

『少年世界』における「少年」の再編制
◆投稿文を中心に

はじめに――問題の所在

明治後期の「出版王国」を築いた博文館が出版界において果たした役割は、多くの人が言及するところであるが、生方敏郎が「私たちは田舎にいても新聞（時事と国民）や博文館の雑誌を通して、戦後（日清戦争後―引用者）の新気運新文明の記事を読み、都会の繁栄に眩惑されて、都の空を憧憬した」(1)と述べているように、「都市」を感じさせる博文館の存在は、人々の生活においても大きな位置を占めるものであった。

この博文館の主力雑誌の一つに、小学校上級学年や高等小学校の少年たちを中心的な読者とする少年雑誌『少年世界』(2)があった。博文館は一八九五年に雑誌や叢書を三誌に整理・統合したが、『少年世界』はこのとき総合雑誌『太陽』や文芸雑誌『文芸倶楽部』とともに創刊された雑誌であり、『幼年雑誌』(3)、『日本之少年』、『学生筆戦場』、『少年文学』などを合併したものであった。『少年世界』の主筆は、明治後期以降の少年たちを文学の世界へと誘った導き手であり、後に「お伽のおじさん」として親しまれることとなる巌谷小波が務め、執筆陣には硯友社系の書き手を中心に、当代きっての名文家を揃えていた。

本章は『少年世界』、特に同誌に掲載された少年の投稿文(4)を史料として、少年たちが言文一致体を身につけながら、『少年世界』が提示する少年像を獲得していった過程を分析することを中心的な課題とする。投稿文に注目するのは、読者の相当数が『少年世界』に投稿しており、投稿文を通じて、少年の書字文化(5)の様相の一端を照射することができると想定するからである。例えば、投稿作文欄への投稿数は、第一巻(一八九五年)第三号で七七〇、同第六号で一、三九九であり、第一四巻(一九〇八年)第一号では六、二五一、同第二号では一二、三二六、同第四号では一五、二七一に昇っている。

また、義務教育制度がその内実をほぼ完備し、地域共同体が再編成され(6)、「エリートと大衆の深淵」(鹿野政直)が抜き難いものとなる明治後期において、書字を媒介とした少年の共同体は、少年が文化を創出する主体としての命脈を保つための一つの回路として機能する可能性を有していたと見ることができる。本章では、『少年世界』の読者である少年たちが書字文化を媒介としながら、その可能性をどのように具現化していたのかを示していく課題にも取り組みたい。

本章で分析対象とする『少年世界』の普及は、義務教育制度の拡充と並行していた。一八九四年の高等学校令、一八九九年の中学校令改正、そして一九〇〇年の小学校令改正(第三次小学校令)によって学歴階梯が整備され、『日本帝国文部省年報』によれば、一九〇二年には小学校の就学率が九〇%を越えたのであった(表2参照)。したがって、この時期に国民教育が確立し、義務教育が内実を伴うものとなっていた。そして国民教育の確立を象徴するのが、一九〇〇年の小学校令施行規則による「国語」の成立と、一九〇三~〇四年に刊行された第一期国定国語読本『尋常小学読本』の登場であった。「国語」の成立と『尋常小学読本』の登場は、統一的な標準語文体による国民教育の制度化を示している。(第一期国定国語読本『尋常小学読本』に描かれた児童表象に関しては、第2章で言及することとなるだろう。)

ところで、言文一致運動としては、文学者が小説や翻訳において試みていた実験が重要であるが、統一的な標準語文体による国民教育、学校教育という観点から見れば、帝国教育会内に置かれた言文一致会の存在を見逃すことはできない(7)。同会には、上田万年、藤岡勝二、保科孝一、沢柳政太郎、前島密、菊池大麓、井上哲次郎、尾崎徳太郎(紅葉)、島村滝太郎(抱月)、そして読売新聞主筆中井喜太郎など幅広い分野から二〇〇名を超える人が参加していた。

同会の活動として注目すべきは、一九〇一年二月に行われた「言文一致の実行に就ての請願」の貴衆両院への提出である。山本正秀によれば、この請願は国家機関が言文一致による国語政策を進める契機となったという(8)。また同会は、「小学校の教科の文章は言文一致の方針によること」という議案を、同年四月に開催される第三回全国連合教育会に提出するよう帝国教育会長に請願している。その結果、この議案は帝国教育会の議案として提出され、満場一致で可決されている。言文一致会の活動は、国定教科書における言文一致体の採用に大きな影響を与えるものであった。

義務教育制度が内実を伴った時期以降、少年たちは、言文一致体を採用した『尋常小学読本』などの教科書によって読み書きの能力を習得することとなるが、読み書きを習得するもう一つの媒体こそ、明治中期以降に盛んに発刊される少年雑誌であった。

明治中期から後期にかけての時期は、滑川道夫が『日本作文綴方教育史Ⅰ　明治篇』において語っている通り、「就学率の上昇が象徴しているように、読み書き能力が向上して、文章を書ける少年層が増大し」、「読者層の拡大につれて児童雑誌の発刊がさかんに」なる時期であった(9)。序章で触れたが、『少年世界』の他に、『少年園』(少

表2　学齢児童の就学率の変遷

(単位・%)

年度	男性	女性	全体
1875	50.8	18.7	35.4
1880	58.7	21.9	41.1
1885	65.8	32.1	49.6
1890	65.1	31.1	48.9
1895	76.6	43.9	61.2
1900	90.3	71.7	81.5
1902	95.8	87.0	91.6
1905	97.7	93.3	95.6
1910	98.8	97.4	98.1
1915	98.9	98.0	98.5
1920	99.2	98.8	99.0
1925	99.5	99.4	99.4
1930	99.5	99.5	99.5

(出典・『日本帝国文部省年報』各年度版より作成)

年園社、一八八八年創刊)、『小国民』(学齢館、一八八九年創刊、一八九五年『少国民』と改題、一八九七年より北隆館・一九〇〇年より鳴皐書院発行)、『少年倶楽部』(北隆館、一八九七年創刊)、『少年界』(金港堂、一九〇二年創刊)、『少年』(時事新報社、一九〇三年創刊)、『日本少年』(実業之日本社、一九〇六年創刊)などの少年雑誌が、この時期に創刊されている(10)。このような少年雑誌の簇生は、読者、すなわち、雑誌メディアの市場としての少年が、明治後期に形成されたことを示唆している。

また、読者としての少年の発見あるいは創出に伴って、少年という概念も、明治後期にその輪郭を明確なものとしている。田嶋一「「少年」概念の成立と少年期の出現——雑誌『少年世界』の分析を通して——」(『国学院雑誌』第九五巻第七号、一九九四年、一～一五頁)は、『少年世界』を手がかりとしながら、近代的な少年概念の成立について論じた先駆的な研究である。田嶋は、『少年世界』から『中学世界』(11)(一八九八年創刊)、『少女世界』(一九〇六年創刊)、『幼年世界』(一九〇〇年創刊)、『幼年画報』(一九〇六年創刊)を分離させていった博文館の方針と、青年団運動を開始しつつあった山本滝之助が『少年世界』の読者でもあった事例に注目することによって、少年概念が伝統的には知的成熟の前段階にある者を意味し、後には少女までも含むことになった(12)経緯を示すとともに、次第に我々が用いる幼年期と青年期のあいだの男性のライフ・ステージを示すものへと収束していった過程を描出している。実際、『少年世界』の英訳は、創刊当初は *The Youth's World* となっており(13)、少年は boy という概念には留まらないものであった。

少年という概念の確定によって、少年を読者層として一般化し単層的に捉える視線が成立し、語られる存在としての少年が浮上したが、その視線はもう一方で少年たち自身に反照されて、少年たちが少年として語ること、つまり語る存在としての少年の析出の契機ともなっている。語る／語られるという言説実践の循環が、少年という存在をさらに確固たるものとしていくが、少年雑誌はこのような循環を構成する格好の舞台として機能していたと言えるだろう。

なお、『少年世界』を史料とした先行研究としては、田嶋の研究の他に、成田龍一「『少年世界』と読書する少年たち――一九〇〇年前後、都市空間のなかの共同性と差異――」(『思想』第八四五号、岩波書店、一九九四年、一九三〜二二二頁)がある。成田は、『少年世界』について第四巻(一八九八年)までを分析し、一九〇〇年前後が、「国民」としての「共同性」を確認する段階から、その「共同性」の内部の微細な差異を競い合う段階への移行期であることを都市空間論の視点から考察している。

成田の研究は、『少年世界』が発するメッセージの拠点を、戦争を巡る話題、歴史物語、文章と詩、非文明の暗黒と人種、そして家庭と貧困を巡る記述の五つに分類している。成田は、前四者は国民としての共同性を確認するメッセージを発し、第五の家庭と貧困を巡る記述は、その共同性内部の差異を提示するメッセージを発していることを指摘し、さらに、差異を創出する背景に学歴社会の成立があると論じている。

その上で成田は、読者共同体について、『少年世界』の読者が回し読みや投稿によって、読者としての「われわれ」意識を共有したことを示す一方で、『少年世界』と他誌を対比することによって、『少年世界』と他誌が「差異の体系」(P・ブルデュー)を構成し、読者共同体が他誌のそれとの差異を確定していく機制を論じている。

本章では、前記の田嶋と成田の研究を踏まえ、成田の研究では扱われていなかった第五巻(一八九九年)から第一六巻(一九一〇年)までを含めた『少年世界』を分析対象とし、『少年世界』において、投稿文の文体が一九〇三年頃を契機として、従来の漢文くずし体(漢文訓読体)や擬古文から、「僕」や「私」を主語とし、「た」や「である」、あるいは「です」や「ます」で終わる言文一致の口語文体に変容することに焦点を合わせることによって、前述した二つの課題に取り組んでいくこと主題としている。二つの課題に迫るための具体的な作業を示せば、以下の通りとなる。

第一の課題に関しては、少年の投稿文の文体の変容の背景には、少年を天真爛漫な存在として捉える編集部の少年観があったことを提示することとしたい。『少年世界』への掲載を補償とすることによって、投稿する少年はその少年観を受容し、書字文化において無邪気な言文一致体の書き手として振る舞う言説実践を展開することとなっていく。編集部の少年像と少年の投稿文の相関を分析することは、当時成立しつつあった少年概念の内実の一端を描出することともなるだろう。

第二の課題については、言文一致体は、教養差、さらには話し言葉のレヴェルにおける地域差といった差異を、漢文くずし体や擬古文よりも縮小することが可能な文体であるので、言文一致体を綴ることによって、以前は交流することのなかった少年同士のあいだに新たな固有名によるコミュニケーションが創出され、読者共同体に重層性がもたらされたことを照射することとしたい。

これらの具体的な作業に取り組むために、第一節において、一九〇三年頃を境にして、少年の書き言葉が統一的な標準文体としての言文一致体に変化したことの意味を、言文一致体を奨励した『少年世界』編集部の方針に関連づけながら分析し、第二節で、少年たちが文通を媒介として、地域共同体とは分離した空間で構成される固有名によるコミュニケーションを展開していたことの意義を考察していく。そして第三節では、少年たちが『少年世界』を読むだけでなく、自ら雑誌を制作することとなる過程を検討していく。

以下では、前述のように第一巻（一八九五年）から第一六巻（一九一〇年）までの『少年世界』を史料とする。一九一〇年を区切りとするのは、『少年世界』がこの年を境に少年雑誌の代名詞としての地位[14]を、少年小説などのフィクションと伝記物語を中心に誌面が構成されていた娯楽色の強い『日本少年』に奪われていくこととなるからである。投稿文に添削を施すなどの教育機能を担い、独自の主義主張を有したために一八九五年にはともに発行停止処分を受けた『少年園』や『小国民』と比べれば、『少年世界』は既に商品化への道の第一歩を踏み出した雑誌であった。木村小舟は『少年世界』の衰退を、その商品化が一層進んだ結果だとして、次のように述べている。

……明治四二三年頃［創刊十六《マ》七年《マ》］までは、猶依然として群雄諸雑誌の上位に卓立し、内容外観共に、堅実健全なる精神気魄を把持し、厳然一世を風靡したるが、爾来数年の後には、（中略）学術上の記事は殆ど地を払いて一も影を止めず、又品格ある読物も見られず、これに代れるものは、所謂大衆小説に見る剣戟、忍術、任侠物か、然らずんば、くすぐりの凡作駄篇を以て充たされ、正にこの種のオンパレードを以て得々たるの観を呈した(15)。

『少年世界』はこうしてさらなる商品化への道を進むが、娯楽雑誌としては『日本少年』に劣っていたため、『少年世界』は少年雑誌の代名詞としての地位を『日本少年』に簒奪されることとなった(16)。(本章における『少年世界』からの引用は、引用末の括弧内に巻号、発行年、頁を表記する。)

第1節　均質な少年の析出と言文一致体の採用

『少年世界』は、一九〇三年から投稿作文欄に言文一致体を採用する方針を決定した。この決定は、少年を天真爛漫な言文一致体の書き手として捉える『少年世界』編集部の少年観を反映していた。投稿する少年はこの方針を受け入れ、書字文化において幼稚な存在として振る舞うこととなっていく。一方、編集部の少年観に合致しない青年は読者層から排除され、『少年世界』は名実ともに「少年」の雑誌へと変容していった。まず、その変容の前後において懸賞作文で第一等賞をとった、次の二つの投稿文を比較してみよう。

暁声　和歌山市東長町四丁目八番地　平田紀一(十七歳)

胸に通ふ血の響を聴かず胸に動く呼吸の気息を感ぜずば、誰かは眠れる身を屍ならずと謂はん、眠れる前の我と人と世との記憶あればこそ、眠れる間のわが時を夢とは謂へ、その記憶を除かんには夢より覚めしわが身は、世に生まれしならずば、死より蘇りたるなり(下略)(八巻一五号、一九〇二年、一一一頁)

活動パノラマ　下総東葛飾郡富勢村布施　飯田靖

昨日の日曜で僕は欧羅巴を見た、地図でもない絵でもない、夢である夢ほど面白いものはあるまい、まるで活動パノラマだ、只残念なのは是から始だといふ定りの無いばかりだ、さて僕はいつの間にか汽船に乗りて居る（下略）（九巻五号、一九〇三年、一二二頁）

時期的には半年ほどしか変わらない、この二つの投稿文の文体の驚くべき違いは、『少年世界』における強引とも言える文体の転換を表している。第九巻（一九〇三年）を境として、ほとんどすべての投稿文の文体が言文一致体に転換したのであった。

管見によれば、少年たちの檜舞台である(17)投稿作文欄(18)に現れた最初の言文一致体による投稿文は、次のものであった。

謹而少年世界に寄す　陸中国東磐井郡八沢村　倉部暢　九年十二ヶ月

僕は尋常小学校の三年生であります僕の兄さんは常に東京の博文館で売り出した少年世界を購て読で居ります（中略）文を綴りて少年世界に投じて見たいと思ひまして学校の休日に家に居りまして作文しまして兄さんに見てもらいましたら（下略）（二巻五号、一八九六年、九四頁）

これに対して評者岩佐眉山は、「晩鐘暮を報し云々一瓢を携へ云々などいへる作文例題的虚文に比して此篇の真摯愛すべきものにあるにあらずや其「兄さんに見て貰いましたら」云々に至つては更に妙なり」（同前）と述べ、二重丸（◎）で表される最優等を与えている。このような言文一致体の投稿文に最優等が与えられているにもかかわらず、第八巻（一九〇二年）第一六号（最終号）までの投稿作文欄で言文一致体は稀に見られるだけであり、少年たちは相変わらず漢文くずし体や擬古文を綴り続けていた。

漢文くずし体や擬古文を中心に構成されていた投稿作文欄において、少年の文体が大勢として変容したのは、投稿規定が改定されたことに起因していた。第八巻の最終号で、次のような改定が告げられたのであった。


注意!!

来年からの本誌は従来青年諸君の手になりしが如き彼の**空文**を全廃して、全紙面悉く天真爛漫修飾なき**実地の文章**を以て之をうづめ、且つ又**言文一致**を採ること丶致しました、故に来年からの本誌は、決して**青年者の横行**を宥しませんから、諸君は安心して、続々面白い実文を投稿して下さい（下略）（八巻一六号、一九〇二年、一一七頁、太字は原文通り）

文面から明らかなように、改定は『少年世界』編集部が照準する読者層の変化に呼応していた。つまり、武田桜桃と木村小舟の連名の「今年からの本誌は幼稚園から中学一二年級の程度を標準として編輯する覚悟」（九巻一号、一九〇三年、一三四頁）という方針に示されているように、漢文くずし体や擬古文といった「空文」を巧みに綴りながら主義主張を述べる「青年者」が、読者層から排除されることとなったのである。「青年者」は、既に発行されていた『中学世界』（一八九八年創刊）や『女学世界』（一九〇一年創刊）に投稿したり、『太陽』などを読むように、ということであろう。

この規定改定の背景には、三つのことがあると考えられる。第一に、『中学世界』や『女学世界』の創刊に見られるように、博文館が一旦整理・統合した雑誌を改めて分化させたという事情がある。

第二に、投稿作文欄に掲載される作文が漢文くずし体や擬古文といった「空文」であり、それが年齢の高い青年者のものであることに対して、読者の側に不満があった。読者通信欄(19)には、次のような不満を述べた投稿文がいくつも見受けられる。

▲僕は少年世界と云ふ名に懸賞文の程度が過ぎてるだろうと考へる、なぜと云たつて信州の小林何とか云ふ人等は中学世界へ出して一等だの二等だのを取る人が少年世界へ出しては、あほらしいではないか（下略）（悪口生）（八巻七号、一九〇二年、一三二頁）

▲少年世界は十四五位の少年の為に出来て居るのに少年文壇は二十位の青年に奪われて居る此際僕は少年文壇の勢力を吾々少年に取返したいものだ（市ケ谷野郎）（八巻一五号、一九〇二年、一三三頁）

投稿規定改定は、このような不満を解消するためのものでもあった。しかし、改定の背景にあるものは、これらだけには留まらない。改定は、第三に当時の言文一致運動と連動していた。言文一致運動は、それ自体新たな文体を創出する運動であり、当時の言文一致運動としては、文学者による小説や翻訳においての実験、正岡子規を中心とするホトトギス派の写生文運動、帝国教育会内言文一致会の活動を挙げることができるが、他方で、小波を中心とする少年層を対象とした言文一致運動も興隆していた(20)。

既に言文一致体を用いていた小波は、ベルリン大学附属東洋語学院での日本語講師としての経験（一九〇〇年一一月～一九〇二年九月）(21)などを契機として、さらにラディカルな表音式の「お伽仮名」を用いることとなった。そして、『少年世界』第九巻（一九〇三年）において、国字改良問題に触れ、仮名遣いとしてお伽仮名を採用することを提言したり（九巻五号、一九〇三年、一一七頁）、標準語の制定とそれに基づいた教科書の必要性に言及したりしていた（九巻八号、一九〇三年、五〇～五一頁）。改定は、この小波の言文一致観を誌面に徹底させるためのものでもあった。

さらに、改定と重なり合う一九〇二年から一九〇三年にかけて、『少国民』と『言文一致』とを機関誌とする少年言文一致会が活動しており、「大いに小青年層の言文一致に力を尽くし」、「言文一致運動の一翼をにな」(22)っていたことも注目に値する。というのも、この会では小波の門弟(西山渚山)が幹部に名を連ね、また『言文一致』の編集主任(山田旭南:元門弟)にもなっており、小波自身も「言文一致所感」などを『言文一致』に寄稿し、少年にとっての言文一致体の必要性を説いていたからである。

したがって、規定の改定は、博文館の出版戦略や『少年世界』という「世界」の文脈だけではなく、少年層を対象とした当時の言文一致運動の興隆とも連動したものであり、『少年世界』を小波の語り口調の言文一致体を浸透させていく装置とするためのものでもあったと言える。付言すると、小波自身は、一九〇六年に文部省図書課嘱託として国定教科書編纂に携わることとなった(但し、一九〇八年の内閣更迭によって解職され、その活動は日の目を見なかった)。

以上の三つの背景のもとになされた投稿規定改定を、少年たちは掲載という補償と引き換えに受け入れ、言文一致体の文章を投稿することとなった。規定改定前後に投稿作文欄に掲載された投稿文の数、そして括弧内にそこに含まれる言文一致体の数を示せば、第八巻第一三号では二三(二)、第一五号では二三(二)、第一六号では七(〇)であったが、第九巻第一号では一四(一四)、第二号では一八(一八)、第四号では二〇(二〇)となっており(23)、第九巻に入ってからは、すべての投稿文が、「た」止め、「である」止め、「です」止め、「ます」止めの言文一致体に変化し、会話文を含むものが多くなったのである。(但し、投稿文の文体が劇的に変化した理由の一つとして、編集者が投稿文に手を加えた可能性も考慮しなければならないだろう。このことは実証し得ないことであるが、仮に事実であったとしても、言文一致の「実文」と、それによって構成される少年観を普及させようとする編集部の方針が強固なものであったことを示している。)

つまり、少年たちは、少年=幼稚な言文一致の「実文」の書き手、と単層的に捉える編集部の視線を内面化した書き手として構成され、書字文化において少年らしい所作を求められたのである。このことを象徴的に表しているのが、投稿文に現れる少年の一人称(単数)が、「我(吾)」「吾輩」「予(余)」「生」「小生」「身共」などから、「私」、特に

「僕」へと変容したことであろう。

編集部の一人であった木村小舟は、「第九巻の少年文は、平明なる文体に依つて、事実を記すを主とし、ここに多年の弊を払拭したことは、確に一大進歩にして、同時に一般少年文の傾向に、革新の気風を齎すに至つたのは、著しい収穫と見なければならぬ」(24)と多少誇らしげに語っているが、この言葉は、『少年世界』に均質な少年が登場したこと、言い換えれば、『少年世界』が名実ともに少年雑誌となったこと、さらには、その少年観が一般にも浸透したことを示唆するものでもあった。

なお、実際には、投稿規定改定において「空文」(漢文くずし体や擬古文)とされているものが、言文一致体が広範には普及していない当時における実文であり、一方、改定において「実文」(言文一致体)とされているものこそ、当時の空文であった、ということにも注目する必要がある。『少年世界』編集部による投稿規定改定は、このような転倒を梃子として、言文一致体を規範化することを可能にした。

また、同じ一九〇三年の五月二二日には、東洋史学者那珂通世の甥であり、第一高等学校で夏目漱石に英語を習っていた一高生藤村操が、傍らにあった木の幹をナイフで削り、「巖頭之感」と題された文章を墨書し、日光華厳の滝に投身自殺するというセンセーショナルな事件が起こっていた(25)。その「巖頭之感」のなかには、「万有の真相は唯一言にして悉くす、曰く「不可解」。我この恨を懐て煩悶終に死を決すに至る」という文言が記されており、「煩悶青年」という言葉を生み出すこととなった。このような煩悶する青年と、『少年世界』編集部が求めた「天真爛漫修飾なき」言文一致の「実文」を綴る少年のあいだの距離はあまりにも大きい。我々は、『少年世界』が準備した天真爛漫な存在という少年観を、煩悶する青年に反照させながら見ていく必要がある。少年は「少年」として幼稚化され、脱政治化されて見出されたのである。

ところで、興味深いことに、第九巻(一九〇三年)からの『少年世界』は、投稿文の文体だけではなく、雑誌自体のモノとしての側面においても変容した。つまり、「創刊後初めての石版刷多色表紙と、石版二頁大極彩色口絵(共に京橋泰錦堂の製版印刷）とを用い、茲に見事に旧套を脱却し、無前の新装を凝らして絢爛の美を発揚」(26)することとなったのである（京橋泰錦堂とは後述する秀英舎の石版部である）。

『少年世界』は、第一巻（一八九五年）では、日清戦争において陸軍測量部が撮影した写真や博文館のベストセラー雑誌『日清戦争実記』（一八九四～一八九六年）の写真の製版、さらには岡倉天心や高橋健三が創刊した美術雑誌『国華』（一八八九年～）の図版の製版を担当していた小川写真製版所（小川一真が設立）による銅版印刷された皇族・軍人・有名学校の校長などの写真を、また第二巻（一八九六年）では、陸軍参謀本部測量局で地図製作を研究した経験をもち、同じく『日清戦争実記』の写真製版に携わっていた堀健吉の猶興舎による同様の人々を写した亜鉛版写真（印刷は大日本印刷の前身である一八七六年創業の秀英舎）を、それぞれ口絵に掲載するなど、モノとしての側面においても国民国家統合への意志を漂わせた雑誌であった。（博文館自身も一八九七年に印刷工場を創設し、一九〇四年にはマリノニ社菊倍判活版輪転機で『少年世界』や雑誌『日露戦争実記』（一九〇四～一九〇五年）を発行している。博文館印刷工場は、一八九八年に博進社工場と改称し、さらに一九〇五年には博文館印刷所と改称したが、この印刷所の後身が共同印刷である。）

口絵は、日清戦争を契機として「第二維新」という文言が新聞や雑誌を賑わせていた状況に共鳴し、論説において、少年を、「東洋の一島国」から「世界の第一等国」へ跳躍し、世界史に参入していこうとする国家の将来を担う「第二の日本帝国々民」として位置づけようとしていたことに対応していた（一巻二号、一八九五年、一～二頁）。したがって、『少年世界』の口絵が、帝国国民の象徴である皇族・軍人・有名学校の校長などの肖像写真を前面に押し出したものから、言文一致体を採用した一九〇三年に、宮中月次歌会の題に材を求めた武内桂舟による「石版二頁大極彩色口絵」を前面に押し出すものへと変容したこと、さらに表紙に「当時最新流行のアールヌーヴォー式を加味し、自由の曲線を駆使したるもの恰も卯年に因みて、兎に扮せる少年の影絵を主点とし、極めて華麗、可憐且つ上品なる図柄を用い」(27)たことは、『少年世界』編集部が、少年を対象とする帝国国民意識の内面化を情緒的に準備するようになったことを意味している。口絵と表紙の変化は、『少年世界』において、少年が第二の日本帝国国民から、煩悶する青年とは異なった天真爛漫で無邪気な（日本の）少年へと再編成されることとパラレルな出来事であろう。『少年世界』では一九〇三年を画期として、少年は天真爛漫な言文一致体を綴る存在として語る／語られることになった。しかし、言文一致体という均質な文体を綴る少年の出現は、従来のコミュニケーションに亀裂を生じさせ、均質な存在には留まらない固有名をもった個人としての新たな出会いを、少年たちにもたらしはしなかったか。

第2節　匿名と固有名の交錯――コミュニケーションの亀裂

漢文くずし体や擬古文とは異なり、あたかも話し言葉の「声」を感じさせるような言文一致体は(28)、特定の相手を対象とする手紙という形態で綴られるとき、声としての力を存分に発揮する。この声こそが他者を力づけ、均質な少年のあいだに新たなコミュニケーションを育む。少年は、規格化された商品のような「実文」を流通させる活字メディアを消費する受動的な存在であるばかりではなく、声を梃子としながら、活字メディアが要請する行動を逸脱し、新たなコミュニケーションを創出する主体でもあった。

漢文くずし体や擬古文などのリズミックな文体に同調するには、リズムや比喩にかかわる相応の教養が求められる。したがって、少年にとっては、内容の如何にかかわらず、漢文くずし体や擬古文を綴ること自体が価値をもつ行為であった。それに対して、言文一致体による文章は、漢文くずし体や擬古文と比較すれば、律動性を失ったものであり、教養の水準での格差を遮蔽し、さらには話し言葉の水準における地域差も掩蔽する。こうした複数のレヴェルでの差異を隠蔽する文体であるからこそ、言文一致体は均質な少年を創出することができた。言い換えれば、価値や場から乖離した言葉である言文一致体を身につけることによって、少年は伝統的な地域共同体から切断され、抽象的で均質な時空に帰属する少年に変容したのであった。

しかし、従来の安定した共同体から、抽象化された言葉で結ばれた共同体へと参入することは、一方で少年に、自分はどこにも位置づけられない存在であるという感覚をもたらし、このことが彼らを経験したことのない孤独に陥れる場合がある。次の投稿文に見られる苛立ちは、この事態をよく表している。

▲僕の友人に遊びに来ると僕の雑誌を出し帰る迄読み終れば直サヨナラと云つて仕舞ふ僕は話することも出来ずポカンと傍に謹聴して居なければならぬあんなお友達は面白くない（北越憤怒生）（九巻一〇号、一九〇三年、一三一頁）

「謹聴」という言葉から明らかなように、「友人」は音読しているが、「僕」と「友人」は身体を同調させながらお互いの意識を擦り合わせることなどない。音読は、かつてのような共同の営みではなくなっている。そして「僕」は、この事態に対して苛立っている。「僕」の苛立ちを共有できるのは、現前している「友人」ではなく、孤独を共有する誌面の向こうに存在する他者である。それゆえ、「僕」のような孤独に陥った少年は、その現前しない他者に「呼びかけることで、自分と自分のまわりにある世界のあいだに新しい関係をつくりだす」(29)ことを試みるしかない。たとえ、次の投稿文に見られるように、他者が自らの思いを受け入れてくれないことに対して激昂することがあるとしても。

大阪西区　松田清流君

記者閣下僕は残念で堪まりません何故と云ふと我が少年諸君は徳義が無いからです先月の少年文壇欄に非常に僕の気の叶つた文章が出て居りましたから其お方と僕は親友になりたいと思つて手紙を上げましたのに幾日経つても何の返事もありません余り酷いじやありませんか葉書一枚位呉れたつて何です（下略）（一〇巻九号、一九〇四

年、一三二頁）

もちろん、少年の文体が言文一致体に移行する以前にも、他者に呼びかける漢文くずし体の投稿文は存在した。しかし、その投稿文は、多くの場合、次のような「檄文」であった。

我が三河国少年諸君に告ぐ　三陽　大谷新八
余は（中略）性甚だ雑誌を好むを以て常に誌を本購読す（中略）我国少年の寄書甚だ稀なるを見以て我国学術の進歩せざるを知る希くは我国少年諸君よ余が不遜を咎めずして今後益々奮励勉強して本誌上に現はれ以て他県人士に劣らざらん事を勉めよ（二巻一号、一八九六年、九三頁）

このような檄文は、「他県人士に劣らざらん事を勉めよ」という言葉が象徴しているように、いくらかの実体性を備えた「同郷」という想像の共同体を梃子とすることによって、抽象的な国民国家への帰属意識を一層強固なものとする装置として機能していた(30)。さらに檄文は、多くの場合、上昇志向という志を共有していることを前提とする「同志」に呼びかけるものであり、志に照準するゆえに同志が帯びているであろう他者性は浮上しない仕掛けとなっている。

それに対して、言文一致体で表現された呼びかける投稿文は、自己とアノニマスな他者とのあいだに新たな関係を紡ごうとする身振りを内在させており(31)、「文通」のような趣味的な繋がりを求める要素が強いものであった。

●新年はお目出度うも一正月になりましたが葉書のやりとりは如何です一寸諸君に問合せます（千葉県東葛飾郡八木村高城金之助）（一二巻一号、一九〇六年、一三四頁）

▲少年世界愛読者諸君よ僕の如き田舎者にてもよれければ文通してくれたまへ必ず返事は差上ますよ但し一時的の文通はだめですよ。（茨城県薪治郡石岡町木の地丁、皆川幸太郎）（一六巻一一号、一九一〇年、一〇六頁）

そしてある場合には、このような不特定の他者への呼びかけに応える投稿文があり、均質な少年というよりも、むしろ固有名によるコミュニケーションが形成され、交歓＝交感が享受されていた。次の投稿文は、その交歓＝交感の一端を我々に照らし出してくれる。

▲東の都に居ます星山様、御住所を失念致しましたので失礼を致しましたが其後はお変わりもありませんか。色々と申上げ度い面白いお話しの種が嵩みました。取急ぎ御住所をどうぞ。今回の洪水には嘸御家も浸水の厄に罹られてたでせうね。御病気の父上様は如何なさいました。「東京市の死傷者一千余名」など、初号活字の号外を手にした時、刹那の驚きは心も消えさうでした。其後の様子精しく知らして下さらば幸福です。（下略）（新潟市礎町四ノ丁加藤支店桜沢印三郎生）（一六巻一三号、一九一〇年、一一〇頁）

現前してはいないが、自分に向けて何かを書き綴っている人がいるということ、このことが孤独な少年に力を与える。この種の繋がりこそ、彼らが文通によって求めていたものではなかったか。従来の地域共同体から切断され孤独であるからこそ、彼らはこのような繋がりを求め、呼びかける投稿文を綴り、またそれに応える投稿文を綴りもする。その結果、新たなコミュニケーションが創出されていく。

ところで、文通によるネットワークの基盤には、郵便制度の整備がある。日本における郵便制度の礎を築いたのが、『漢字御廃止之議』を建白したことによって言文一致運動の端緒を開いた前島密であることは興味深い。つまり、『漢字御廃止之議』が慶応二（一八六六）年に存在したかどうかは、「当人の記憶が多少あやふやだし、状況証拠も固めにくい」(32)としても、「前島密をとらえたのは、音声的文字のもつ経済性《エコノミー》・直接性・民主性であった」(33)ということが、彼の郵便制度への着目と通底しているようで、興味深いのである。

前島が整備した郵便制度は、速度、量が求められる商品の流通に適したものであり、したがって、活字メディアの制度的な基盤を構成するものであった。しかし、資本主義に適合的な郵便制度を利用しながら、少年たちは出会うことのない他者とのあいだに、均質化されることのない固有名によるコミュニケーションを展開していた。そして、地域差を克服し、受け手に声を直接に届けるように感じさせる言文一致体は、この固有名の交流に適合的な文体であった。

第3節　雑誌制作の胎動

少年にとって文通は、固有名の交流によって、均質な言文一致体の文章を、場を構成する交わりの言葉に変容させるものであったが、少年が交歓＝交感の言葉を創出する装置として、雑誌の制作も見逃すことはできない。速度や量が求められる商品とは異なった同好の雑誌の制作を通して、少年たちは手作りの感触を保持しようとしていた。『少年世界』を読むと、夜学会や研究会を催したり、雑誌を共同購入したりしていることに言及している投稿文に数多く接する(34)。このような投稿文は、読者が地域共同体における共同性の再編成を自ら行っていたことを示している。しかし、夜学会や研究会の簇出に対して、小波は次のように述べている。

▲諸君！諸君の間には、研究会だの、文学会だの、同志会だのと云ふものが、よく組織される様ですなァ。成る程それも結構です。が、然し私に云はせると、子供の中に大人ぶつて、大人の真似をする会合の出来るのは、余

り感心した話ではありません。
▲諸君！それより子供は子供らしく、子供の天真を現はし、その無邪気を保つた会を起すのが、至極良い事と信じます（九巻一〇号、一九〇三年、一一七頁）。

小波のこの言葉は、後の『桃太郎主義の教育』（東亜堂書房、一九一五年）に繋がるものであるが、ここでも少年や子どもを幼稚化しようとする視線が貫徹している。もちろん、この眼差しは、少年の文体として「天真爛漫修飾なき」言文一致体を浸透させようとする戦略とパラレルなものであり、少年に、言葉を消費する無邪気で均質な少年としての振る舞いを求めるものである。しかし、敬愛してやまない小波の言葉であるにもかかわらず、少年たちは「大人の真似をする会合」をやめることはなく、言葉を綴る主体であろうとし続けた。その意味で注目に値するのが、雑誌の制作である。

△僕等朋友十名が組織して居ます清友会から毎月四季の華と云ふ雑誌を発行します読者諸君に此雑誌入用の方は直に申し込み給へ僕が送つて上げます（琉球那覇崎間芳山）（一〇巻九号、一九〇四年、一三四頁）

●満天下の愛読者諸君我が会は毎月一回機関雑誌（同好）を発刊す諸君よ若し廻覧雑誌にても発行してあつたら御送り下さい必ず御礼として当雑誌を進呈します。我が会の在場所は（新潟県西蒲原郡巻町高波治太郎方、同好会少年部）（一六巻一号、一九一〇年、一〇九頁）

少年たちは各地で雑誌制作を試み、場合によっては地域を越える雑誌の循環回路を構築していた。次の「雑誌熱」と題された投稿文は、少年が制作する雑誌の隆盛を物語っている。

雑誌熱　山口昌雄

近頃少年社会に於て会を設立して雑誌を発行することが大流行児となつて来た、（中略）然しこんなものは是非廃したいのである。（中略）たゞさへ学生といふものは毎日学問の為めに心配するから、やゝもすると薄弱にならうとするのである、それに斯る室内的頭脳的なことを学課の閑にやるよりは其時間を以て活溌な野外的身体的の娯楽（中略）を択んで身体の発育と思想の健全とを努め給へ（下略）（一三巻九号、一九〇七年、一二七頁）

少年が制作する雑誌において興味深いのは、雑誌を構成していた文字の性質である。次のやりとりを見てみよう。

（問）僕等少年に出来る印刷術を教へて下さい。それから僕等の少年世界読者会でも雑誌を発行しやうと思ふのですが何処かへ届けなければなりませんか（下略）（岩手県江刺郡愛宕村　高橋一）
（答）誰にでも出来る一番やさしい印刷術は矢張りこんにやく版でしやう此版はかんてんでも出来ますから試みて御覧なさい（中略）少人数で楽みに出す遊戯品なれば届けるにも及びますまい。（一〇巻八号、一九〇四年、一三二頁）

染料による転写法の一つであるこんにゃく版の他には、エジソンのミメオグラフをもとに一八九四年に堀井新治郎父子が開発した謄写版も用いられていた（例えば、一〇巻七号、一九〇四年、一三三頁）。また、原稿を和綴じにした回覧雑誌もあったと推測される。つまり、少年が制作する雑誌は、「商品」としての雑誌のような、活字という規格化された均質で読みやすい文字で構成される伝達を効率的に遂行する装置ではなかったのである。彼らの雑誌を構成したのは、具体的な個人の手書きの感触を残す文字であった。

『少年世界』は、前述のような少年たちによる雑誌制作の契機を準備している。高見順は、一九二五年前後を「実に空前絶後とも言うべき同人雑誌全盛時代」(35)と位置づけているが、明治後期における少年の雑誌制作は、大正期以降に花開く青年の同人雑誌文化の基層を形成するものであったと考えられる。この同人雑誌文化から数多くの文学が創出されることとなろう。

第4節　天真爛漫な言文一致体を綴る少年の行方

『少年世界』では、一九〇三年頃を契機として、編集部の方針や当時の言文一致運動と連動する形で、少年（や青年）が再編制され、均質な少年が析出することとなり、雑誌自体が、少年が天真爛漫な言文一致体を綴る存在として語る／語られる言説実践の舞台として機能することとなった。したがって、国民教育が制度的に確立し、義務教育が内実を伴うようになった時期に、最も多くの読者を獲得していた少年雑誌であった『少年世界』は、従来とは異なる新たな少年像を構築する役割を果たしていた。

他方で、多くの子どもたちが読んでいた活字メディアに国語読本が存在している。国語読本では、どのような児童像が提示されていたのであろうか。『少年世界』における少年像と同様のものなのであろうか、それとも異なるものなのであろうか。次章では、国語読本に見られる児童像を分析し、『少年世界』の少年像との異同を検討することとしたい。

なお、本章では、均質な少年として位置づけられることに随伴する孤独感や違和感が梃子となり、少年のなかには、あるいは文通による固有名の交流によって、あるいは同好の集まりによる雑誌の制作によって、自らを均質で幼稚な存在として捉えようとする視線に抗うかのように書字文化を媒介として共同性を再構成し、ネットワークを構築する者も存在していたことを指摘した。このネットワークは、お互いの意志と責任とによってしか維持され得ない性質のものであるが、少年の編み直した共同性は、大正期以降どのように展開していくのだろうか。一八八一年生まれの木村小舟は、自らの経験を振り返りながら、少年から青年への変容を次のように述べている。

……こうした互の親しい往来も、さては遠地の詞友との文通も、まず徴兵検査の年頃を境にして、何時ともなく、何方からともなく、熱の冷めたように、ぱつたり杜絶えてしまいます。その故は或者は兵に召され、また或者は上級学校に入り、更に或者は、他郷に出て実業に出精するなど、それぞれ処世の道を辿るので、自他ともに、もはやむかしの余裕が無いからでありますの(36)。

この言葉は、明治後期に一方で学歴階梯が整備され、他方で一八八九年の三度目の徴兵令改正によって国民皆兵が実効的になっていた状況に対応したものであり、青年への変容と少年の共同性の挫折とが連動している事態をよく表している。「或者は兵に召され、また或者は上級学校に入り（中略）それぞれ処世の道を辿る」という言葉から、学校や軍隊を中心としたシステムの成立が少年の共同性に与えた影響の大きさを読み取ることができる。

しかし他方で、高見順が述べているように、大正末期から昭和初期にかけて同人雑誌は全盛期を迎えている。本書では扱うことはできないが、今後の研究課題の一つとして、大正期以降の少年雑誌と少年のかかわりを検討するとともに、本章では扱えなかった同人雑誌に焦点を合わせ、少年や青年がどのようにして言葉を綴る主体たり得ていたのか、またその言葉を梃子としてどのような他者との交歓＝交感を享受していたのかを検討していくことに取り組みたい。

第2章

教科書に見られる「児童」表象の転換 ◆ 明治期の国語読本を中心に

はじめに——問題の所在

一八七一年の文部省設置に始まり、学事奨励に関する被仰出書、学制頒布、小学教則（以上、一八七二年）、第一次教育令（一八七九年）、第二次教育令（一八八〇年）、小学校教則綱領（一八八一年）、第三次教育令（一八八五年）、小学校令、小学校ノ学科及其程度（以上、一八八六年）、大日本帝国憲法（一八八九年）、教育勅語、第二次小学校令（以上、一八九〇年）、小学校祝日大祭日儀式規程（一八九一年）、第三次小学校令、小学校令施行規則（以上、一九〇〇年）、国定教科書制度（一九〇三年、小学校令一部改正）、義務教育六年制（一九〇七年、小学校令一部改正）などを通じて、小学校教育の制度、法規、教育内容・教科、授業時数、学級定員、義務的就学期間などは整備されてきた。そして、明治期を通じて構築された小学校教育の基本構造は、敗戦後の日本国憲法・教育基本法・学校教育法に基づく新学制まで踏襲されていくこととなる。

小学校は、学制では「教育ノ初級ニシテ人民一般必ス学ハスンハアルヘカラサルモノトス」（第二一章、傍点引用者）と規定されていたが、第一次教育令において「普通ノ教育ヲ児童ニ授タル所」（第三章、傍点引用者）とされ、これ以降の諸教育令、諸小学校令でも、小学校は「児童」に教育を授けるところとされている。児童に授ける教育が、第一次教育令に記されている「普通ノ教育」から、「身体ノ発達ニ留意シテ道徳教育及国民教育ノ基礎並其生活ニ必須ナル普通ノ知識技能」に拡張されるのは、第三次小学校令（第一条）においてであった。その結果、国民学校令（一九四一年）が施行されるまで、小学校は道徳教育・国民教育・普通教育という三重の教育を児童に授ける場として作動していくこととなったが(1)、小学校において道徳教育・国民教育・普通教育を授けられる児童とは、いかなる存在であると認識され、表象されていたのであろうか。あるいは、どのような存在となることを要請されていたのであろうか。本章はこのことを、一九〇〇年前後の時期に照準し、国語読本を史料として分析することを課題としている。

一九〇〇年前後は、児童が小学校教育を受けることが社会的慣行となる時期であった。事実、佐藤秀夫は『日本帝国文部省年報』各年度版に基づき、通学率（毎日出席児童平均数／学齢児童総数）が一九〇〇年に五〇％を超えたことを算出しているし(2)、また同じく『日本帝国文部省年報』各年度版によれば、学齢児童の就学率（学齢就学児童数／学齢児童総数）は一九〇二年度に九〇％を上回り、それ以降は九〇％を超え続けている。学事奨励に関する被仰出書で謳われた「一般ノ人民華士族卒農工商及女子必ス邑ニ不学ノ戸ナク家ニ不学ノ人ナカラシメン事ヲ期ス」という文言が、一九〇〇年前後の時期に現実のものとなろうとしていたと見ることができる。

またこの時期は、佐藤学が述べるように、国民教育が制度的に整備され、確立する時期でもあった(3)。第三次小学校令施行規則によって、読書、習字、作文を統合した教科「国語」が成立し、国定教科書制度導入によって、一九〇四年から国語読本、書き方手本、修身、日本歴史、地理の国定教科書が、翌年から算術、図画の国定教科書が使用され始めた。

小学校に通うことが社会的慣行となり、国民教育制度が確立する時期以降には、児童の生活世界に学校教育が浸透していく事態を踏まえて児童像が描かれていくこととなると想定されるが、国民教育の確立と学校教育の浸透を媒介として変容すると推測される児童像の内実とは、果たしてどのようなものであったのだろうか。本章ではこのことを、「明治二十年代後半に刊行された検定教科書の中で広く使用された代表的な読本の一つであ」(4)った学海指針社編『帝国読本』(尋常科用一〜八巻、一八九三年、和装本)と、第一期国定国語読本である『尋常小学読本』(一〜八巻、一九〇三〜〇四年に逐次刊行、洋装本)における、児童像を比較することを通じて分析することとしたい。前者については『日本教科書大系近代編』第五巻(海後宗臣編、講談社、一九六四年)所収のものを、後者については『日本教科書大系近代編』第六巻(同前)所収のものを史料とする。

敗戦前の国語読本に現れる児童概念を分析した先行研究に、深川明子「国語教科書にみる子ども観(一)――明治時代後半を中心に――」(『金沢大学教育学部紀要(教育科学編)』第三三号、一九八四年、二一〜三九頁)がある。深川は文部省『読書入門』(一八八六年)、同『尋常小学読本』(一八八七年)、『帝国読本』、今泉定介・須永和三郎編『尋常小学教本』(普及舎、一八九四年)、金港堂書籍編『尋常国語読本』(金港堂、一九〇〇年)、坪内雄蔵『国語読本尋常小学校用』(冨山房、一九〇〇年)、『尋常小学読本』、第二期国定国語読本『尋常小学読本』(一九一〇年)という数多くの国語読本を史料として、その教育内容を分析し、明治後期の子ども観の変遷を考察している(5)。

深川は、第一期国定国語読本以前には、「親の教えを守り、おとなしくして、学問と運動に励む」(6)という理想的な子ども像が提示されていたが、時代が進むにつれて、「良い子=勉強の出来る子というイメージの定着が意識され」、また「子ども像に生気が出てきた」という変容が見られたと指摘している(7)。さらに彼女は、第一期国定国語読本には、「子どもが、誰かに教えてもらうのではなく、自分自身で気づいた発見を書いた教材が登場」(8)するとともに、子ども像が語られる際に「国家の一員、つまり臣民としてのあり方に言及していない」(9)という特徴が現れたと論じている。しかし、第二期国定国語読本になると、「ひたすら、従順、忠実な受身型の人間」(10)となることを要請される存在という子ども観に変遷したと記している。

以下では、深川と異なり、教育内容ではなく、国語読本における児童像に焦点を絞り、一九〇〇年前後に児童がどのように把捉されていたのかを分析することとしたい。本章が照準する時期の国語読本は、深川が「生活それ自体或は子ども像それ自体が描かれ」(11)始め、「良い子＝勉強の出来る子というイメージの定着が意識され」るとともに、「子ども像に生気が出てきた」と指摘したものから、「子どもが、誰かに教えてもらうのではなく、自分自身で気づいた発見を書いた教材が登場」する一方で、「国家の一員、つまり臣民としてのあり方に言及していない」という特徴を有するものまでを含んでいる。それらの国語読本において、児童はどのように表象されていたのであろうか。

第1節　『帝国読本』における児童像

『帝国読本』の書名は、「尊王愛国ノ志気ヲ、喚《ママ》発セシメント欲スルノ微意」(凡例)を表したものであり、その「微意」を反映して、「毎巻ノ首ニ掲ゲタル題目ハ、帝国臣民ノ最モ注意スベキ事項ニシテ、一層其感情ヲ深カラシメンガ為、之ニ関スル唱歌ヲ載セ」(同前)ている。また、総合読本であるため、修身・文学・歴史・地理・理科・農業・工業・経済・公民などといった広範な領域に関連する教材を含んでいる。

『帝国読本』の歴史的な評価について言えば、『日本教科書大系近代編』第五巻では、文章面において「巻一より巻四までには談話体が用いられるが、文章は当時としては、かなり進んでおり、自由な表現を用いたことにその特色がある。また、文語体の中にも、当時としては児童の生活と興味を重んじたとみられる教材がある」とされ、内容面において「編集者は(中略)歴史教材を多くとって日本国民の思想を形成しようと努めたことが、全体を通じてうかがわれる。また日本の事物や行事、物語、特に日本の童話教材をとり入れたことなど、この後の読本の内容に影響を与えている」と記されている(12)。

その他、サクラ読本と称される第四期国定国語読本『小学国語読本』(一九三三〜三八年に逐次刊行)の編集において、文部省図書監修官として中心的な役割を果たした井上赳は、『国定教科書編集二十五年』（古田東朔編、武蔵野書院、一九八四年）において、「『帝国読本』が、当時の類書中嶄然抜出てゐたのは、巻二以下に現れる文章が、当時としてはかなり進んでゐた」からであると述べるとともに、「文語にも当時としては、かなり児童の生活と興味とを重んじた比較的優秀な教材が多い。編纂法の本質に於て何等進境を示さず、或意味に於て逆行的退歩を見せてゐるものがあるにかゝはらず、この書が当時の優良書として挙げ得る点は、専ら各教材の質の向上にあるといへよう」と評価している(13)。

このように、教材において児童の生活や興味を重んじた点を歴史的に評価されている『帝国読本』において、児童がどのように表象されているのかを概観することとしよう。

第一巻では、児童の姿はほとんど登場しない(14)。しかし、第二巻には児童の姿が数多く登場している。課を列挙すれば、第四〜九・一一〜一四・一八・二三・二七・二九・三〇課において、児童の姿が文中あるいは挿絵で描かれている。

第三巻でも児童の姿は数多く描出されている。第八・一四〜一六・一八・一九・二二・二四・二五・二七課の文中や口上書の遣り取りに、あるいは挿絵に児童が記されている。第四巻では第九〜一二・一六・二〇・二一・二三・二六課、第五巻では第一一・一七・一九・二〇・二九課、第六巻では第一三・二五・二七・三〇課、第七巻では第一一・二四・二七・二八課、第八巻では第一二・二二課の文中や挿絵、日用文に児童の姿が表現されている。

これらの課から『帝国読本』における児童像の特徴を抽出すれば、以下の諸点を指摘することができる。

第一に、児童が小学校教育を受けることが社会的慣行となる以前に出版された国語読本であるゆえに、学校や教室での学び方、教師への接し方、また学校で学ぶ意味を提示する課が存在し、それらの課に児童が登場している点を挙げることができる。

第二巻では、第五課で教師が黒板にある掛図を示しながら修身の授業を行い、それを「おとなしく　ならんで」聴いている児童が挿絵とともに描出されているし、第七課では人という文字を板書して教える教師と、教師の質問に答える児童の遣り取りが叙述されるとともに、教師が板書した文字に視線を注ぐ児童が挿絵に描かれている。また第一八課では、教師への年始の挨拶に友人を誘って出かけようとする児童の言葉が、その様子を表す挿絵とともに、「内山サン、コレカラ　センセイノ　オタクヘ、年シニ　マヰリマセ-ウ。ハイ、手ジマサンモ　サソ《ママ》ツテ、一シ-ヨニ　ユキマセ-ウ」と記述されている。さらに第二九課では復習の重要性が訴えられ、第三〇課では遊び方に対する教師の指示と、それに従っていくつかのグループに分かれて遊ぶ児童の姿が挿絵で描かれている。

第三巻では、第一四課が学校で学んでいるものを問われた児童が「読書・習字・算術ナドナリ」と答え、それを受けてその三つを学ぶことの意義が説かれている課であり、第一五課が父母に一礼する男子児童の挿絵とともに、家庭での父母への接し方、また学校で教師や友人と接する際に遵守するべき規範が提示されている課である。

第四巻第九課は、菊を育てるように丹精を尽くさなければ、「学問ノ花ハ咲キマセン」という教訓を伝える課であるが、その課にある挿絵には、その教訓を伝える教師とそれを聴く二人の男子児童が描かれている。また第六巻第二五課は、時は金なりの意味を解説しつつ、次のように記し、児童に学問に励むことを促している。

各々も、最初学校に来たりし時は、決して今日程の学問あるべからず。然るに三年の「時」を積み、今日此の書を読むに至りしは、即ち「時」の「学問」となりたるなり。此学問を「金」に積らば、決して少なき金高には、あらざるべし。
されば、今日何事をもせず、徒らに「時」を費やすものは、自ら得らるべき「金」を得ずして、空しく棄つるにひとし、愚といふも、猶ほ余りあり。

これと関連して第二に、自然現象の原理や生物の特徴・性質を説明する理科的内容を有する課において、児童が文中や挿絵において表象されている点を指摘することができる(15)。これらは、自然現象や生物に関する知識を提供する課であると同時に、学校に通い、教師から学ぶからこそ、それらの知識を獲得できることを示唆する課となっている。

第二巻を見ると、第八課には犬について話す二人の男子児童の会話が、また第九課には池にいる魚について話す二人の女子児童の会話が、さらに第一一課には紅葉を眺めながら、木の本数や紅葉などについて話す三人の男子児童の会話が、いずれもその様子を描いた挿絵とともに記されている。第一四課では猿の特徴について友人に説明する男子児童の言葉が、第二七課では摘み草をしながら草について話す二人の女子児童の会話が、それぞれその様子を表す挿絵入りで叙述されている。

第三巻では、第八課に蝶の生態についての児童の会話が、第一九課に蛍狩をする児童の会話が、第二四課に七曜についての児童の会話が記述されている。また、第二二課において、復習を終え、父母の手伝いの合間に蜻蛉取りをする児童の様子が表現され、その様子が挿絵で描かれるとともに、蜻蛉の種類や害虫を補食する蜻蛉が有する稲作畑作にとっての効用が記されている。さらに、第二五課では猫に話しかける女子児童の言葉とその様子を表した挿絵が描かれるとともに、猫の目の特質が解説されている。

第四巻第一六課は雁と鴨の生態を扱った課であり、雁と鴨を眺める二人の男子児童を描いた挿絵が組み込まれている。

第五巻においては、第一七課で弥次郎兵衛と起き上がり小法師の簡単な原理が説明されているが、この課でも弥次郎兵衛で遊ぶ二人の男子児童とその傍らに置かれた三体の起き上がり小法師が挿絵で描かれている。また第一九課では、虹を眺めながら七色に見える原理を説明する文彦とその友人武雄の会話が記述され、第二九課において、博物館で武器を眺めながら展開する武田と佐藤という二人の男子児童の会話が描出されている。

第七巻第二七・二八課には、松子が質問に答えながら、妹の花子に雷と電気の原理を詳細に説明する場面が、その様子を描いた挿絵入りで叙述されている。

なお、理科的事象を扱う課の一部では、児童による自然現象や生物の説明は、教師が児童に与えた知識によって、その正しさが担保されているものであることが記述されている。前述したように、第二巻第一四課には男子児童が猿について友人に説明している場面が描かれているが、説明している児童は、「わたくしが、せんせいに　うかゞひましたら、さるは、足が　なくて、四本とも　手だと　おつ（ママ）しーやいました」と述べている。また、第五巻第二九課では、武器の由来が「先生のお話」を引用して説明されている。

第三に、本書第1章と関連するが、『帝国読本』において第三巻以降に課として登場する口上書や日用文は、漢文くずし体（漢文訓読体）や擬古文のみであり、言文一致体が登場していない点を挙げることができる。口上書と日用文は、第三巻第一六・二七課、第四巻第一〇・二六課、第五巻第一一・二〇課、第六巻第一三・二七課、第七巻第一一・二四課、第八巻第一二・二二課で題目となっている。付言すると、巻数が進むにつれて、口上書・日用文以外の課では児童が登場しなくなる傾向がある。

ここでは、第三巻第一六課と第八巻第一二課を見ることとしよう。第三巻第一六課には、春之助と夏三郎の口上書の遣り取りが記されている。

舌きり雀のゑ本おんみせ下されたく候
五月三日　　　　春之助
　夏三郎様

御手紙のゑ本ごらんに入れ候
五月三日　　　　夏三郎
　春之助様

第八巻第一二課には「材木を求むる文」、「同返事」、「講義の聴聞に誘ふ文」、「同返事」が記載されているが、後二者は以下の通りである。

講義の聴聞に誘ふ文

拝啓明日午後一時より某小学校にて某先生出席修身学の講義有之候よし只今回章にて知らせ来り候彼の先生は目下有名の御方にて修身講義は宛も其御得意と承り居候へば後学の為め参聴可致と存居候貴兄には如何哉御思召も有之候はゞ此より御誘引可申上否哉伺上候匆々不一

同返事

芳墨拝見明日午後一時より某小学校に於て某先生御出席修身学の講義有此候由にて御誘引被下難有候如仰彼の先生は修身講義御得意の由に承り居候間一度拝聴仕度候に付御同伴可仕候幸明日は閑暇に有之殊に路順にも候間私より御誘可申上候書余拝眉の節に相洩し候拝復

文章の質と内容は異なるが、他の口上書と日用文も同様の文体で認められている。これらの課は、児童は口上書や日用文において漢文くずし体や擬古文を綴るべきである、という規範の存在を示唆するものであろう。

言及していないいくつかの課も存在するが(16)、『帝国読本』における児童像から、以上の特徴を抽出することができる。

第2節　『尋常小学読本』における児童像

イエスシ読本とも呼ばれる第一期国定国語読本『尋常小学読本』は、『帝国読本』と同様に、幅広い領域の内容を含んだ総合読本となっている。この国語読本に対する歴史的な評価を見れば、『日本教科書大系近代編』第六巻では、「今までの読本に比べていちじるしく整然とした内容をもった教科書として刊行された。しかしその反面、かえって形式的に流れ、児童の心理や生活から離れたうらみがあった」とされるとともに、「検定時代を通して高まってきた文学的傾向が、国定読本の出現によって、一時減退したといってよい」と記され(17)、特色としては「口語文が多く採用され、巻五まではすべて口語文であり、巻八になっても、約半数が口語文になっている」点が挙げられている(18)。

粉川宏は『国定教科書』（新潮選書、一九八五年）のなかで、この国語読本について「開化啓蒙的性格を基調とし、それまでの検定本の内容を集大成した教科書」(19)と論じ、その特徴の一つとして「教材の主題が、とかく道徳的な色合いの濃いものになっていることは事実だが、一方、物語の中でも理科的な知識を重視する傾向」を有し、「巻を追うにつれて、科学的内容の教材は増え、戦前五期の国語読本の中で、その比率は最高を占めている」点を挙げている(20)。

井上赳は、『国定教科書編集二十五年』のなかで、この国語読本を「編纂の基礎は語法を基準とするもの」であり、「その語法組織は頗る科学的色彩を帯び、緻密性を発揮して来た。いわば「読書入門」以来の論理的方法が、こゝで一先づ極点に達した」と高く評価しつつも、「語法に随つて編纂する読本が、常に児童性から遠ざかり、児童の興味を犠牲にすることは、かのウェブスターのSpelling Book及びその流を汲む言語読本の有する弊である」と指摘している(21)。

「児童の心理や生活から離れたうらみがあった」とされ、また「常に児童性から遠ざかり、児童の興味を犠牲にする」弊を有すると評価される『尋常小学読本』において、児童像がどのように表象されているのかを、以下で分析することとしたい。

『尋常小学読本』において、児童が登場している課は、表3の通りである（第一・二巻は課が設定されていないので頁数を挙げる）。

これらの課を分析すると、『尋常小学読本』における児童像の特徴として、以下のものを挙げることができる。

第一に、『帝国読本』と同様に教師が知識を伝達する場面を描いた課も存在するが、『帝国読本』とは異なり、保護者や兄姉といった家族も知識を伝達する役割を担う者として登場している。したがって、児童は学校において教師の下で学ぶ存在であるだけでなく、家庭において年長の家族からも学ぶ存在として描かれている。

教師の姿や言葉、また教師から学んだ学習内容が登場する課は、第三巻第一課、第四巻第一・三・四課、第五巻第一六課、第八巻第一九・二〇課である。

一方、家族が教える者として登場する課としては、第二巻一〇〜一一頁（父）、第三巻第一一課（母）、第一五課（父）、第二〇課（兄）、第四巻第八課（父）、第九課（姉）、第一六・一七課（母）、第五巻第五課（父）、第一一・一二課（父）、第一九課（姉）、第二二課（祖父）、第六巻第三課（父）、第一三課（兄）、第七巻第六・七課（母）、第一一課（父）、第一七課（母）、第一八・一九課（父）、第八巻第一課（父）、第三課（母）、第一七課（父）がある（括弧内は教える者）。

表3 『尋常小学読本』の文中や挿絵に児童が登場する課

巻数	課
1	12、31、37、40、48、52〜55
2	1、2、4、6〜26、28〜31、35〜37、39〜41、44〜46、56〜60
3	1〜3、6〜8、11〜13、15、17、20
4	1〜4、7〜9、11、14、16、17、20
5	1、2、5、9、11〜13、16、19、20、22
6	2、3、11〜13、20
7	1、3、6〜9、11、13、17〜19、22、23
8	1〜4、6、7、10〜12、15、17、19、20

注・1、2巻は課が存在しないため、頁数を示した。

教える存在として、教師よりも家族が数多くの課で扱われていることは、学校で学ぶことが社会的慣行となり、教師から知識を学ぶことが当然視される事態が既に到来していたことを反映するものであると把握することができるだろう(22)。そして、教える者としての家族像の夥多は、教師に加えて家族が教える者として(再)発見されたことを開示している。なお、学校に通い教師から教えを受けることが慣行となっている点については、次の二つ課が示唆している(23)。

第二巻二一〜二三頁には、タローという男子児童が、三人の児童を前に「センセイ　ニ　ナッテ、サンジュツアソビ」をし、タローが問題を出し、オツルとジローが答えている場面が文章と挿絵で描かれている。また、第五巻第一課には、「ゆふはんがすむと、わたくしは、学校で、ならったことのお話をします。そのあとで、おばあさんが、いろいろ、おもしろいお話をしてくださいます。／わたくしの、いちばん、すきなところは、学校とわたくしの家とです」という、ある児童の言葉が記載されている。児童が教師役をして遊び、夕食後には学校で学んだことを話し、また最も好きな場所として学校と家とを列挙するという状況の描写は、学校に通い教師から学ぶことが意味を問うまでもない自明な事態となっていたことを暗示していると言えよう。

なお、『尋常小学読本』に登場する教える者は、教師、家族に留まらない。第八巻において、第一〇〜一二課で近隣の古老が、第一五課で「友だちのおぢいさん」が教える者として登場している。このことを踏まえれば、教える者が教師から拡張され、拡張された多様な教える者から学ぶ存在として児童が表象されている点に、『尋常小学読本』の特徴の一つがあると見ることができる。教育の営みが学校に留まるものではなく、子どもの生活世界全体に遍在しているという認識を、教える者の表象から読み取ることもできるだろう。

第二に、第三巻以降では、『帝国読本』と同様に自然現象の原理や生物の性質・特徴を説明する理科的な課において、またそれに加えて伝統行事や新しい技術・制度の特質を記述する社会科的な課において、児童の姿が数多く表現されている。

長くなるが、以下では教師や家族、そして近隣の古老がどのような内容を児童に教えているのかということにもかかわるので、各巻で児童が理科的・社会科的内容を学ぶ場面をすべて列挙することとしたい。

第三巻を見れば、第一課ではたんぽぽの性質を教師がオチヨに教える場面が叙述され、第二課では桜の木の下で遊ぶ三人の女子児童を文章と挿絵が表現するとともに、桜の花びらについての記述があり、第三課では菜の花畑で唱歌を歌うオチヨとオタケの様子が文章と挿絵で描かれ、菜の花の花びらについての説明も記されている。第一一課では、母親が蛍の性質についてオハナに教える会話が描出され、第一二課では両手を水平に広げて太陽に向かって立つ男子児童の姿が挿絵で描かれ、四方についての説明が記述されている。第一五課では父親が蝉の性質についてじろーに教える会話と、その様子を描いた挿絵が描写され、第一七課では船に乗っている男子児童と、それを眺める二人の男子児童とを表現した挿絵と、海についての説明が記されている。第二〇課には、妹のおつると彼女に時計での時刻の読み方を教えるたろーの会話の叙述とともに、その様子を描写した挿絵が載っている。

第四巻に焦点を合わせると、第三課では文吉が富士山について学校で教師に教えたもらった内容が記されるとともに、砂で山を作っている文吉が挿絵で描かれ、第四課では天長節について教師から教えられたことを学校帰りに話す太郎と文吉の会話が、その様子を表した挿絵とともに記述されている。第七課では豊年祭の説明が記されるとともに、神社に母とともに参るおちよの姿が挿絵で表されている。第八課では雁について説明する父とこたろーの会話が、その姿を描いた挿絵とともに記載され、第二〇課では猿の特徴が記述されるとともに、猿回しが小太郎の家を訪ねる場面が文章と挿絵で表現されている。

第五巻では、第五課において麦について教える父と文吉の会話が、その姿を描いた挿絵とともに記され、第一六課では「先生のいふことを、いつも、よく、気をつけて」聴く友吉が、「いらづらをしたり、わきみをしたりして」教師の話を聴いていない和助に対して、教師の言葉を引用しつつ雷が鳴ったときに注意すべきことを教える場面が記述され、第一九課では姉のおすずがおまつに花の種類や鳴く虫の種類を説明する場面が描写され、さらに第二二課では林の木を伐採しすぎたため、近頃「大水」が多くなっていることを太郎に説明する祖父の言葉が記載されている。

第六巻に目を向ければ、第三課で父が太郎に稲を刈ってから精米するまでの手順を説明する会話と、その様子を表した挿絵が描写され、第一三課で兄が太郎に小売、問屋、卸売について述べながら商売を説明する会話が記述されている。

第七巻について言えば、第六・七課で母がおはなに日本の名所旧跡について説明する会話が記され、第八課では公園がいかなるものなのかを説明する記述とともに、挿絵において公園にある立札について話すおつるとおふみの姿が描かれている。また、第一一課では酒と煙草の害悪について説明する父と次郎の会話が記され、第一三課では木にとって害虫を捕食する鳥の効用が記されるとともに、「アシキ子ドモ」が鳥の巣を取ったため、木が枯れてしまった話が語られている。さらに、第一七課では電報に記載されている情報の読解方法について、母が洋吉に教える会話が記載され、第一八・一九課では日本丸の船長である洋吉の父が、小学校を訪れ、児童に航海中に見る鯨、飛び魚、阿呆鳥について話したり、灯台が担っている役割について説明したりする場面が描かれている。

第八巻を検討すると、第一課において父が小太郎に郵便制度について説明する場面が表され、第四課では、第三課で描かれた「へいぜい、こころがけて、ためたる」六十銭ばかりを慈善的活動に活用するおふみの姿を受けて、貯金制度が説明されている。第一〇～一二課では、近隣の古老が小太郎を始めとする児童に豊臣政権以降の日本史を語り、第一五課では北海道のある村の児童たちに「友だちのおぢいさん」が北海道開拓史を語る場面が、挿絵とともに描出されている。さらに第一七課では、父が文吉に村会議員選挙制度について語る会話が記され、第一九・二〇課では、教師が児童に対して、地球が丸いことを説明し、地球儀を用いながら、主要な国家の特徴を教える場面が描かれている。

第三に、第五巻から第七巻において、児童が書いた手紙の遣り取りや日記が記されている課が現れ、それらがすべて言文一致体で記述されている（第五巻第九・一二課、第六巻第二・二〇課、第七巻第八・一二・一三課(24)）。第八巻第二・六課にも手紙の遣り取りは載せられているが、それらは児童の書いたものではなく、成人が書いたものであり、候文の擬古文で認められている。それゆえ、児童は言文一致体で手紙や日記を綴る存在として表象されているのであり、このことは、実態はどうであれ、言文一致体で文章を書く存在という児童像が規範として成立していたことを示している。いくつかの手紙や日記を見ておくこととしよう。

梅雨についての説明が記述されている第五巻第九課には、梅雨明けに体調を崩したちよを見舞うたけの手紙とちよの返信が記載されている。

けふ、せんせいから、ききましたら、あなたは、このごろ、ご病気だそうでございますが、ごよーすはいかがでございますか。(下略)

六月十一日　　たけ

おちよさま

きのふは、お手紙をくださいまして、ありがたうございます。わたくしの病気は、もう、すっかり、なほりましたから、あしたから、がっこーにまゐるつもりでございます。(下略)

六月十二日　　ちよ

おたけさま

第七巻第二三課には、三日分の小太郎の日記が記載されている。一〇月八日の日記には、次のように記されている。

十月八日、木曜日、晴。

けふ、学校で、算術の時間に、米や油などをはかる、石、斗、升、合などといふ枡目のとなへかたと、そのけいさんのしかたとをならった。

学校がひけてから、おとうさんと、となりの町の油屋に、行って、石油をあつらへた。油屋は「あしたのひるすぎに、持たせてあげます。」といった。油屋からの帰に、鉛筆と手帳とを買ってもらった。

第四に、自然現象や生物などの性質を説明するのではなく、自然現象を眺める児童、生物と交流する児童の姿などを写生した課や、児童の遊ぶ様子や姿を文中や挿絵で描写した課が存在している。このような特徴を有する課としては、第二巻二四～二六頁（火遊び）、二八～三〇頁（凧揚げと羽根突き）、三五～三七頁（オハナと鶏）、三九～四〇頁（ジローと犬）、四四～四六頁（コタローと馬）、五六～五九頁（鞠遊び）、第三巻第六課（ジローと雨）、第七課（児童と小川、メダカ）、第八課（二人の児童と筍）、第四巻第二課（コタローと牛馬）、第一一課（凧揚げと毬突き）、第一四課（児童と雪、雪合戦、雪だるま）、第五巻第二課（野遊び）、第一三課（駆け競べ）、第二〇課（二人の児童と山からの眺め）、第七巻第一課（庭や小山や野原で遊ぶ児童）がある。ここでは、第四巻第一四課で児童がどのように描かれているのかを見ることとしたい。

……雪　が　ふりだしました。（中略）／どこ　の　家　の　やね　にも、じめん　にも、雪　が、五寸ほど、つもりました。（中略）／こども　は、よろこんで、そとに、でて、あそびました。ゆきなげ　を　して、あそぶ　もの　も　ありました。また、雪だるまを　こしらへて、あそぶ　もの　も　ありました。

『尋常小学読本』では、自然現象や生物の特徴や性質を児童が学ぶことが重要視されているだけでなく、自然現象や生物と児童のかかわり自体の写生にも価値が置かれていると言えよう。

膨大な課において児童が登場しているため、すべての課に言及したわけではないが、『尋常小学読本』から、以上の特徴を剔出することができる。

第3節　児童像の転換が意味するもの

一八九三年に発行された『帝国読本』は第二次小学校令下の検定教科書であり、一九〇三～〇四年に発行された『尋常小学読本』は第三次小学校令下の国定教科書であった。文部省令第一三号「小学校毎週教授時間ノ制限」（一八九一年）によれば、尋常小学校の毎週教授時間は一八時以上三〇時以下とされている。また、その省令を受けて発出された「小学校各教科目毎週教授時間配当一例ニ関シ普通学務局長ヨリ府県知事へ通牒」（同年）によると、「通常ノ場合ニ於ケル各教科目ノ教授時間」は、尋常小学校の場合は二七時を通常とし、読書作文習字に一五時配当されている。したがって、修身・読書・作文・習字・算術・体操が尋常小学校の教科目であった第二次小学校令下において、教授時数の半分以上は国語（読書・作文・習字）が占めるものと想定されていたのであった(25)。

一方、第三次小学校令とともに制定された小学校令施行規則第一七条及び第四号表に基づいて、尋常小学校における総教授時数と修身・国語・算術・体操という各教科目の教授時数を示すと、表4の通りとなり、第三次小学校令下においても、いずれの学年でも国語が圧倒的に多い時数を占めている。

表4　尋常小学校教科目別時数（一週当たり）

	修身	国語	算術	体操	総教授時数
第1学年	2	10	5	4	21
第2学年	2	12	6	4	24
第3学年	2	15	6	4	27
第4学年	2	15	6	4	27

以上のように、尋常小学校の教育において大きな位置を占めてきた国語は、児童自身の自己表象、自己了解にも大きな影響を与えたと推測することができる。その国語で使用された、発行年が一〇年ほど異なる国語読本に照準し、それぞれにおける児童像の特徴を、前節までで分析してきた。その分析に基づけば、『帝国読本』から『尋常小学読本』への移行におい

て児童像に生じた変容として、次の諸点を指摘できる。

第一に、『帝国読本』では、学校で教師から学ぶという文脈において児童像が現れていたが、『尋常小学読本』では、そのような文脈での児童像は影を潜め、学校以外の場で学習する児童の姿が数多く表象されていることを挙げることができる。この変容は、『帝国読本』が発行されてから『尋常小学読本』が発行されるまでの約一〇年のあいだに、学校に通って教師の下で学ぶことが当然視される事態が到来したことを映し出している。

このことと関連して、以下の点も指摘することができる。『帝国読本』において、児童が獲得する知の最終的な審級に座していたのは教師であった。事実、第一節で確認したように、児童同士の会話を通じて理科的事象が説明される際に、教師が教えた知識がその正しさを担保するものとして、児童によって持ち出されていた。一方、『尋常小学読本』の場合、第二節で検討したように、児童は教師に加えて年長の家族や近隣の古老からも学ぶ存在として記述されるようになり、学校で学ぶ児童の姿よりも、自らの生活を囲繞するさまざまな状況で家族や古老から学ぶ児童の姿の方が数多く描写されていた。そして、家族や古老による説明は、他者によってその正しさが担保されるものではなく、その説明自体が既に/常に正しいものとして記述されていたのであった。

したがって、『帝国読本』では知の正しさを判別する最終的審級に位置していたのは教師であったのに対して、『尋常小学読本』においては、教師だけでなく、家族や近隣の古老もその場に座することとなった、という転換を剔抉することができる。換言すれば、『尋常小学読本』において、教師以外の者も児童の社会化エージェントとして（再）発見されたということ、そしてこのことと連動して、『帝国読本』とは異なり、児童は多様な他者から学ぶ存在として表象されたということを指摘することができる(26)。あるいは、児童を取り巻く学校以外の場が有する教育機能が（再）発見されたと言うこともできるだろう。

第二に、『帝国読本』において、児童は主として学ぶ存在として描出されていたのに対し、『尋常小学読本』では、もちろん児童が学ぶ姿はさまざまな課で記されているが、児童の生活自体が数多くの課において描かれるようになった、という変容を把捉することができる。この変容から、学校生活を含めて、児童の生活は知の獲得という功利主義的目的のためだけに存在するものではなく、児童の生活世界そのものに価値があるという認識の浮上、あるいは児童独自の生活世界の発見を読解することができる。また、価値ある生活を過ごす時期としての「児童期」が発見されつつあったと見ることもできる。それゆえ、児童は将来に向けて学ぶ存在であると同時に、国木田独歩に端を発する無垢なる存在というロマン主義的子ども(27)に近接する存在としても、『尋常小学読本』において表象されていたと認識することができる。児童期の発見は、児童の成長に関与する教育の営みに対する再考を促すこととなるであろうが、この点に関連すると見ることができる教育概念の拡張に関しては、第2部で論じることとなるだろう。

第三に、前述したように、『帝国読本』の口上書や日用文では、児童は漢文くずし体や擬古文を綴る者として描かれる一方、『尋常小学読本』の手紙や日記では、言文一致体を綴る者として表象されているのであり、児童が綴る文体に大きな差異が存在していると言うことができる。この時期に、以上のような転換が生じた意味に関しては、国語読本ではないが、少年雑誌『少年世界』を分析対象として、当時の国語政策にも言及しながら第1章で考察した。

以上の変容を踏まえると、小学校で学ぶことが慣行となる以前には、主として将来のために学校で学ぶという功利主義的側面に力点を置かれて眼差されていた児童は、それが慣行となった時期には、功利主義的学習者であると同時に、それ自体に価値のある児童期を生きる者としても眼差される存在、それゆえに特別な配慮が必要となる存在としても表現されるようになったと言うことができる。

また、第三の点と第1章の分析を踏まえるならば、『尋常小学読本』と『少年世界』は、「地理的・階層的な言語変異にまったく汚染されていない処女性をもった言語規範」(28)としての「国語」という「理念を現実的にささえるべくして明治期に誕生した言語形式」(29)である言文一致の言説実践を普及させる媒体として機能した点は共通し、両者はこの実践を通じて、一九〇〇年代前半に国語や国家を規範化していく国民教育の対象となる児童や少年を設定したとも言えるだろう。国民教育の対象として設定された児童や少年たちに対してどのような教育を行うのか、そしてその成果はどのようなものなのか、あるいはその教育を担う教師たちの専門性はどのように担保されるのかということが、これ以降の時期には問われることとなり、これらの点を焦点とする教育に関する問題が教育メディア空間において発生することとなっていくが、このことについては第3章以降で分析することとしたい。

なお、第二の点にかかわる課題について、最後に言及しておくこととしたい。

沢山美果子は「教育家族の成立」(中内敏夫他編『〈教育〉——誕生と終焉——』藤原書店、一九九〇年、一〇八〜一三一頁)において、一九一〇年代から二〇年代における新中間層の教育要求に、「童心を賛美する、つまり子どもの純真さや無垢という教育以前の状態を賛美する童心主義と、教育、学歴をつけることで無知な状態から子どもを脱却させるという矛盾した心性の併存」(一一四頁)が見られると論述している。

一方、広田照幸は、沢山の指摘に同意しつつも、「童心主義と学歴主義との間に、もう一つ、子供は無垢=無知であるがゆえに早期から厳しくしつけや道徳教育をおこなって、ちゃんとした人格や生活規律を身につけさせようとする、「厳格主義」とでもいうべきものが存在したように思われる」(30)と論じている。そして広田は、「大正・昭和の新中間層」は、多くの場合「それら三者をすべて達成しようとしていた」と述べ、三者の「どこに傾斜していったとしても、そこには、かつてないほど強烈な「教育する意志」が働いていたという点では共通している」こと、それゆえに三者は「「さまざまなことを学ぶべき人生特有の時期」として〈子供期〉を認識している点では共通していた」ことを指摘している(31)。

沢山と広田の研究は、本章とは対象時期が異なるものであり、また新中間層の子どもの教育を巡る心性に照準したものであるが、両者が指摘した童心主義、学歴主義、厳格主義を、ここまでの分析に重ね合わせるならば、次のように述べることができる。

本章が分析対象とした国語読本では、学歴主義の文脈を基盤とする視線を通じて構成される、将来のために学ぶという功利主義的な児童像は『帝国読本』において既に存在し、価値ある児童の生活それ自体を写実するという、大正期の童心主義へと展開していくであろう視線によって構成される児童像が、『尋常小学読本』において付加されたと見ることができる。したがって、小学校に通うことが社会的慣行となる時期は、学歴主義に基づく文脈で表現された児童像が、学歴主義的な視線と大正期の童心主義を先取りする視線という二重の眼差しによって構築される表象へと転換していった時期でもあったと論じることができよう。

両国語読本における児童像に照準すると、以上のように分析することができるが、『帝国読本』に掲載されている歴史的人物の幼少期を描いた伝記のなかには（したがって、本章で分析対象とする時期の児童を描いたものではない）、第五巻第二六課（名和長年）、第八巻第一一課（松下禅尼）のように、広田が述べる厳格主義的視線を内包しているものも存在している。しかし、『尋常小学読本』には、その視線を内在させる課は存在していない。それゆえ、大正期・昭和初期の新中間層が有していた厳格主義は、既に『帝国読本』に見られるものであるが、『尋常小学読本』において一旦は抹消されたということも指摘できる。

以上の転換が何を意味しているのか、また本章が分析対象とした時期以降に出版された国語読本において、童心主義、学歴主義、厳格主義がどのように布置されながら、児童が描かれることとなるのか、これらの課題については、稿を改めて取り組みたい。

付言すると、新中間層に現れた教育家族が、どのように「我が子」の教育について語るようになるのかという点については、第7章で東京郊外の学園都市成城に照準して分析を試みることとしたい。

第3章

展覧され評価される教育の成果
◆全国小学校成績品展覧会を事例として

はじめに――企業戦略と国家戦略の交差

他社に先駆けての返品制の導入（一九〇九年）によって躍進し、大正期には出版界の主役となる実業之日本社は、一九一二年に創業一五周年を迎え、その祝賀事業として、五月二五日～六月一八日に上野公園竹の台陳列館で「全国小学校成績品展覧会」を開催した。この展覧会は従来あまり注目されることがなかったが、全国の小学校約一、三〇〇校から書方・綴方・図画・裁縫・手工の成績品一三万点以上を集めて展示し、約一三万人の来館者を集めるほどの成果を収めたものであり、『太陽』、『文章世界』、『少年世界』などを発行していた明治後期の「出版王国」博文館(1)に取って代わり、実業之日本社が出版界のリーダーとなることを宣言するメディア・イヴェントであった。例えば、児童雑誌界におけるこの展覧会の影響力について、『少年世界』編集者の一人であった木村小舟は、こう述べている。

何事も宣伝第一の世の中である。況して宣伝の巧妙なる実業社の、全力を挙げての企画ではあり、果然予期以上の成績を齎し、連日来観者殺到、押すな押すなの盛況裡に、高貴の方々の来場を忝うし私設の展覧会としては、稀有の名誉を博した。さればこそ、この催事有つて以来、両雑誌（『日本少年』と『少女の友』―引用者）の勢力は、旭日昇天の概を示し、為めに多年牢固不抜の地盤を擁する「少年世界」すら、聊か後方に瞠着たる感なきを得なかつた(2)。

主筆巌谷小波のお伽噺を始めとして、「一五少年」、「狼少年」の翻訳など数多くの業績を児童文学史に残している『少年世界』と比較すると、『日本少年』は有本芳水の詩の他には見るべきものがなかったと言われる(3)。しかし、羨望を交えながら語る木村の言葉が示しているように、全国小学校成績品展覧会を契機として、『日本少年』は少年雑誌の代名詞としての地位を『少年世界』から簒奪することとなった。

但し、全国小学校成績品展覧会が大きなインパクトをもったのは、出版界に対してだけではなかった。開会式の祝辞において東京帝国大学文科大学学長上田万年が「思ふに之によつて普く教育に関する趣味と理解とを公衆に授け進んでは教育家をして相互に切磋琢磨せしむるの好機会を与へ其効果の甚だ大なるべきは吾人の信じて疑はざる所なり」(4)と述べているように、このイヴェントは、「公衆」を教育へ動員し、さらに「教育家」が教育の営みを作品化して競い合う契機となる側面を孕んでいた。「教育品展覧会」のように、学校教育に対する人々の理解を促し、就学率の向上を目的として開催されていた明治中期の展覧会とは異なり、この展覧会は、教育実践とその成果とをカタログ化して評価するイヴェントの雛形となるものでもあった。

本章は、全国小学校成績品展覧会が、諸メディアを蝟集させながら、どのように教師を始めとする人々の欲望や感受性を自らに吸引し、そしてどのように教育実践を方向づける整流器として機能していたのかを検討することを課題としている。以下では、『日本少年』(5)を中心的な史料とし、実業之日本社発行の『実業之日本』、『婦人世界』、『少女の友』、さらに新聞や教育ジャーナルも参照しながら、この課題に応えることとしたい（『日本少年』からの引用は、引用末の括弧内に巻号、発行年、頁を表記する)。

ところで、新中間層が増加し始める明治後期は、一方で都市に展開されるモダンな消費生活のイメージを人々に浸透させ、他方で国家戦略に人々の意識を動員していく装置としてメディア・イヴェントが重要な役割を果たし始める時期であった(6)。そして、そのようなイヴェントが照準する領域の一つに「子ども」が存在していた。

子どもに照準した、モダンな消費生活を演出する規模の大きなイヴェントとしては、一九〇九年に三越呉服店が行った児童博覧会(四月)、万国博覧会(一二月)を指摘することができる(7)。また、小林一三が一九〇七年に設立した箕面有馬電気軌道(後の阪急電鉄)によって、一九一一年に箕面動物園(一九一〇年開園)で開催された「山林子供博覧会」も挙げることができよう(8)。企業主体の子どもを対象とする展覧会・博覧会の系譜について言えば、実業之日本社の全国小学校成績品展覧会は、三越呉服店、箕面有馬電気軌道などのイヴェントとともに、大阪毎日新聞社や大阪朝日新聞社が大正末期から昭和初期にかけて展開した諸活動の先行形態であったと見ることができる。

三越呉服店のイヴェントの背後には、同店専務取締役日比翁助が学者や文化人を集めて一九〇五年に組織した「流行研究会」の存在があった(9)。同会には、巌谷小波、坪井正五郎、佐々木信綱、井上通泰、黒田清輝らが名を連ねているが、本章の関心において興味深いのは、新渡戸稲造が加わっていることである。

一九〇六年九月に第一高等学校校長に就任した新渡戸は、一九〇九年一月にはその役職に就いたまま実業之日本社顧問に就任するなど同社とは深い関係にあり(10)、一九〇七年に(一時的に)政界を引退し国民教育事業に尽力していた早稲田大学総長大隈重信とともに(実業之日本社は人脈的には早稲田閥であり、社長増田義一は早稲田大学評議員でもあった)、実業之日本社のイヴェントには欠くことのできない人物であった。それゆえ、新渡戸を軸とする三越との繋がりが、全国小学校成績品展覧会という子どもに照準したイヴェントの開催に影響を与えたと考えられる。

実際、三越と実業之日本社の関係は良好で、三越呉服店自体の広告に加え、児童博覧会やその懸賞募集の広告が、『日本少年』や『少女の友』には掲載されており、一九一三年に開催された第五回児童博覧会では、『日本少年』を印刷・製本している写真や、当時同誌で連載されていた三津木春影の怪奇小説「船室の時計」（第八巻第五・六号）の原稿などが展示されていた(11)。

しかし他方で、全国小学校成績品展覧会は、当時の文部行政とのあいだにも連関を有していた。大逆事件から約一年経過した一九一一年五月一七日の勅令第一六五号によって通俗教育調査委員会官制が定められ、文部省に通俗教育調査委員会が設置された（新渡戸稲造、巌谷小波、手島精一、田中館愛橘らが委員に選ばれた）。通俗教育調査委員会は三部に分かれており、第一部は通俗図書の選定・認定、第二部は活動写真や幻灯の選定・認定、第三部は通俗講演やその他各種の調査などに関する事業に携わっていた。そしてその活動に呼応して、一九一二年五月六日〜一一日に開催された全国中学校長会議では、第六諮問案「中学校をして一層地方教化に貢献せしむる方法」に対する答申として、通俗講演をしたり、生徒成績品展覧会を開催したりすることが決定された。また一九一二年には、小学生に学年に応じて適当な「課外読物」を指定することを提案する論文(12)や、中学生を対象とする「課外読物」の調査法や指導法についてまとめた論文が現れていた(13)。

「課外読物」である児童雑誌が出版されるようになったのは、序章や第1章で言及したように、少年雑誌が一八八〇年代末以降、少女雑誌が一九〇〇年以降のことであり、小学校の就学率上昇が、各出版社が「少年」や「少女」という市場を発見／創出する契機となった。例えば、『少年園』（一八八八年創刊）、『小国民』（一八八九年創刊）、『少年世界』（一八九五年創刊）、『少年界』（一九〇二年創刊）、『少年』（一九〇三年創刊）などの少年雑誌が、そして『少女界』（一九〇二年創刊）、『日本の少女』（一九〇五年創刊）、『少女世界』（一九〇六年創刊）、『少女の友』（一九〇八年創刊）、『少女』（一九一三年創刊）などの少女雑誌がこの時期に創刊されていた。

このなかで一八九五〜一九一〇年の『少年世界』を第1章において検討し、少年層を対象とする言文一致運動と連動しながら、主筆巌谷小波を中心とする『少年世界』編集部が、一九〇二年末に「煩悶青年」とは異なった天真爛漫な言文一致体の書き手という、書字文化における新たな少年像を創出した機制を考察した。しかし、この段階では少年少女雑誌と学校教育の繋がりはそれほど密接なものではなかった。その連携が深まるには、学校教育とともに国民教育を担う社会教育（通俗教育）への着目が必要であったのであり、他ならぬ『日本少年』は、社会教育の一翼を担おうとして登場した雑誌であった。

『日本少年』が創刊されたのは日露戦争勝利の翌年で、「戦勝の元年」、「平和克復の第一年」などと言われた一九〇六年の一月一日のことであった。その発刊の辞は、「「日本少年」発刊に就て　小学校職員家庭の父兄に告ぐ」と、読者向けの「発刊の辞」の二種類存在したが、前者において、発刊の目的が次のように述べられている。

> 言ふまでもなく少年教育は、第一学校教育、第二家庭教育、第三社会教育、此三つが統一聯絡しなければ、決して完全に其目的を達することが出来ぬものであります。然るに現今我少年少女の社会教育者となつて居る雑誌又は単行本などに就て研究して見ますると、其等の多数が、学校教育と密接の聯絡を保つて居ないのは、如何にも遺憾なる次第であります。将来大日本帝国の運命を双肩に担うて、世界の大舞台に華々しき競争を試むべき大国民を養成する社会教育機関としては、必ず学校教育と聯絡を保てつ《ママ》、品性の修養上にも、智能の啓発上にも、統一する教育を少年少女に施す読物がなければならぬと信じます（第一巻第一号、一九〇六年、序文）。

『日本少年』は、このように社会教育の一機関として学校教育との「聯絡」を重視した雑誌であり、全国小学校成績品展覧会開催という出来事は、流行研究会に繋がる文脈だけではなく、この「聯絡」という文脈においても捉えることができ、第1章で史料とした少年雑誌であり、小学校教育を受けることが社会的慣行となる以前に創刊された『少年世界』とは、その「聯絡」を重視している点で異なっている。当時、東京高等師範学校附属東京教育博物館（国立科学博物館の前身）主事であった棚橋源太郎に焦点を合わせると、この展覧会と社会教育の繋がりが明瞭になる。

通俗教育調査委員会の答申を受け、文部省は東京高等師範学校と広島高等師範学校を社会教育の中核として位置づけた。東京高等師範学校は、これに対応して一九一二年一一月に東京教育博物館の一部を整備し、通俗教育館として開館することとなったが、一九〇六年に東京教育博物館主事となっていた棚橋が、そこでの展示を指揮した。そして、全国小学校成績品展覧会において展示の意匠を凝らしたのも棚橋であった。つまり、全国小学校成績品展覧会と通俗教育館の展示は、同一人物によって施されていたのであり、その展覧会は、数ヶ月後に開館する通俗教育館の展示の実験場としての側面も有していたと言える。

一九〇九年から二年間ドイツ、アメリカへ留学していた棚橋による成績品展覧会の展示は、「陳列は最近に欧州より帰朝されたる棚橋教育博物館主事専心意匠を施され未だ我国に行はれざる最新式の斬新なる方法を以て陳列法に一新機軸を出すの準備既に成れり」(14)などと宣伝され、展覧会の声望を高めるのに一役買っていた。さらに、展覧会における優等成績品は、「東京教育博物館と東京両高等師範学校に永久に保存して(中略)各府県で展覧会を開いた時は希望に依つて貸し出すこと」(第七巻第八号、一九一二年、八四頁)とされていた。なお、後述するように全国小学校成績品展覧会には諸外国の小学校の成績品も展示されていたが、それらは東京教育博物館所蔵のものであった。

ここまでに見てきたように、全国小学校成績品展覧会は、子どもを消費の対象とする文化産業の企業戦略と、社会教育(と学校教育の連携)の重視という国家戦略が交差する場に創出されたイヴェントであったと言うことができる。

以下では、第1節において、全国小学校成績品展覧会開催以前に『日本少年』がどのように学校教育に照準するようになったのかを確認したい。芦田恵之助に焦点を合わせることによって、この過程を照射することができるだろう。第2節では、全国小学校成績品展覧会がどのように華やかな祝祭空間を構成したのかを検討する。ここでは、皇族を始めとする有名人、新聞、広告、教育ジャーナル、また雑誌のモノとしての側面などの諸メディアが、どのようにこのイヴェントに動員されたのかに注目したい。第3節では、成績品審査員の講評などを参照しながら、審査員らがこの国民教育を演出するイヴェントをどのように意味づけていたのかを考察する。

付言すると、実業之日本社は、創業二〇周年記念事業として、一九一七年には全国の小学校校長一〇名(人選は文部省に一任）を、九月から二ヶ月間ほどアメリカに派遣し、現地の教育事情を視察させている（団長東京高等師範学校教授佐々木吉三郎、顧問東洋幼稚園園長岸辺福雄(15)の二名が同行）。また、創業二五周年記念事業として一九二二年には、実業学校校長三名を南米諸国へ（『日本風景論』（政教社、一八九四年）で有名な地理学者志賀重昂が同行）、同一七名を中国へ派遣している。同社は、全国成績品展覧会以降も、学校教育との「聯絡」を重視し続けたのであった。

第1節　『日本少年』の変容――学校教育への照準

一九〇六年に創刊された『日本少年』は、他雑誌との差異を明瞭にするために学校教育との「聯絡」をセールスポイントとしようとしていた。但し、一八八〇年代末に創刊された『少年園』や『小国民』などのように「利益を念頭に置かず、只雑誌の発行を以て、一種変則の学校教育と観じ、幼少年読者に対して、小中学程度の常識を授くると共に、相当豊富なる趣味を加え、以て花実兼備の効を挙げんことを期し」(16)ていた雑誌とは異なり、『日本少年』は少年小説や冒険小説、伝記などを中心に誌面が構成されている雑誌であり、消費の対象としての雑誌であることは、既に前提されていた。表紙や口絵、挿絵の人気もそのことを示していよう。当時はまだ新進画家であった川端龍子や竹久夢二、また馬の絵で有名な谷洗馬、さらには明石赤子、佐々木林風などによって描かれる美麗な絵は読者に対して情緒的な訴求力を有し、特に彼らが描く表紙が毎号異なるものとなっているのは他誌にない特徴で、少年のあいだでの評判もよく、『日本少年』の商品力を高めていた(17)。

娯楽雑誌『日本少年』は、後発ながら順調に発行部数を伸ばし、記者の公称によれば、第一巻では「二万有余の愛読者」（第一巻第一二号、一九〇六年、七〇頁）であったが、「雑誌の部数は月毎に殖えて、去年の今月は八万二千だったのに、今年の今月は早くも十三万五千の多きに達し」（第六巻第六号、一九一一年、九五頁）、さらに「部数の如きは（中略）少年雑誌界第一と目さるるに至りました。殊に本号の如きは二十五万部と云ふ、日本の雑誌界に未だ一度としてなかつた大部数を印刷しました。かくして我『日本少年』は雑誌界のレコードを破つたのです」（第八巻第一号、一九一三年、一一〇頁）と誇るほどにまで拡大したのである。『日本少年』の発行部数については、大正中期に二〇万部以上であったと言われるが、かなりのペースで拡大していたことは事実であろう。

このように娯楽雑誌として発展していた『日本少年』だが、文学博士、理学博士、農学博士、あるいは大学教官などがしばしば寄稿しており、社会教育の装置として機能しようとする側面を有していた。そして、一九一一年の読者会「日本少年誌友会」設立を契機として、『日本少年』と学校教育との国民教育に収斂する連携はいよいよ実効的なものとなる。誌友会の目的は、設立の趣意のなかで次のように述べられている。

……吾人の志すところは、剛健なる国民を養成するにあり。危険極まる風潮の、既に青年社会を蠱毒して、今や一転して少年をも感染せんとする今日、無垢善良の少年の庇護者となり、救助者たらんとするにあり。即ち日本少年誌友会の下に、（中略）同心協力、相砺み相助け、以て現代の悪風潮に抗し、以て健全なる第二の国民たらんことを期せしめんとす（第六巻第一号、一九一一年、五九〜六〇頁）。

少年に「無垢善良」という修飾語が施されていることが象徴的に表しているように、人々のあいだに「少年」という領域を理想郷として見出すような感受性を構成し、その理想郷を維持しようとする欲望を創出させる意図を感得することができる。前年に日本中を震撼させた大逆事件の余波であろう。しかし、この趣意では学校教育との連携という観点が前面に押し出されていない。これは小学校、中学校に通っていない読者への配慮である。けれども、会則を読めば、誌友会がその連携にアクセントを置いていたことが明らかとなる。会則第二条には「全国の小学校中学校と気脈を通じて国民教育の普及実行を期図し」という文言があり、第三条のなかの一項には「子弟の教育に就いて常に当局者と連絡を保ち、諸種の研究を為すこと」という項目が存在しているのである（同前、六二頁）。

こうして設立された日本少年誌友会は、日本で最初の椅子席劇場有楽座で一九一一年三月五日に第一回大会を開催した。東京市内の主な学校の前にある文房具店の店先に広告のビラを掲げ、前日には「数十人の人を雇うて、『日本少年誌友大会』と赤地に白く染め抜いた幅広の襷をかけさせ、十万のビラを全市に撒いた」（第六巻第五号、一九一一年、六六頁）上に、当日は朝早くから、日比谷、上野、九段の三箇所で花火をあげるという徹底した宣伝で盛り上げることによって、誌友大会は開催された。実業之日本社がイヴェントの宣伝、祝祭空間の構成に長けていたことがわかる。

イヴェントの催し物としては、誌友会会長増田義一の開会の辞に続き、総裁大隈重信、副総裁新渡戸稲造、賛助員坪井正五郎の講演や岸辺福雄のお伽噺などがあり、少年を大いに楽しませた。また、森永太一郎からは森永の菓子など、中山太陽堂からはクラブ歯磨、三間印刷所・日能製版所からは絵葉書、そして賛助員である理学博士田丸卓郎からは前年創刊された『ローマ字新聞』が寄贈された（第六巻第五号、一九一一年、六六～七一頁）(18)。

以上のような娯楽雑誌としての面目躍如たる誌友大会というイヴェントから判断すると、学校教育との「聯絡」は実効的なものとなっていないように見える。しかし、『日本少年』誌上では、誌友会会則にあるような連携が具現化されつつあった。この過程を一人の人物に焦点を合わせることによって確認しよう。その人物とは、東京高等師範学校訓導芦田恵之助である。

『日本少年』第六巻第七号（一九一一年）に、「成績優等になる最良勉強法」という特集がある。これは東京高等師範学校訓導三名の寄稿によって構成されている特集だが、そのなかの一人が芦田であった。芦田は「綴り方の予習」（四四～四七頁）を執筆しており、この執筆が芦田と実業之日本社の繋がりの機縁であった。なお、芦田の他に寄稿していたのは、北垣恭次郎（「地理を学ぶ注意」）、水戸部寅松（「算術は忽ち上達」）であった。

この特集に続き、芦田は『日本少年』の夏休み企画「学事奨励二大懸賞」の選者になっている。これは「手工」と「休暇日誌」を競うものであり、芦田はもちろん「休暇日誌」の選者であった。他方の「手工」の選者は、東京高等師範学校助教授兼訓導阿部七五三吉が務めた。この企画の目的と選者については、次のように述べられている。

我が日本少年では学校の教課と連絡を保つて学事を奨励する為に次の二大懸賞を愛読者諸君に提供します。選者は何れも全国小学校の模範と仰いてをる東京高等師範学校附属小学校の先生で、その道の大家です（第六巻第八号、一九一一年、八〇頁）。

「全国小学校の模範」として屹立する東京高等師範学校訓導で、しかも既に『尋常小学綴り方教科書第三学年〜第六学年』（宝文館、一九一一年）などを刊行していた「大家」芦田は、以上のような経緯で『日本少年』に登場した。そして『日本少年』と芦田の関係はこれだけに留まらず、芦田はさらに、『日本少年』第六巻第一三号（一九一一年）からは投稿作文と和歌の選者に就任することとなった。『日本少年』では第六巻第六号（一九一一年）において、芦田の選者就任を織り込んでいたかのように投書の改革を行っているが、その改革の要点は、以下の点に存在した。

……作文は、今までは新たに作って投書することになってゐたが、今度からは、諸君が学校の作文の時間に作った文章のうち、一番よく出来たのを投書して下さい。投書には必ず学校の名前と年級と姓名を書いて下さい。（中略）学校に通ってゐない人は、姓名の下に年齢を書いて小学校の作文に相応したものを投書して下さい（第六巻第六号、一九一一年、九五頁）。

改革以前には、投書に学校や学年を書くことは求められなかったが、この改革によって、投書においても学校教育が重視されるようになった。また、学校の作文を投書することで、それを指導する教師が潜在的に比較される事態ももたらされた。東京高等師範学校訓導である「大家」芦田の選者としての登場は、この文脈上にある出来事であった。

芦田の選者就任について、『日本少年』主筆滝沢素水は、「先生のやうな方に作文の選をして頂くのは、啻に日本少年文芸欄の名誉あるのみでなく、全国少年の名誉である。今後益す奮はんことを切に望んで已まない」（第六巻第一二号、一九一一年、八〇頁）と少年読者に向けて語っているが、滝沢は読者の背後に存在する彼らの作文を指導する教師の姿も意識していたのではなかろうか。

芦田が選者を続けるのは、第七巻第三号までのわずかの期間であるが、彼は『日本少年』の作文欄を「小文学者を作らうための温床ではない。国民として修養しなければならぬ作文の練習場である」（第七巻第一号、一九一二年、一〇六頁）、と国民教育の場として位置づけ、入賞作に対する批評の他に、毎号かなりの分量の「選評所感」を書き、「実感」に即して作文することを繰り返し少年に求めた(19)。そして選者を辞めた後も、『日本少年』に寄稿し、作文や書簡文の修養について語っていたのである。

以上で見てきたように、「外に生きんとして、自ら疲れた時代であった」(20)前半生の最後の時期に、芦田恵之助は『日本少年』と急速に接近している(21)。但し、このような接近は芦田だけに見られるものではなく、『日本少年』第六巻には毎号東京高等師範学校訓導が寄稿していた。彼らは、さまざまな教科の学習法について論じており、後述するように、全国小学校成績品展覧会では審査員となっている。

『日本少年』は、日本少年誌友会設立を梃子として、一方で発刊の目的として謳われた学校教育との「聯絡」を実効的なものとし、他方で日本少年誌友会大会などのイヴェントによって少年を魅了していた。『日本少年』に孕まれているこの二つのヴェクトルを加えることによって創出されたイヴェントこそ、他ならぬ全国小学校成績品展覧会である。したがって、誌友会設立を契機として顕在化する『日本少年』の両側面は、全国小学校成績品展覧会という祝祭の言わば前夜祭を構成するものであった。

第2節　全国小学校成績品展覧会という祝祭空間――諸メディアの輻輳

全国小学校成績品展覧会の開催が発表されたのは、『日本少年』第七巻第四号（三月増刊号、三月五日発行）においてであった（一九一二年、一一〇頁）。但し、この時点では「全国小学校優等成績品展覧会」（傍点引用者）という名称であり、会場と会期が発表されているに過ぎなかった。その後『日本少年』や実業之日本社発行の他誌において詳細が発表されることとなるが、会期、出品校数などは発表の度に変わるという有り様で、全国小学校成績品展覧会が綿密な計画の下で行われたものではなかったことを露呈している。しかし、それにもかかわらず、このイヴェントは、数多くの観客、作品を集め、成功を収める。これには、実業之日本社が自社の雑誌で繰り返しこの展覧会を宣伝し、その様子を伝えたということだけではなく、社会教育を重視し始めていた文部省の協力が大きくかかわっている。けれども、それだけではなく、実業之日本社が諸メディアを動員しながら人々の関心を全国小学校成績品展覧会に誘引した点も見逃してはならない。皇族などの有名人、雑誌の速報性の欠如を補う新聞の報道、新聞への広告などの輻輳が、非日常的な祝祭空間の構成に不可欠であった。以下では、全国小学校成績品展覧会がメディア・イヴェント化していく様相を記述することとしよう。

数度の計画変更を経て、全国小学校成績品展覧会は、一九一二年五月二五日～六月一八日（毎日午前九時～午後五時）に上野公園竹の台陳列館で、出品校数一、三二一校、出品点数一三万余点という規模で、高等小学校二年までの小学生による書方・綴方・図画・裁縫・手工の成績品を集めて開催された。正確な入場者数を知ることはできないが、『教育研究』（東京高等師範学校附属小学校内初等教育研究会編集）第一〇〇号に掲載された「全国小学校成績品大展覧会」（三六九～三七四頁）から概数を知ることができる(22)。それによると、五月二五日から六月一七日までの一般来観者数は、団体入場者四八、五八四人、普通入場者六五、九六二人、観覧券入場者一三、七〇〇人の計一二八、二四六人であった。したがって、これに最終日分を加えれば、一三万数千人に達したと推測される。なお、観覧料は小学校団体は無料で、その他は一人五銭であった。

実際の展示では、陳列館の規模（陳列館全体を借りることはできなかった）と作品数の関係で、会期を第一回五月二五日～六月三日、第二回四日～一〇日、第三回一一日～一八日の三回に分け、北は樺太、北海道から、南は沖縄、台湾まで、植民地、租借地を含めた全国の諸小学校の作品が飾られた（但し、東京高等師範学校附属小学校、東京女子高等師範学校附属小学校、植民地・租借地の小学校の成績品は、審査の対象外）。また第一、二回の展示では、比較のために英、独、米、伊、匈の五ヶ国の小学校の成績品も展示された。成績品の他には、記念絵葉書の販売店、休憩所が設けられ、後述する東洋印刷の協力によって、『日本少年』などの製作過程も展示されていた。

実業之日本社が主催したこのイヴェントには、文部省が協賛していた。一九一一年の通俗教育調査委員会設立に見られるように、文部省はこの時期に社会教育に力を入れ始めており、協議員には普通学務局長田所美治や視学官八名が、賛助員には次官福原鐐二郎、実業学務局長真野文二が名を連ねる(23)など、この展覧会に積極的にかかわっていた。『日本少年』に掲載された四月一〇日付の記事によれば、「始《ママ》め日本少年が此大事業を計画して文部省に計ると、文部省では大大的に賛成されて二回まで視学官会議を開いて」（第七巻第六号、一九一二年、八六頁）いる。さらに四月一三日には「上野の精養軒に協議員審査員及び記者が集まつて出品その他の相談をし」（第七巻第七号、一九一二年、八四頁）、四月二七日には展覧会総裁大隈重信邸で上京中の視学九二名及び協議員審査員を招いて懇談会が催されているのである（同前）。そして、大隈邸で撮られた記念写真は、『日本少年』第七巻第七号、『実業之日本』第一五巻第一一号に口絵として掲載され、全国小学校成績品展覧会に威厳を加えていた。

出品校の選定は各府県郡視学に任され、各郡から三校ずつ、全国で合計二、〇〇〇以上の小学校が選ばれた。実際に出品したのは、既述のように一、三二二校であったが、これは当時の（尋常・尋常高等・高等）小学校数二五、六七三校(24)の約五・一％に相当し、この展覧会の規模の大きさを窺わせる。

また、東京高等師範学校などによる、この展覧会への協力も見逃せない。成績品の審査員を務めたのは、東京高等師範学校・東京女子高等師範学校・東京府青山師範学校訓導計一四名であり(25)、既述のように、東京高等師範学校附属東京教育博物館主事棚橋源太郎が、展示の意匠を凝らしていた。(因みに、表装を施していない作品が多かったが、これについては実業之日本社負担で新富町の庄司製本所が表装した。)

以上のような文部省や東京高等師範学校などの協力が、多数の小学校の参加をもたらし、展覧会に成功をもたらしたと言える。しかし、このイヴェントへ人々の関心を誘うのに大きく寄与したものとして、皇族を始めとする有名人、新聞の報道や広告などのメディアも存在していた。

まず、有名人について見てみよう。賛助員に各界名士の名があることはもちろんであるが、著名人が実際に観覧に訪れたことも、人々の興味をこのイヴェントに向けることとなった。総裁、協議員、賛助員の他に、朝鮮李王世子(五月二九日)、皇太子嘉仁(六月三日)、貴族院議員江原素六、菊池大麓(六月六日)、迪宮裕仁(26)、淳宮雍仁、光宮宣仁、九邇宮良子・信子・智子、伏見宮恭子、華頂宮博忠(六月九日)、梨本宮方子、山階宮安子、乃木希典(六月一五日)など蒼々たる顔ぶれが、この展覧会に来観した。彼らの来観は展覧会の価値を高めることとなったが、なかでも皇族の存在は、イヴェントの宣伝にとって特に重要な意味を有する。というのも、当時の各新聞には、「宮廷録時」、「宮廷時事」といった皇族の前日の行動やその日の予定を報道する欄があり、そこで全国小学校成績品展覧会が取り上げられることとなるからである。例えば、次のように。

▲東宮上野行啓　皇太子殿下には三日午後一時御出門(中略)上野公園竹の台に開催中の全国小学校成績品展覧会に行啓同会総裁大隈伯爵代理、会長増田義一氏審査委《ママ》員芳賀博士以下職員の奉迎を受け陳列の書方、図画、綴方、裁縫、手工、其他を御巡覧あり各国小学生徒の成績品等に対し御注目あらせられ頗る御満足の御様子にて午後四時頃還啓あらせらる(27)

他方で新聞は、全国小学校成績品展覧会自体の宣伝と報道においても重要なメディアであった。実業之日本社は、展覧会自体の広告に加え、自社発行諸雑誌の広告に展覧会のことを織り込んでおり、そのイヴェントの存在を周知させるメディアとして新聞広告を利用していた。しかも開催期間中には、「皇太子殿下行啓」(28)、「日々非常の盛況に付一八日迄日のべ　東京市東京府審査発表」(29)などの緊急広告をタイムリーに打っていたのである。

報道について言えば、東京紙各紙がこの展覧会について報道しているが、なかでも『読売新聞』での扱いが大きい(『読売新聞』は実業之日本社発行諸雑誌の広告も他紙よりも多い)。これには少なくとも二つの理由があると考えられる。第一に、『読売新聞』がもともと大隈系であったことに加え、実業之日本社社長で、展覧会会長でもあった増田義一が、東京専門学校卒業後一九〇五年に読売新聞社に入社し、経済部主任記者として勤務していたという関係がある。例えば、一九一二年五月一五日に行われた第一一回衆議院議員選挙で、増田は新潟選挙区から立憲国民党所属として立候補し当選していたが、『読売新聞』では、「新顔代議士伝」欄において他の新人議員よりも大きな扱いで、ほぼ一段を使って増田を紹介していた(五月二六日付二面)。

第二に、『読売新聞』が教員読者の獲得に熱心であったということがある。子安峻らが一八七四年に創刊した『読売新聞』は、九〇年代に入ると「金色夜叉」(一八九七～一九〇二年)などの連載小説の力によって、文学好きの学生に人気を博したが、一九〇〇年頃には他紙より教員読者の割合も多かった(30)。全国小学校成績品展覧会が開催された時期においても、一ヶ月の購読料が郵税込みで五〇銭であったところを、小学校教職員と地方青年会会員に対しては三五銭として優待し、小学校の教師を読者に取り込もうとしていた(31)。

増田を通じて実業之日本社と関係があり、教員読者の獲得に力を入れていた『読売新聞』では、全国小学校成績品展覧会を開催期間中に二回記事にしている。すなわち、「興味ある展覧会　△全国小学生の成績品」(五月二五日付五面)と「来べき時代の国民を祝福す　△小学校成績品展覧会発会式」(五月二八日付五面)という見出しの付いた記事である。そして前者において、「今回の展覧会は教育上は勿論、児童種々の研究の上からも多大の価値を有する。（中略）現代の日本に於ける初等教育の方針と云ふか、傾向と云ふか、著しく児童の一般的心理状態とでも云ふべき事も略ぼ察する事が出来る」と展覧会を意味づけ、人々をこのイヴェントへと誘っていた。

以上のような諸メディアが動員されることによって、全国小学校成績品展覧会は、人々の関心を誘引し、非日常性を原理とする祝祭空間を構成することができた。ところで、『日本少年』誌上においても、この祝祭空間に彩りを添える二つの企画が第七巻に入ってから試みられていた。一方は、各界名士が自らの出身府県について語る「各府県少年気質」（第一～三、五～八号）という企画である。例えば、徳富蘇峰が熊本県の（第一号）、幸田露伴が東京府の少年について語っている（第六号）。他方は、読者から送られてくる写真によって構成される「全国小学校写真画報」（第一～三、五～一一号）である。これらは全国小学校成績品展覧会を先取りした企画であり、少年読者に「全国」を意識させるのに寄与した。

またこれらに加えて、雑誌のモノとしての側面の改革も、イヴェントと並行して行われていた。実業之日本社発行諸雑誌は、従来秀英舎（大日本印刷の前身）が印刷していたが、部数増加のため第七巻第六号からの『日本少年』は、全国小学校成績品展覧会にも協力していた東洋印刷が印刷することとなった。そして、展覧会終了直後の第七巻第八号（六月二〇日印刷、七月一日発行）からは、「これは実に雑誌界の新レコードと云つてもよく、ここに本誌が率先して着手した」（第七巻第八号、一九一二年、一一三頁）とされる、本文の三色刷を他誌に先行して採用したのであった。一九〇六年に手塚猛昌によって設立された東洋印刷は、当時東洋で唯一箇所ドイツのケーニッヒ・バウアー社製の五色刷オールサイズ凸版輪転印刷機を備えており、『時事新報』の日曜付録などの多色刷で名を馳せていた印刷会社であった。

以上のように多層的に構成された祝祭空間であった全国小学校成績品展覧会は、六月三〇日に神田一ツ橋の帝国教育会で褒賞授与式を行い、その大団円を迎えた。展覧会では、金牌が各教科三人ずつの合計一五人に、銀牌が書方一〇〇人、綴方一〇一人、図画一一五人、裁縫九五人、手工九〇人の合計五〇一人、銅牌が書方二四〇人、綴方二六三人、図画二八〇人、裁縫二二五人、手工二一五人の合計一、二二三人に授与された。またその他に、優良教育校として、書方二三六校、綴方一五六校、図画一六一校、裁縫二二五校、手工一三一校の合計九〇九校（延べ校数）に褒状が贈られた。当日授与式に出席したのは、「金牌五名、銀牌八十八名、銅牌六十三名、并に褒状受賞校、此外各教職員附添人等を合して三百余名に達し、遠きは長崎、大阪、京都、滋賀、愛知、静岡、山梨、群馬、神奈川、岩手、千葉、茨城、宮城、埼玉、栃木の各県より態々上京」(32)していた。そして、渋沢栄一や帝国教育会長辻新次らが列席するなか、展覧会総裁大隈重信自らが褒状や賞牌を授与したのであった。

こうして全国小学校成績品展覧会は幕を閉じた。教育界においてもこのイヴェントは注目され、その観覧記が教育ジャーナルに掲載された。例えば、樋口勘治郎「全国小学校成績品展覧会を見る」（『帝国教育』第三六〇号、一〇三～一〇六頁）、石峰生（堀尾石峰）「小学児童成績品展覧会」（『教育時論』第九七七号、二六～二八頁）、河図次郎「全国小学校成績品展覧会を観る」（『都市教育』第九三号、八～一四頁）、淡月生「時事評論」（『教育の実際』第六巻第一〇号、八六～九〇頁）、「全国小学校成績品大展覧会」（『教育研究』第一〇〇号、三六九～三七四頁）、「全国小学校成績品大展覧会批評」（『日本之小学教師』第一六三号、五〇～五七頁）を挙げることができる（いずれも一九一二年）。

個々の観覧記から窺うことができる展覧会の受容の様相を検討する紙幅はないが、数多くの観覧記が掲載されたこと自体、教育界での全国小学校成績品展覧会のインパクトの大きさ、そしてその成功を物語っていると言えよう。次節では、学校教育関係者として、この注目を集めたイヴェントへの協力を惜しまなかった成績品審査員が、どのような演出意図をもってイヴェントにかかわっていたのかを見ていくこととしよう。

第3節　イヴェントによる教育実践の再編制

ここではまず、演出意図を検討する際の一つの補助線として、全国小学校成績品展覧会が開催された一九一二年に小学校教師の学力問題が浮上してきたということを確認しておきたい。

当時小学校教師は、肺結核の割合が高く、身体管理が問題となっていたが(33)、他方でその学力も問題視され、教師に照準する言説が彼らの身体や学力を絡め取ろうとしていた。学力問題の契機となったのは、一九一二年六月に組まれた『万朝報』の特集「小学教員の学力（上・下）」、「教員学力問題（一～十一）」であった。これらの特集で扱われている出来事の詳細、背景については、第4章で考察することとしたい。ここでは、それらの特集によって、小学校教師の学力低下が問題化されるスキャンダルが生じ、教育関係者は特集記事が真実を伝えているのかを疑問視しながらも、小学校教師の学力低下自体は事実として肯定する態度を示していたことを指摘しておく。

さて、実業之日本社は、全国小学校成績品展覧会を通じて、八つの項目についての研究に貢献できたのではないかとしている。そのなかの二つは、教師に照準したものであり、「我が小学教師は一般に如何なる標準を以て児童を教育しつゝあるか」、「我が小学教師は教授上如何なる誤謬に陥り居るか」という項目であった(34)。つまり、この展覧会は、児童の成績品だけではなく、結果的に小学校教師の教育実践が評価される場としても機能したのであった。成績品審査員による講評が、そのことをよく示している。

講評は、『実業之日本』第一五巻第一五号（五一～六一頁）と『日本少年』第七巻第八号（九四～一〇〇頁）に掲載されている(35)。ここでは芦田恵之助が審査員に含まれている綴方の講評、特に『実業之日本』に掲載されたもの（五四～五五頁）を見ることとしよう。

講評は、さまざまな視角から教師の教授上の難点を指摘している。「活気（作者の発表を必要とする感想）」が欠けているのは、綴方の教授が干渉し過ぎて、児童の活動を拘束しているのではないか、文題を児童に一任したら、もっとよい成績であったろうなどと指摘しているが、特に注目に値するのがこれである。

陳列された綴方の成績は、ある意味に於て教師の文章観の反映である。同時に教師の文章観とても、教師が幼時からうけた教育の結果や、社会に行はれてゐる文章の反映である。さて教師が児童を導いていかなる文章を習得せしめようとしてゐるかを、かの成績品から帰納して見ようとしても、それはおぼつかない。和文口調のもあれば、漢文書下しのやうなのもある。中には現代の文士調のもある。もとより文体の画一などいふことは望まれないとしても、児童を導いて行く教師の文章観は、略一定するやうになりたい(36)。

多様な文章観が自然に「略一定」になるわけではない。誰かが交通整理し、規範を構築しなければならない。そしてその誰かとは、教授上の難点を剔抉し、さらに成績品の審査基準を次のように述べている審査員であろう。

……終に審査標準を一言しよう。想よりも言葉のかつた文はとらなかつた。個性のあらはれてゐないものもとらなかつた。程度のその学年に比して高しと見ゆるもの、材料多くして統一のかけてゐると思ふもの、尋四以上の擬人体の文、剽窃の文はすてた(37)。

そもそも、展覧会に出品するという行為自体、規範としての審査員の承認、審査員を頂点とする世界への参入を含意する。したがって、その審査員から自らの実践が評価されるならば、教師にとってその評価は無視することができない重みを持つこととなる。その結果、教師はその世界においてより高い評価を得るように駆り立てられることであろう（審査員からどのような評価が下されようとも、その評価にかかわりなく、自らの実践を蓄積していくという教師も、当然のことながら存在するだろう）。ここには、教育運動へのモメントが孕まれているのであり、東京高等師範学校訓導を中心とする審査員は、児童の成績品を媒介として、この祝祭空間を自らの教授法に小学校教師を動員する梃子としていたと言うことができるだろう。つまり、彼らはこのイヴェントを、自らが提示する規準によって教育実践を再編制するための祝祭空間として利用したと見ることもできる。審査員が全国小学校成績品展覧会に積極的にかかわった意図の一つは、ここにあったのではなかったか。

もちろん、特に東京高等師範学校訓導は、既に規範として存在していた。そして、「明治（後期—引用者）・大正から昭和の初頭にかけての教育雑誌界の中で（中略）最高の雑誌であった。発行部数も一万部を超える大雑誌であった」[38]とされる『教育研究』（一九〇四年創刊）によって、自らの言説の空間を保持してもいた。

しかし、一方で小学校教師の学力問題が喧伝されているとき、展覧会という祝祭空間で全国の児童からの成績品を審査し、さらにその成績品を通じて小学校教師の実践を評価する存在は、必然的に教師の理想像としてクローズアップされ、全国の小学校教師の実践を「略一定」するように導く存在として一層際立つこととなる。しかも、この展覧会が諸メディアを動員した盛大なメディア・イヴェントであることによって、彼らの存在は教育界以外にも示されることとなった。

第4節　教育実践、メディア、イヴェントのトリアーデ

実業之日本社という文化産業の企業戦略と、社会教育の重視という国家戦略の交わる場に創出された全国小学校成績品展覧会には、教育実践を評価する規準を構築していく主導権を自らのもとに引き寄せようとする審査員らの思惑も絡んでいたと見ることができる。彼らにとって全国小学校成績品展覧会は、自らの教授法に、少年少女よりも、むしろ小学校教師を吸引する装置として格好のイヴェントであった。そしてそのことが、間接的に少年少女に多大な影

響を与えていくこととなると想定していたのであろう。

ところで、芦田恵之助は、「理想号」と題された『教育研究』第一〇〇号(一九一二年)に「理想」という断章を寄稿している。そのなかで、彼は次のように語っている。

成績品の展覧会とでもいふと、結果論がにはかに勢力をまして、工夫論者は顔色がない。しかしくだらぬことに迷つてはならぬ。真理は結果の上になくて、児童の工夫に存することは明白である(39)。

しかし、芦田もかかわっていた全国小学校成績品展覧会というイヴェントは、成績品の審査を委ねられている審査員の存在を浮上させながら、小学校教師に教育実践の作品化を促すものであった。しかも、展覧会で比較されるのは、児童の作品以上に、それらの作品を指導した小学校教師の教育実践であった。ここに教育の運動化への第一歩を見出すことができるのではなかろうか。

大正期以降に展開されるさまざまな教育運動は、全国小学校成績品展覧会に見られる、教育実践、メディア、イヴェントのトリアーデのヴァリエーションとして捉えることができる。そこでは、それらの三幅対によって、教育実践という日常的でささやかで地道な反復の営みが、祝祭空間でのデモンストレーションによって規定される、あるいはそれに向けての作品化自体が目的となってしまう、という転倒が生じているとは言えないだろうか。大正期における教育の運動化に焦点を合わせ、この点を分析することを今後の課題の一つとしたい。大正期に入ると、展覧会とともに学芸会、学校劇やスポーツ競技会が盛んになることも、一つの視角を提供するだろう。

なお、本章では少年雑誌と少女雑誌の差異を扱わなかった。それ自体興味深い問題を構成すると思われるこの差異を、明治後期から大正期の少年少女雑誌を対象として照射することも、今後の課題の一つとしたい(40)。また、『日本少年』が読者に提示した少年像については、第1章において分析した『少年世界』に見られる少年像と比較しながら、稿を改めて論じることとしたい(41)。

第4章
『万朝報』「小学校教師の学力問題」に見る教師文化の構造
◆教育の固有性の主張

はじめに――問題の所在

第3章で簡単に言及したが、一九一二年六月、『万朝報』に「小学教員の学力（上・下）」、「教員学力問題（一）～（十一）」という一連の記事が掲載され、人々の注目を集めることとなった。以下では、『万朝報』によるこのキャンペーンを「小学校教師の学力問題」と総称する。三・四日付紙面に掲載された「小学校教員の学力」は、東京市教育会が嘱託講師である文部省国語調査委員会委員後藤朝太郎に委嘱し、東京市内の小学校長・首席訓導二四人及び正教員などに対して行った書き取り試験の成績が不振を極めたということを取り上げたものであった。そして、「憐れなる教員」、「嘘字当字の塊」、「呆れた正教員」、「寒心すべき教師」、「非常識の極」、「文部省の煩悶」という扇情的な小見出しが付され、誤りの実例も提示されていた「小学教員の学力」に対する各界著名人の所感を掲載して、その記事に追い討ちをかけたのが、六～一八日付紙面に掲載された「教員学力問題」であった。

本章は、小学校教師の学力問題に連なる諸問題を論じた記事や論考を史料とすることによって、小学校教師が教育メディア空間の言説においてどのような存在へと転態したのかを考察することを課題としている。一九一〇年前後は、大逆事件や中学校を中心とする学校紛擾などが生じ、学校教育の制度ではなく内実が問題化される時期であるが、小学校教師の学力問題にも、学校教育に対する人々の視線の変容が連動していると考えられる(1)。それゆえ、この学力問題を分析することを通して、一九一〇年前後の教育メディア空間に生じた国民教育や学校教育、そして小学校教師を巡る表象にかかわる政治力学を照射することができるのではなかろうか。実際、今日から見れば、教師の書き取り試験の成績不振自体は、とりたてて珍しくもない凡庸な出来事であろう。それでは、なぜそのような成績不振が、当時の人々の注目を集めることとなったのであろうか。ここには、ある背景が伏在していたのではなかったか。

明治後期から大正期にかけての小学校教師を巡る諸問題に言及している先行研究には、唐沢富太郎『教師の歴史――教師の生活と倫理――』第4・5・6章(創文社、一九五五年)、石戸谷哲夫『日本教員史研究』第9・10・11・12章(大日本雄弁会講談社、一九五八年)、海原徹『明治教員史の研究』第6・7章(ミネルヴァ書房、一九七三年)、陣内靖彦「明治後期における師範教育の制度化と師範学校入学生の特質」(石戸谷哲夫・門脇厚司編『日本教員社会史研究』亜紀書房、一九八一年、一一一～一七四頁)、寺崎昌男「明治後期の教員社会と教師論――沢柳政太郎と加藤末吉――」(同前、一七五～二〇〇頁)、陣内靖彦『日本の教員社会――歴史社会学の視野――』第3・4章(東洋館出版、一九八八年。但し、第3章は前記の『日本教員社会史研究』所収論文とほとんど同じ)などがあり、教育社会学を中心に研究が蓄積されてきたと言うことができる。これらの研究では、明治後期から大正期にかけての時期は、教師の地位と質が低下した時期であると捉えられている。地位と質の低下の背景には、第一に、師範学校の生徒数が増加していたにもかかわらず、小学校において正教員が不足していたという事情があった。

師範学校の総数は、一九〇〇年度に五二校、〇五年度には六六校、一〇年度には八〇校、一二年度には八六校と増加しており、とりわけ一九〇〇年度にはわずか三校であった女子師範学校が、〇五年度に一六校、一〇年度に二七校、一二年度に三二校と急激に増加していた。師範学校の生徒数も、一九〇〇年度時点で総数一五、六三九人、〇五年度時点では一八、九二四人、一〇年度時点では二五、三九一人、一二年度時点では二七、六五三人と増加していた（表5）。

表5　師範学校・女子師範学校の総数・生徒数

	師範学校数	師範学校生徒数
1900年度	52（3）	15,639
1905年度	66（16）	18,924
1910年度	80（27）	25,391
1912年度	86（32）	27,653

注・括弧内は女子師範学校数。
（出典・『日本帝国文部省年報』各年度版より作成）

表6　小学校の正教員・准教員・代用教員数

	正教員	准教員	代用教員
1900年度	47,967	20,690	20,003
1905年度	73,016	19,099	17,860
1910年度	97,141	21,153	33,717
1912年度	109,902	20,544	28,155

（出典・『日本帝国文部省年報』各年度版より作成）

しかし、教師の主たる供給源である師範学校の総数、生徒数が増加していたのにもかかわらず、小学校の正教員は不足し続けていた。尋常、高等を含め、一九〇〇年度において本科専科を合わせて正教員四七、九六七人、准教員二〇、六九〇人、代用教員二〇、〇〇三人であり、以下同様に〇五年度においては七三、〇一六人、一九、〇九九人、一七、八六〇人、一〇年度においては九七、一四一人、二一、一五三人、三三、七一七人、一二年度においては一〇九、九〇二人、二〇、五四四人、二八、一五五人であった。したがって、確かに正教員の数は増加しているが、三割以上の准教員、代用教員が常に存在していたのである(2)（表6）。

第二に、小学校教師を供給する主要な階層が士族から農民に変化したということも、教師の地位と質の低下の背景を構成していた。師範学校が地域の最高学府としての地位を中学校に取って代わられ、「社会の支配者階級を目指す士族層出身者は、しだいに師範学校から退き、退いた後の空席を平民（特に農民）出身階層が埋めることになった」(3)のである。

以上の二つの要因を背景として、前記の諸先行研究において、明治後期から大正期にかけては、教師の地位と質が低下した時期であると認識されている。事実、本章で扱う小学校教師の学力問題を論じる記事や論考に見られるように、教師の質の低下は当時でも話題となっていた。しかし、教師たちは質が低下したとして一方的に語られるだけでなく、批判に対抗する言説実践を展開していたのではなかろうか。そして対抗言説を構築していたとするならば、それはどのようなものであったのだろうか。

一九〇〇年頃から一九一〇年にかけて数多くの教育ジャーナルが創刊され、一九一〇年前後にそれらの雑誌に基づく教師文化が現出し始める。しかも、教育ジャーナルだけではなく、新聞や総合雑誌が教育の質を盛んに論題とするのも一九一〇年前後以降のことであり、学校教育や教師はまるで国民国家を蝕む「内なる敵」であるかのように扱われることとなる。したがって、教育ジャーナルを媒介として形成される教師特有の意識は、内なる敵であるかのような一方的な扱いに対するリアクションであり、そのような意識の形成は、教師が教育の領域の固有性、特異性を主張していく契機であると捉えることもできる。それゆえ、一九一〇年前後の教師文化を考察する際には、その文化と教育ジャーナルなどから構成される教育メディア空間とのかかわりを検討することが必要となる。本章では、小学校教師の学力問題から派生する諸問題を論じた記事や論考に焦点を合わせ、その空間において形成される教師の内輪の共感に根差した教師文化が構築される様相を描出することとしたい。

以下では、第1節において、有力新聞において小学校教師の学力問題がどのように論じられ、この学力問題が人々の関心を誘引するようになったのかを考察する。第2節では、教育ジャーナルを史料とすることによって、教育関係者が小学校教師の学力問題にどのように反応したのかを見ていく。そして最後に、教育メディア空間において、学力問題を一つの契機として成立した教師文化の特徴を論じ、残された課題について述べたい。

第1節　小学校教師の学力問題に蝟集する言説

『万朝報』によって取り上げられた「小学校教師の学力問題」は、『万朝報』単独の力ではなく、さまざまな活字メディアが多様な視角からこの問題を論じたことによって、人々の関心を集める出来事となった。本節では有力新聞において、この学力問題がどのように扱われ、小学校教師がどのように語られていたのかを考察することとしたい。

まず、『万朝報』において、小学校教師の学力問題がその後どのように展開したのかを確認しよう。六月四日付二面に「小学教員の学力（下）」が掲載されていたことは既述の通りだが、同日付一面には、中国の西洋列強に対する劣位を漢字使用に帰しながら、漢字の習得し難さを述べた「小学教員と漢字」という記事がある。また、六日付一面「教育界の大問題」では字音仮名の復活が批判され、七日付一面「小学教員の学力に就て」では後藤朝太郎が自らの漢字論を述べ、一七日付一面「将来の国字問題」では、ローマ字採用にアクセントを置きながら国字改良問題が論じられていた。したがって、『万朝報』は、当時盛り上がりを見せていた国字改良運動、特にローマ字運動を人々の意識に刷り込む格好の素材として、小学校教師の学力問題を利用したと言うことができる。小学校教師でさえ間違えるということは、漢字習得の困難を際立たせ、人々の意識を国字改良に向けることとなろう（しかも、彼らは正教員以上であった）。そして、その意識の転換を梃子として行われるローマ字採用が帰結する西洋列強との差異の抹消、このことも『万朝報』の射程に入っていたのではなかろうか。

しかし他方で、『万朝報』は六月六日付紙面から「教員学力問題」という特集を組み、小学校教師の書き取りの成績不振に対する著名人の所感も掲載していた(4)。この特集でも、大隈重信や菊池大麓、阪谷芳郎などのように国字改良に言及する者がいたが、成績不振への対応として、読書量の増加、講習会の充実などといった学力を向上させる具体的方策を示したり、小学校教育・師範教育の不備について指摘したりする者も存在していた。

但し、ここまでに見てきたような『万朝報』による小学校教師の学力問題のスキャンダル化は、国字改良にアクセントが偏っているため、人々の関心を学力低下という問題に誘うことはできようが、人々の視線を小学校教師という存在自体に向けるには十分なものではないのかもしれない。その不十分さを補償するのが、小学校教師の学力問題に輻輳し、この学力問題にかかわる言説を再生産し、小学校教師について繰り返し語る、他の活字メディアの存在である。それでは、他の活字メディアにおいて、小学校教師の学力問題はどのように扱われることとなったのか。限られた範囲であるが、いくつかの有力新聞を見ていこう。

有力新聞のなかで『万朝報』の記事にいち早く反応したのは、『報知新聞』であった。六月六日付二面に「教員の無学に就て」、同七面に「小学校教員の憤慨　学力問題の反感」という記事を掲載し、翌七日付一面の社説「小学教員の学力」で文部省批判を展開した。「教員の無学に就て」では、次のように学力問題についての感想が語られている。

……端なくも小学教師の無学と没知識とを世上に暴露し或は子弟教育の実際に迄不安の念を抱く者あるに至りたる（中略）近来一般学生に漢学の素養尠きは既に世の定論にして独り小学校教師にのみ之を責む可きには非るも伝ふる所の書取の如きは殆ど常識問題にして育英の任に在る者の答案としては看過すべからざる誤謬なり

この記事によって、読み手は小学校教師を「無学と没知識」と捉え、彼らの答案を「看過すべからざる誤謬」として一方的に断罪する立場へと誘われる。書き取り試験の成績が不振だからといって、人々は何らかの法的手段によって小学校教師を裁くことはできない。その裁くことのできない小学校教師を、活字メディアと読者の共同体で言論によって裁こうとする欲望を創出すること、記事の要点はここにある。

『東京朝日新聞』(5)では、六月一六日付二面の「小学教員と漢字」において初めて小学校教師の学力問題が扱われた。そこでは、小学校教師は多様な分野に通じていなければならないので、彼らが漢字を知らないからといって、「彼等に対し無学呼はりを為し又は羅馬字説を提出する者の愚を憐み同時に其反省を促さゞる可らず」と述べられていた。しかし、一七日付三面「文字の知識（上）」、一九日付四面「文字の知識（下）」でこの学力問題が言及された際には、教師側からの反論を制止し、小学校教師の人格を批判し、教師のあるべき姿を一方的に語ろうとする意志を顕在化させていた。

……今更自分共の不学無知識を棚に上げて憤慨して見たところで褒めたことではない、(中略) マア他人の非行を詮議立てするよりは教育の任にある御自身達は、深く自ら反省して修養を積むが宜い (六月一七日付三面)。

また、『時事新報』は、小学校教師の学力問題を一つの契機として、当時の各界名士や教育関係者の文政についての意見を、六月一六日付から七月二二日付までの紙面に計二六回に亘って「文政議会(一)~(廿六)」(その他番外が一回ある) として議会に模しつつ連載し、当時の教育論のパノラマを開示していた(6)。

文政議会では、次の二つの観点から小学校教師が語られていた。第一に、待遇の悪さ、教師数の不足という観点。例えば、久保田譲は「善良なる教員の欠乏する其又原因に遡て調査すると待遇の甚だ宜しくないと云ふことに帰着するのである」と、また中嶋力造は「日本に於ては (中略) 善良な教師が甚だ少ないから従つて教育も不完全であります」と述べている。それゆえ、教師数の不足が意味しているのは、教師の絶対数というよりも、むしろ「善良な教師」の不足であった。学校教育の制度というよりも、むしろその質が問われていたのである。第二に、教師に求められる人格の観点。曽我祐準は「教員は真面目であれといふことを第一に絶叫したい」と、そして木場貞長は「教員たる者も亦自己の任務の外に他の教師の任務のある事をも考へねばならぬ、要するに自己本位を捨てゝ互に真面目に国家教育の発達に尽くされん」と主張し、教師に要請される人格の規範を提示している。以上の二つの観点は、「善良」、「真面目」などといった言葉によって、理想の教師像を彩るものであり、したがって、現状の教師像をそのネガとして読者に示唆している。

さらに、『読売新聞』でも小学校教師の学力問題は取り上げられていた。第3章で言及したように、『読売新聞』は一九〇〇年頃には他紙よりも読者層に教師の占める割合が大きい新聞であった (但し、割合が大きいといっても、読者の三%前後と推定される)(7)。一九一二年の時点でも、教師を読者に取り込むのに熱心で、当時一ヶ月の購読料が郵税込みで五〇銭であったところを、小学校教職員 (と地方青年会会員) に対しては三五銭と優待していた(8)。

読者としての小学校教師を重視する『読売新聞』は、六月二〇日付一面「教員の実力養成」において、小学校教師の日常に即しつつ、小学校教師の学力問題を扱っていた。そこでは、小学校教師の典型的な一日の生活が記述され、事務の多さに起因する教師の多忙化が指摘されていた。そして、多忙であるがゆえに、「唯だ育つるもの丶生立ちを無上の悦びとして果敢なく此世を送りつ丶ある彼等の身の上を想ひやれば、之れに対して余り過分の要求は気の毒に感ぜらる丶位なり」、と教師の置かれた状況が語られていた(9)。多忙を極める小学校教師は、配慮を加えられる同情の対象であった。

ここまでで見てきたように、各紙に掲載された記事はそれぞれの立場から小学校教師の学力問題について論じているが(10)、教師を断罪したり、批判したりするにせよ、あるいは教師に要請される人格について語るにせよ、あるいは多忙を考慮し教師に同情するにせよ、各紙は小学校教師を一方的に語る立場に自らを定位しているという形式において通底している。

ここで重要なことは、小学校教師に対して批判的であるか、好意的であるかを問わず、各紙の諸記事が小学校教師の学力問題に蝟集することによって、人々の意識を小学校教師の存在へと整流するとともに、新聞という活字メディアが一方的に小学校教師を表象し、問題化する上位の審級として屹立している点であろう。このことは、学校教育の制度面の充実、教師の給与面での待遇改善が話題となり、教育の制度的充実が国民教育、そして国民国家の発展に直結すると信じられていた一九一〇年前後より以前の時期にはあまり見られない事態であった。それでは、小学校教師の学力問題を一つの契機として成立したこの事態に対して、小学校教師を始めとする教育関係者は、一体どのように対処することとなったのであろうか。

第2節　教師たちの自己防衛

小学校教師の学力問題が、教育界に波紋を広げた背景には、「此等の答案提出者中には全国の模範校長たる奏任待遇の名校長あるは驚くべからずや」[11]と報道された事情が存在していた。一九一一年の勅令第二七三号によって、各道府県三人に限り奏任待遇の小学校校長が生まれることとなり、当時小学校教師の待遇改善の一つの象徴となっていたからである。例えば、樋口勘治郎は奏任待遇について、「是は文部省近来の善政の一つに数へ、新文相并に次官の与論を入れるに吝ならざる態度の証明として称讃せざるを得ない」[12]と述べている。小学校教師の学力問題は、奏任待遇に加え、さらに勅任・親任待遇が目指される矢先の出来事だっただけに、教育界での反響は大きかった。（実際に第一回目の人選で奏任待遇校長として選ばれたのは全国でわずか二八名で[13]、東京府からは日本橋区常磐尋常小学校長水野浩、同本郷区誠之尋常小学校長杉浦恂太郎の二人が選ばれた。）

それゆえ、『帝国教育』において井上晴一が述べているように、小学校教師の学力問題は、「東京市内の小学校は至る処、殆んど毎日之れが善後策を討議し、道往く人も小学校教員の顔色に一瞥を投ずる如き有様にて、近来稀有の紛擾」となり、東京市内の一二〇余りの小学校校長は、誠之小学校や常磐小学校など五つの小学校の校長を調査委員に選出し、彼ら五人が後藤朝太郎などを訪問し、真相を確かめるという行動に出るに至ったのである。そしてその結果、『万朝報』の記事の「約大半は新聞記者一流の毒筆的捏造の多き事を確かめた」のであった[14]。付言すると、誠之小学校校長杉浦も常磐小学校校長水野も、東京市教員講習会に出席してはいなかったという。

本節では、教育ジャーナルを史料として[15]、校長が真相究明のために東奔西走するほどの騒動を東京市内の小学校にもたらした小学校教師の学力問題に対して、教育界が教育メディア空間においてどのように反応したのかを考察したい。まず、代表的な教育ジャーナルであり、旬刊雑誌であったため、小学校教師の学力問題に迅速に対応できた

『教育時論』に掲載された論考を検討することとしよう。

『教育時論』で小学校教師の学力問題が初めて言及されたのは、第九七八号（六月一五日発行）の社説「小学校教員と漢字」と、時事寓感欄の「小学校教員侮蔑せらる」、「小学校教員に警告す」においてであった。「小学校教員と漢字」では、成績を公開したことは、公職にある者に対する「残酷といはざるを得ざる」(16)行為であること、また漢字の誤字は現代においては誰にでもあり、それは漢字が困難であるからに他ならず、ローマ字採用を急ぐべきであることが述べられている。『万朝報』での扱いと同様に、ここでも、小学校教師の学力問題は、ローマ字運動に連接され、その運動に回収されるかに見える。

しかし、「小学校教員侮蔑せらる」において、『万朝報』の報道は、学力に基づく権威という教師の本領を喪失させ、教師に対する小学生の敬意を損なうものであり、試験を受けた教師だけでなく、全国の小学校教師に対する侮辱であると捉えられている。また、「小学校教員に警告す」では、教師の待遇が改善されたからこそ、教師の学力問題が浮上するのであり、小学校教師はそのことを自覚し、自重する必要があるとされている。したがって、小学校教師の学力問題を、国字問題や試験を受けた当事者の学力問題として認識するというよりも、むしろ小学校教師全体の権威や待遇に影響する問題と把握する言説も存在していたと言える。そして小学校教師の学力問題を、特定の教師ではなく、小学校教師全体の問題として捉える論じ方は、以下のように、教育関係者による教育の領域が有する固有性の主張へと展開することとなる。

続く第九七九号（六月二五日発行）には、重田勘次郎「小学校教育に関する一大問題」が掲載されていた。重田は、「世に職業の種類多しといへども、小学校教員ほど多芸多能なることを要件とするものなし」(17)と述べ、さらに現今の小学校教師の多忙さを記述した上で、小学校教師の学力問題が公開されたことについて当事者を批判し、次のように語っている。

小学校教員は無垢なる小学児童の最も神聖視せる先生なり。之の先生に対して之を無学なり、其の書くところは悉く嘘字当字の塊なりと称して、公然侮辱を与へたることは、取りも直さず小学児童をして先生に対する尊信の念を失はしめたるものなり。児童の教師に対する尊信の念を薄からしめたる悪影響は、之を小学校教員の学力不充分による悪影響に比して何れが重大なりや(18)

ここには、小学校教師の学力問題を教師の権威の問題に変換し、「先生に対する尊信の念」を喪失させかねない批判から国民教育を担う教師を、そして学校教育の領域を防御しようとする志向が存在している。一方的に教師を表象し、評価するある種の法に対し、たとえ微弱なものではあれ、それとは異なる法を自ら仮構し、後者の法が支配する自らの領域を確保しようとする抵抗の営みを感得することができる。

第九八一号（七月一五日発行）に掲載されている「教育界の二小事」の文中で、山本良吉は「か丶る態度（小学校教師の成績不振を新聞で叱責すること―引用者）が教育一般に及ぼす悪弊は姑く言はぬ、あれは教育といふ事の少しでも明る人の仕業ではあるまいと自分は固く信じて居るから」(19)と述べているが、ここでは教育の領域は教育関係者にしかわからないという視角が提示されている。他からの批判を相手にすることなく、教育関係者のあいだの内輪の共感を増幅させようとする志向の存在を、山本の言葉は物語っている。

したがって、小学校教師の学力問題という出来事は、『教育時論』誌上において、学校教育の領域を防御しようとする意志を、さらにはその領域を聖域化し、内輪の共感を紡ごうとする欲望を教育関係者が顕在化させる契機となったと言うことができる。それでは、その他の教育ジャーナルは、どのように小学校教師の学力問題に反応したのであろうか。

『教育時論』とともに、教育ジャーナルを代表する存在であった『帝国教育』を見てみよう。編集の樋口勘治郎がローマ字運動に熱心であったためか、あるいは前記の井上晴一の論文によって小学校教師の学力問題自体は解決したものと見なされたためか、『帝国教育』では、小学校教師の学力問題がローマ字運動と絡められて論じられることが多かった。しかし、井上の論文のなかには、次のような文言があることは注目に値する。

今の小学校教員の漢字の学力（独り小学校教員のみに限らず）は一般に低下したる事は事実であるとは言へ（下略）

教育は、生徒の教員を信ずる事によりて感化の効あるものである、生徒にして教員を信じなかつたならば、たとひ、其教員にして学力優秀であつても、感化の効は殆んどゼロである(20)。

これに加えて、「吾曹は、社会の木鐸を以て任ずると自称しつゝ、ある記者等にして、此不謹慎なる態度に出でたのを悲まざるを得ない」(21)と記者を批判してもいる井上の言葉には、生徒に対する「感化の効」という教育固有の論理を提示し、教育関係者への批判を予め遮ろうとする志向を捕捉することができる。

さらに、その他の教育ジャーナルに掲載された小学校教師の学力問題に関連する論文や投書を読むと(22)、重田や井上の論文と同様の内輪の共感への志向を見出すことができる。『教育時論』、『帝国教育』以外の教育ジャーナルに掲載された論文、投書では、小学校教師の学力問題をもたらした原因として、漢字の難しさ、国字について文部省の方針が定まらないこと、学課の多さ、西洋思想重視の弊害などを挙げているものが多い。

しかし、ここで注目したいのは、教職の多忙さを学力問題の原因として指摘しているものである。教職の多忙さは、学力問題のアリバイとしてだけではなく、他の職業とは異なる教職の特性、学校教育という領域の固有性を表現するものとして機能していた。例えば、『教育学術界』にある新井誠夫の論文は、小学校教師の学力低下の主たる原因として、小学校教育の範囲の広さ、教職の多忙さを指摘し、それに加えて、次のように活字メディアに対して、教師の権威の基盤に存する信頼関係を保持するために、教育関係者を批判する際の配慮を要請している。

……吾輩とて臭いものに蓋をする考でもないが教育者と云ふものは普通の職業に従事するものと違うて信頼の上に成り立つて居るものであるから今後斯ういふこと（書き取り成績不振の『万朝報』紙上での公表—引用者）をするにしても十分慎重な態度でやつて貰いたい(23)。

新井のこの言葉は、前述した重田や井上の言葉と通底しており、教育関係者への批判を無化し、教師の権威を保持していこうとするものであると読むことができる。

また、『教育界』に掲載された投書は、自らの教職生活の多忙さを描写した上で、次のように述べている。

世人は申し候、他日の国民を養成する小学校教員は文学に趣味なかるべからず、理科にも然り、美術も解せざるべからず、曰く何々、曰く何々。然り、御説御最もに御座候。

吾人は今日まで全力をあげて修養にもつとめ、而して世人の憂慮と嗤笑とを買ふ程度にまで漕ぎつけ得たり。（中略）世人をして安堵せしめんとするに於ては、より多くの努力を要する次第に候。

要するに小学校教員は、多忙なるものに候。多忙は人生の常。一層多忙なれ、かぎりある身の力ためさんこれ活動的人間の朝夕念ずる処に候（下野、枯峯）(24)。

この投書には、教育関係以外の人々や活字メディアによって小学校教師が一方的に断罪され、努力を要求されることに対する憤り、諦念を読み取ることができる。『小学校』に掲載された藤井衣笠「小学校教師の告白」は、その投書に現れている憤りをさらに増幅させたものとなっている。藤井は、教職が多忙であるため、修養の機会が与えられないことを「告白」しつつ、次のように激白している。

今更の様に喧擾しく責め立てる社会は実に残酷だ、「無学な小学校教員」此麼暴慢な傷ましい嘲笑の叫びを吐くべく養成して呉れた社会、制度、小学校教員は唯白眼唯怨ずるより他はない(25)。

小学校教師が社会におけるヴァルネラブルな存在となっていることを率直に吐露する藤井の言葉は、『教育界』に掲載された投書以上に、小学校教師と社会との亀裂の深さを剔出していると言えよう。小学校教師が自らを、社会に弄ばれ、その屈辱に耐えるしかない存在として表象しているが、その表象からは、他の領域との交流から撤退し、学校教育の領域を防御しようとする彼らの意志を捉えることができる。

いくつかの教育ジャーナルに掲載された論文や投書などを史料として、小学校教師の学力問題に対する教育関係者の反応を見てきた。小学校教師が社会におけるヴァルネラブルな存在へと転態しつつあることに対して、教師を始めとする教育関係者は教育メディア空間において、小学校教師の学力問題を教育に特有の権威の問題へと変換し、その権威を失墜させかねない批判から学校教育の領域を守ろうとする言説を採用することによって、この学力問題に対処したと言うことができる。また、新聞や雑誌といった活字メディアからの批判に対峙しつつ、教育関係者は、学校教育の領域という閉じた回路を形成し、その回路において教職の多忙さなどを基盤とする内輪の共感を積極的に語り始めたと見ることもできる。

この内輪の共感こそ、これ以降に創出される教師文化の基底に存在するものであったのではなかろうか。そして、その共感で繋がる文化を醸成するものの一つが、教育ジャーナルなどの活字メディアであった。活字メディアからの論難に対して、教育実践とその成果である子どもたちの学習の達成だけで抵抗するのではなく、同じく活字メディアの言説を通じて抵抗するという図式が成立したことを、本節の分析は示している。

第3節　国民教育の転換と教師文化の構造

大逆事件や中学校を中心とする学校紛擾などは、国民教育・学校教育の普及が国家の危機に繋がり得るという逆説的事態を露呈した出来事であった。その結果、教育の危険性を開示した出来事を契機として、革命を惹起しないようなモラルを養成する新たな内実が国民教育・学校教育に要請され、活字メディアは学校教育の制度以上に、その質について盛んに論じることとなった。小学校教師の学力問題に諸活字メディアが蝟集した背景には、このような文脈が存在していた。そして有力新聞を通して見てきたように、小学校教師について一方的に語るという形式において、その学力問題を論じる言説は通底していた。

一方、上位審級として屹立し、教育や教師を一方的に表象する新聞の言説に対し、教師を始めとする教育関係者は、学校教育の領域を防御し、教師の権威を回復することに照準しながら、教育の領域の固有性を主張する言説実践を遂行していくこととなった。そして、それらの言説実践を支える物質的基盤に、一九〇〇年頃からの教育ジャーナルの普及があった。具体的に言えば、『教育実験界』（一八九八年創刊）、『児童研究』（同前）、『日本之小学教師』（一八九九年創刊）、『教育学術界』（同前）、『教育界』（一九〇一年創刊）、『実験教授指針』（一九〇二年創刊）、『教育研究』（一九〇四年創刊）、『小学校』（一九〇六年創刊）、『教育の実際』（同前）、『内外教育評論』（一九〇七年創刊）、『初等教育』（一九〇八年創刊）などの教育ジャーナルが、小学校教師の学力問題が生じるまでに創刊され、教育関係者が教育の領域が有する固有性を相互に語り合い、その語り合いを通じて、その固有性がさらに強化されていく循環の醸成を可能としていた。

『教育実験界』第一九巻第一〇号（一九〇七年）に掲載された富山県西枥波郡教育会の調査は、同郡内の小学校教師二〇九名中雑誌を購読している者は一七七名（約八四・七％）にも及び、購読者一人当たり約一・八二冊を購読していたことを示しているが(26)、実際、教育ジャーナルが構成する言説の空間は、多くの小学校教師を動員するものとなりつつあった。例えば、東京高等師範学校附属小学校内初等教育研究会が編集していた『教育研究』は、「明治(後期─引用者)・大正から昭和の初頭にかけての教育雑誌界の中で（中略）最高の雑誌であった。発行部数も一万部を超える大雑誌であった」(27)と言われる教育ジャーナルであり、教育実践についての研究を中心に据えて数多くの読者を集めていた。

教育ジャーナルが多くの教師を動員することによって成立する言説の空間では、教育の話がわかる、あるいは国民教育を担う教職の労苦を共有しているという内輪の共感に基づきながら、教育関係者のみが教育について語るという自己言及が反復され、教育関係者が学校教育を聖域化していこうとする欲望が浮上することとなるだろう。小学校教師の学力問題は、この学校教育の聖域化への欲望を教育関係者に内在させるモメントとなる出来事であり、教育ジャーナルなどを媒介として形成される教育の領域の固有性、特異性を主張していく教師文化の出発点の一つを照射するものであると言えよう。その後の教育関係者による学校教育の聖域化の過程を、大正期の教育ジャーナル、特に前記した『教育研究』や、奈良女子高等師範学校附属小学校内学習研究会が刊行した『学習研究』（一九二二年創刊）などの高等師範系の雑誌を史料として考察することを、今後の課題の一つとしたい。

しかし、いくら教育関係者が教育の領域が有する固有性や特異性を主張し、そのことによって教育の領域を聖域化しようとも、学校教育は国家や社会のサブシステムであり、それゆえ、何らかの形で国家や社会と接続せざるを得ない。そして、学校教育と国家や社会とを結節する梃子として機能していたものの一つが、学校教育・教師の権威の回復を主張することであった。ここでは、『太陽』に掲載された建部遯吾の論文を例として、その結節の様相を素描しておくこととしよう。

小学校教師の学力問題が生じた頃、「出版王国」博文館の総合雑誌『太陽』にも教育を主題とする論文がいくつも掲載されていた。『太陽』第一八巻第一〇号（一九一二年七月一日発行）には浮田和民「教育界の革命」（二～九頁）、谷本富「国民教育の問題」（六八〜七七頁）、「特集試験廃止問題」[28]（一一二〜三五頁）が掲載され、続く第一一号（八月一日発行）には後藤朝太郎「現代の漢字整理問題」（六一〜六九頁）、奥田義人「試験制度の廃止に就て」（一二一〜一二三頁）が、第一二号（九月一日発行）には山本良吉「試験廃止問題」（九〇〜一〇〇頁）、建部遯吾「教育の権威と教員待遇」（一〇〇〜一一八頁）が、第一四号（一〇月一日発行）には同じく建部の「教育の権威と教員待遇（二たび）」（一二五〜一三八頁）が掲載されていた。このように、総合雑誌である『太陽』誌上でも教育が一つの論題を構成しており、ここに記した諸論文のなかにも、小学校教師の待遇、「良教師」の不足・養成などを話題とし、小学校教師の学力問題に言及するものがあった[29]。

一九〇三年に東京帝国大学に日本最初の社会学研究室を創設し、教育に強い関心をもっていた同大学教授建部遯吾は、「教育の権威と教員待遇」において、小学校教師の学力問題は、「極めて重大なる知能上の病的症候に非ずとするも、其社会病理上の見解に於ては」、大逆事件、南北朝正閏問題、学校紛擾などとともに、「我国教育の権威の衰退を表白して余蘊なきものなるが故に、実に極めて憂ふべき重大な事件の一つである」[30]と、この学力問題に対する見解を語っている。そして建部は、学校教育だけではなく、文芸教育、社会教育（通俗教育）にも尽力する教育関係者の熱心さに敬意を払いつつも、「教育の権威日に益々衰頽に赴くは、是れ抑々何が故であるか、此に対する答は極めて簡単である。曰く、我国教育界に人無きが為めである／何故に我国教育界に人無きか、是れ亦甚だ簡単に答へられる、曰く、我国教育界が人を待つ所以の道に於て、甚だ欠くる所あるが為である」[31]と述べている。以上の認識に基づき、建部は人材を教育界に集めるための物心両面における教師の待遇改善の方策について論じている。

建部の議論は、小学校教師の学力問題を含めた一連の事件を教育の権威の衰退を象徴するものと捉え、衰退の原因を教育界の人材不足に帰しており、人材不足を解消する方策として具体的な待遇改善案を提示するものであった。ここで興味深いのは、建部のような小学校教育に直接には携わることのない人物の議論が、待遇改善を論じつつ、教育の権威の回復を主張することによって、小学校教師の学力問題を教育の権威の問題へと変換し、教育の領域を防御しようとする教育関係者の志向を支える機能を果たしている点である。

待遇が悪いからこそ、優秀な教師が不足しているのであるから、待遇を改善し、優秀な人物が教師になる条件を整え、実際に人材を集めることができれば、教育の権威は回復されるという建部の議論と、教育の権威は衰退しているが、衰退を逃れるには、小学校教師の学力問題のような教師の権威を喪失させかねない批判から教育の領域を防御し、聖域化しようとする教育ジャーナルに見られる議論が、教育の権威が衰退しているという認識において接続している。そしてその接続を通じて、建部の議論は、教育関係者の防御的姿勢、教育の領域の固有性の主張を一層促すものとなり得る。

また、その繋がりからは、待遇改善が学校教育の聖域化を強化し、学校教育の聖域化が待遇改善をもたらすという循環する議論も生じ得る。そしてこの議論からは、待遇を改善する国家に対して学校教育の聖域化のために教育関係者が一層奉仕するという関係として、学校教育の内部と外部の連携を設定していく言説が創出されることとなるのではなかろうか。

教育の領域が有する固有性の主張、また教師と国家との関係の論じ方がどのように展開していくのかに関して、第2部第5章・第6章において一九二〇年前後の教育メディア空間に焦点を合わせて考察することとしたい。

第2部　一等国に相応しい教育の構成——教育と国家の繋がりの再構成

日清戦争（一八九四〜九五年）、日露戦争（一九〇四〜〇五年）に勝利し、さらに第一次世界大戦（一九一四〜一九一八年）に連合国の一員として参戦し、勝利を収め、パリ講和会議（一九一九年）に五大国の一つとして参加することとなる日本は、世界史を主体的に記述する列強となっていく。そして第一次世界大戦中には内閣直属の諮問機関である臨時教育会議（一九一七〜一九年）が設置され、一等国としての国際的地位の向上に見合った学制全体の改革を志向していくこととなった。一等国に相応しい教育を求める臨時教育会議の設置は、教育メディア空間の教育に関する問題の構成に以前とは異なった事態を生じさせるものと想定されるが、第二部ではどのような変容が生じたのかを、一九二〇年前後の時期と一九三〇年前後の時期に照準して分析していくこととしたい。

一九一二年に生じた小学校教師の学力問題を扱った第1部第4章の最後に、第2部第5章・第6章では教育の領域が有する固有性の主張、また教師と国家との関係の論じ方がどのように展開していくのかを、一九二〇年前後の教育メディア空間に照準して分析する課題に迫ると記した。第5章・第6章においてその時期に照準し、小学校教師の殉職事件と、一九二二年に開催された学制頒布五〇周年記念祝典を事例として、その事件と祝典を話題とした論考や記事を分析することを通して、前述の主張と論じ方の展開について考察することとしたい。

第5章では、松本虎雄と小野さつきという二人の教師の殉職事件を扱うこととなる。一九一九年に生じた松本の殉職は玉川上水で溺れた子どもを救おうとした結果、一九二二年に生じた小野の殉職は白石川で溺れた子どもを救おうとした結果、ともに教師が溺死した事件であった。したがって、類似した殉職事件と見ることができるが、教育ジャーナルではこれら二つの殉職事件の扱いが大きく異なっていた。

松本虎雄の殉職事件は、新聞紙面で大きく取り上げられ、その葬儀は盛大なものとなり、その事件が映画化されるほどの社会的反響をもたらした。また、松本自身がかかわっていた修養団の機関誌『向上』では追悼号が出された。しかしながら、その追悼号において、教授よりも子どもに対する愛情を重んずる帝国教育会会長沢柳政太郎が、松本を「真教育者」と述べているにもかかわらず、教育ジャーナルでの扱いは、他の領域でのそれに比して小さなものであった。

一方、宮城県女子師範学校を卒業したばかりの新任教師であった小野さつきの殉職事件は、新聞紙面や少女雑誌、婦人雑誌を賑わせ、葬儀は松本のもの以上に盛大なものとなり、映画化も活発に行われ、演劇化、演歌化、琵琶歌化もなされた。そして、松本の事件とは異なり、教育ジャーナルでも大きな話題となった。それでは、なぜ彼女の殉職事件は教育ジャーナルで大きく取り上げられたのであろうか。教師層における女性教師の位置づけの変容、文教政策や教育運動といった、小野の殉職事件の背景に存在した文脈を記述するとともに、教育ジャーナルが彼女の殉職をどのように論じたのかということを分析することを通じて、松本の殉職よりも小野の殉職を大きく扱った教育関係者の意図を考察し、前述した課題に迫りたい。

小野さつきの殉職事件が人々の耳目を集めた一九二二年は、日本共産党、日本農民組合、全国水平社などの諸組織が結成され、諸組織がそれぞれの運動のもとに人々を動員しようとする動きを活発化させた年でもあった。学校教育の世界でも、教育擁護同盟を始めとする教育団体が、人々をその運動に動員しようとする動きを見せていた。

第6章では、学制頒布五〇年記念祝典（一九二二年一〇月三〇日開催）が挙行された時期に、教育が国家の隆盛をもたらすのであり、それゆえ教育改革が国家の最優先事項であるという唯教育論的な言説が増大した様相を、新聞などを史料として分析するとともに、「教育第一」という標語を掲げながら、市町村義務教育費国庫負担金増額運動を展開していた教育擁護同盟を始めとする教育団体や教育関係者が、一九二二年一〇月三〇日を「教育デー」と設定し、当日を教育の祝祭空間として構成するために数々の演出を施し、人々の教育に対する関心、意識、理解を深めようと尽力していた姿を、教育ジャーナルを史料として辿ることとしたい。なお、いくつかの要因が重なって、市町村義務教育費国交負担金増額運動は成功裡に終わることとなるが、その要因についても論じることとなるだろう。

しかしながら、学制頒布五〇年記念祝典の時期に増幅した教育に関する言説は、前述のように唯教育論的言説と呼ぶことができるものであり、「教育第一」という標語に象徴されるように、教育像が判然としない記号のイメージの自己増殖と見ることができるものであった。それゆえ、数多くの人々を教育の祝祭空間の構成や教育団体の運動に動員することができたとも言うことができるが、その結果としてもたらされたのは、教育が生きることと区別できなくなるという、教育概念の膨張＝拡散という皮肉な事態の招来であった。第6章では、祝典の時期に簇出した教育に関する言説に見られた教育概念の膨張＝拡散についても記述することとしたい。この記述を通じて、前述の課題に応えたい。

また、教育運動ではなく、教育実践に尽力しようとしていた教師たちが、学制頒布五〇年記念祝典をどのように認識していたのかということも検討することとしたい。そこでは、教育運動と国民教育に対する危機意識は共有しながらも、祝典や関連行事自体にはあまり関心が向かなかった教師たちの姿を描出することとなるだろう。しかし、イヴェントには関心が向かなかった教師たちにおいても、この時期に学習を人生や生活と同一視するような教育に関連する概念の膨張＝拡散が見られる点は、教育運動に精力を注ぎ込む者たちと共通していた。このことについても、第6章において言及することとしたい。

第5章と第6章で検討する事例からは、一九二〇年前後は、「教育第一」という標語が象徴するように、教育メディア空間において、国家に対して教育が有する重要性を訴える言説が極大化した時期であり、その言説に内実を付与する殉職教師が耳目を集めた時期であると同時に、教育の領域の固有性が論じられ、教育概念が極限まで膨張＝拡散した時期でもあったという示唆を得ることができる。

それでは、頂点に達したと見える国家と教育との関係は、一九三〇年前後の時期になると、教育メディア空間においてどのように語られることとなるのであろうか。第7章と第8章では、一九三〇年前後の教育メディア空間の言説において国家がどのような位置を占めているのかということ、そしてそれらの言説とそれ以前の言説とのあいだに差異が見られるのどうかということに言及することとしたい。

第7章と第8章では、郊外に形成された学園都市に集合した新中間層保護者が子どもたちの教育について綴っている文章と、私立大学において生じた学校紛擾を扱った新聞や雑誌に掲載された記事や論考を分析対象として設定し、それらの文章や記事、論考において国家と教育の関係がどのように語られ、論じられているのかということについて考察を展開することとしたい。その考察を通じて、国家と教育の関係の語られ方に生じつつあった転換の徴候、先取り的に言えば、子どもやその教育を担う教育者と国家との関係が直截的には語られなくなっていくという徴候を描出することとなるだろう。

大正期から昭和初期にかけては、東京において郊外住宅地の開発や販売が活発に行われた時期であった。郊外住宅地は、新中間層を中心とする人々に対して、文化生活や文化住宅を具体的に示すものであったが、開発・販売された郊外住宅地のなかには、郊外住宅地における生活を演出する要素の一つとして教育を重視するものが存在し、学園都市が住宅地の様式の一つとして浮上した。

第7章では、文部省や内務省の住宅政策、また博覧会や展覧会、さらに田園都市株式会社や箱根土地株式会社などのディヴェロッパーによる宅地開発に焦点を合わせながら、大正期から昭和初期にかけて東京の郊外が新中間層の住宅地として注目を集めたことを記述するとともに、一九二〇年代後半に小田原急行電鉄株式会社小田原線の開通と連動しながら学園都市として形成された成城に照準し、成城において成立した郊外と教育のかかわりを論じた文章や成城で開催された朝日住宅展覧会で展示され販売された住宅の平面図、また成城小学校の機関誌『教育問題研究・全人』に掲載されている保護者の文章などを史料として、郊外の新中間層が子どもの教育を、また子ども自体をどのように認識していたのかということ、そしてそれと連動して保護者は自らをどのような存在として表象していたのかということを考察することとしたい。

ところで、一九二九年に映画『東京行進曲』(監督溝口健二、日活)が公開された。そして日本初の映画主題歌と言われる『東京行進曲』(作詞西条八十、作曲中山晋平、唄佐藤千代子)は「関東大震災によって面目を一新した東京の風物を軽快なダンスのリズムで描いて見せ」(1)、大ヒットした。

その主題歌の四番の歌詞に、「シネマ見ましょか/お茶のみましょか/いっそ小田急で/逃げましょか」という箇所がある。この部分は、西条の原案では「長い髪して/マルクス・ボーイ/今日もかかえる/「赤い恋」」であった。西条の原案はマルクス主義が流行し、アレクサンドラ・コロンタイが著した小説『赤い恋』を抱えて歩く姿が見られた当時の若者の世相を反映したものであったが、ビクターの文芸部長岡庄五は、歌詞が当局を刺激することを懸念し、西条に変更を求めたのであった(2)。

東京の郊外において新中間層が独自の教育観を構築し始めていた時期、特に一九二〇年代後半から三〇年代初めにかけての時期は、『東京行進曲』の歌詞の原案に見られるように、マルクス主義が若者に受容されていた時期でもあり、高等教育の世界で問題化されていたのは、学生思想問題や学校紛擾であった。

第8章では、早稲田大学において一九三〇年に生じた同盟休校を事例として設定し、学校紛擾としては稀有な契機で始まったその同盟休校において、学生たちは大学の運営にどのような問題性を見出したのか、また学生の要求を、高等教育機関の経営者や教育者、活字メディアはどのように認識し、どのように紛擾対策を論じていたのかということを、総合雑誌や教育ジャーナル、新聞に掲載された記事や論考を史料として分析していくこととしたい。

第8章で言及する先行研究の一部が示すように、学校紛擾は共産主義運動の文脈において把捉される傾向がある。実際、当時は高等教育機関において生じる学校紛擾への対策に文部省学生部が神経を尖らせていた時期であり、学生部は抑圧統制と思想善導を両輪とする思想統制政策を強化しつつあった。しかし、それと同時に当時は、私立大学の数が増えるとともに、各私立大学の学生数が増大したため、学生の大学への帰属意識をいかに担保するのかということが、私立大学において課題となっていた時期でもあった。

したがって、早稲田大学において生じた同盟休校は、私立大学への帰属意識の担保と、文部省学生部が主導する学生思想統制政策の強化という二つの文脈が交差する場において生じた学校紛擾であったと位置づけることができる。そのような二重の文脈に位置づけられる同盟休校において、学生は何を主張していたのか、そしてその主張は同大学における以前の学校紛擾で表明された学生の主張と異なっていたのかどうか、第8章ではこの点に関する考察も展開することとしたい。

第5章

殉職によって表象される教師の心性
◆
一九二〇年代初頭の教師文化の一断面

はじめに——問題の所在

一九三六年一〇月三〇日、大阪城公園大手前広場で第一回教育祭が開催され、教育塔の建立が祝われた(1)。教育祭では、学制頒布以来の殉職教師、殉難児童生徒学生の存在が想起され、彼ら／彼女らは教育塔に祀られることとなったが、ここでの主要な関心は、そこで再発見された日本近代における殉職教師の系譜の一断面にある。すなわち、本章は、新聞や教育ジャーナルを中心的な史料としながら、教育塔に祀られることとなる幾人かの教師の殉職事件がどのように記述されたのかを分析することによって、一九二〇年代初頭における教師の心性を考察することを主題としている。

本章では、主に二つの事例、すなわち松本虎雄と小野さつきという二人の小学校教師の殉職事件を扱うが、日本近代教育史上最も注目を集めた殉職事件の一つである、宮城県で生じた新任女性教師小野さつきの殉職が教育メディア空間でどのように論じられたのかということに、特に焦点を合わせることとしたい。

小野が殉職したのは、一九二二年七月七日のことであった。その後、彼女を主役とする美談の物語は、新聞、雑誌を始めとするマス・メディアにおいて反復して語られ、また誇張して語られることとなり、新聞や雑誌における報道に留まらず、追悼講演会の開催、映画化、唱歌化など、数多くの活動を生み出すほどの大きな衝撃を社会に与え、その物語に多くの人々の関心を動員することとなった。

小野の殉職以前にも、社会的事件として扱われた教育関係者の殉職は存在していた。例えば、古くは一八九六年一月一日、台湾総督府学務部員六人が現地住民に殺された芝山巌事件、小野の事件の数年前には、一九一八年一二月五日、朝鮮総督府京城府龍山元町尋常高等小学校が出火した際に、御真影を奉還しようとして焼死した鈴木志津衛校長の殉職、また一九一九年一一月二〇日、東京府井の頭恩賜公園での遠足の際、教え子を救おうとして玉川上水で溺死した前述の松本虎雄訓導の殉職などがあり、人々の耳目を集めた。しかし、いずれも、小野の殉職ほど人々の関心を集めて祝祭化されることはなかった。それでは、どのような政治力学が作動することによって、彼女の殉職は大きな社会的出来事となったのであろうか。

写真1　教育塔

（筆者撮影）

小野の殉職に人々の関心が輻輳した背景には、学制頒布五〇周年にあたる一九二二年にその殉職が生じたという点がある。同年一〇月三〇日（学制が頒布された日）には、学制頒布五〇年記念祝典が、東京帝国大学構内で摂政裕仁を始めとする教育に関係のある朝野の名士など約三、〇〇〇名が出席するなかで盛大に催され、この記念祝典を中心とする時期に、学制頒布以降の学校教育制度の整備、教育実践の営みが改めて想起され、言祝がれることとなった(2)。この過程において、殉職教師の存在も称揚されることとなり、その事績が新聞や雑誌において国家における学校教育の機能の無比性、教師の役割の重要性を立証するものとして記述されたが、殉職教師の象徴的存在が他ならぬ小野さつきであった。

実際、『殉職した教壇の人々』（大阪朝日新聞社、一九二七年）、『学園の百美談』（大日本美談社、一九三四年）、『日本殉職教育者傳』（上・中・下巻、大日本美談社、一九三六年）などを著し、自ら大日本美談社を興し、教育にかかわる美談を渉猟した田淵巌は、小野さつきの殉職について、次のように述べている。


昨夏、東北の女丈夫小野さつき訓導殉職水死の事、一度都鄙に喧伝せられ、其の崇高厳粛なる殉職の真相、世に明にせらるるや、予は異常な感動を享受し、暫くは荘厳なる女史の死の場面に対して、我と我が心身の剛直的緊張に、恍乎為す所を知らぬ有様であつたが、やがてまざまざ子女教化の尊貴と、教職の神聖とを体感し、身自らの教職者たることの光栄に想到して、思はずも感激の涙を禁じ得なかつた次第であつた。

此の瞬間！　此の刹那‼　平素一個の教職者として、『如何に学制頒布五十周年を記念すべきか？』に、真剣に思ひ悩んでゐた予の内面を、天来の如く、激越に衝いたものがあつた。おゝ‼　その有難きインスピレーション‼　それは実に、本書の稿を起し、之を学制頒布五十年の記念日たる「大正十一年十月三十日」を以て、普く世に伝へようと云ふ、計画それであつたのである(3)。


小野さつきという新任の女性教師は、一九二二年に殉職したことによって、学制頒布以来五〇年の教育と「子女教化の尊貴と、教職の神聖」、そして「教職者たることの光栄」を象徴する存在へと神話化されることとなったのである。

しかしながら、一九二二年において、学制頒布五〇年記念祝典開催前に殉職した教師は彼女だけではなかった。例えば、四月二三日には武藤郡二が、新潟県刈羽郡岡田尋常小学校が山火事の類焼にあった際に、校舎に残された児童を救おうとして焼死していた。また、小野の殉職の三日前の七月四日には医王吾延寿が、福井県丹生郡宮崎村宮崎尋常高等小学校東分教場が豪雨による崖崩れのために倒壊した際に、児童を救うために校舎に突入して圧死していた。しかし、いずれも小野の殉職ほど関心を集めなかった(4)。彼女の殉職事件に人々の関心が蝟集した背景には、彼女が女性教師であったことが大きくかかわっている。

当時、小学校教師において女性教師は約三分の一を占めるまでに増加していた。一九〇〇年度には全小学校教師九二、八九九人中女性教師は一二、二二七人(一三・二%)であったが、〇五年度には一〇九、九七五人中二二、一九四人(二〇・二%)、一〇年度には一五二、〇一一人中四〇、九五七人(二六・九%)、一五年度には一六二、九九二人中四五、八一〇人(二八・一%)、そして一八年度には一七二、九七九人中五三、五一八人(三〇・九%)と三〇%を超え、二〇年度には一八五、三四八人中六〇、二九八人(三二・五%)に達していた(5)。そして、一九二二年五月一八・一九日に開催された全国女子師範学校長会議では、日本初の女性教師の全国組織日本女教員協会が設立され、また七月一~三日に開催された全国女教員大会では、全国小学校女教員会設立草案が可決されるなど、女性教師の全国的な組織化の動きが見られた。さらに同年九月一八日の文部省訓令第一八号によって、女性教師の産前産後の休養が認められることとなり、教師供給母体としての女性の実効性が重要視されるようにもなっていた。したがって、小野の殉職は、女性教師が実際の教育を担う一大勢力として注目を集め、自ら組織化しつつあった時期に生じたのであった。それゆえ、教育メディア空間における彼女の殉職事件の表象は、若い女性教師によってなされた子どものために自らの命を擲つ美しい行為へと人々の想像力を接続し、男性に劣る存在として見られ、扱われていた女性教師が、国民教育・学校教育に男性と同様に寄与する存在であり得るということを開示する梃子として作動することとなった。

付言すれば、教師に限らず、第一次世界大戦の戦中・戦後の好景気によって、「職業婦人」という言葉が流行したことに見られるように、大量の女性の産業分野への進出が見られた。職業婦人という言葉の流行は、女性の表象が、家族や家庭という私的領域のエコノミーに専念するものから、国家や社会に貢献するものへと転換し、女性の身体が社会的領域のエコノミーに動員されていく事態が生じていたことを示唆している。したがって、小野の殉職の社会的出来事化には、女性を巡る表象の変容が伏在していたと言えよう。

ところで、大正期の教師文化については、第4章でも言及したように、唐沢富太郎『教師の歴史――教師の生活と倫理――』(創文社、一九五五年)、石戸谷哲夫『日本教員史研究』(大日本雄弁会講談社、一九五八年)、石戸谷哲夫・門脇厚司編『日本教員社会史研究』(亜紀書房、一九八一年)、陣内靖彦『日本の教員社会――歴史社会学の視野――』(東洋館出版、一九八八年)などが論じており、教育社会学を中心に研究が蓄積されてきた。本章との関連で言えば、教育、教師に関連する数々の出来事を蒐集した唐沢の前記研究において、松本と小野の殉職が言及されている(6)。唐沢によれば、小野と松本の殉職に代表される殉職教師の存在は、第一次世界大戦後の好景気を背景として、低給の教師が、一方で教職に対する自尊心を喪失し、他方で人々から敬意を払われない存在へと変容した時期に、教職に対する聖職観を教育関係者や一般の人々の心情に訴えるものであったという(7)。

しかしながら、別の箇所で「大正期に至つて、女教員の著しい進出を見るに至つたことは、教師像の変遷史上見逃せない現象である」(8)と指摘しているにもかかわらず、唐沢の視角には、小野と松本の性差への眼差しが欠如している。小野の殉職は松本の殉職以上に活字メディアを始めとするマス・メディアで話題となったが、前述したように、その大きな理由は小野が女性であったことにある。事実、在野の教育ジャーナリストであり教育史家であった木戸若雄は「小野の行動が世人の魂を強くゆり動かしたのは、死をも怖れない責任感や犠牲的精神にあるのはいうまでもないが、小野が婦人教師であった点も強く人の心を打った」(9)と指摘している。小野が女性教師であったことが、人々の関心が彼女の殉職事件に輻輳する大きな原因であり、しかも彼女が新任教師であるという純潔性、処女性が、その関心を増幅させたことを見逃すことはできない。

しかし、数多くの人々の関心が小野の殉職事件に蝟集した背景には、別の側面も存在したと考えられる。つまり、第一次世界大戦を契機とする近代国家の再編制と教師像の変容との連関という側面である。

第一次世界大戦後のワシントン会議(一九二一~二二年)において九カ国条約、四カ国条約、海軍軍縮条約が成立し、東アジアの新しい国際秩序であるワシントン体制が確立したことによって、「一等国」としての「大日本帝国」という表象は内実を伴うものとなった。教育界ではこれに先行する形で、内閣直属の諮問機関である臨時教育会議(一九一七〜一九年)が、第一次世界大戦後における世界史のプレイヤーとしての地位を確固たるものとするための教育改革を志向し、高等教育機関を中心に学制の改革を目指した立案を行っていた。また、一九一〇年代以降の教育界では、私立学校や一部の(高等)師範学校附属小学校を中心に新教育が展開し始め、一〇年代後半には教師以外の者も新教育運動に参加していた。

一方に一等国に相応しい国民教育への欲望が、他方にデモクラシーや人道主義という理念とともに語られる社会改造の重要なモメントとしての教育改革への欲望が存在していたのであり、両者の欲望が収束したものこそ、一九二二年に教育界を中心に人口に膾炙した「第二維新」、「第二の学制頒布」、「教育第一」という標語であった。しかし、教育を巡る欲望の収斂は、教育概念の発散を帰結する。実際、当時の教育概念には、人生、生活との差異の判然としない曖昧なものへと変容する事態が生じていた(10)。そして、この事態は教師像の変容も促し、教師は教授のみではなく、子どもの全生活にも責任を持つという新たなイメージを浮上させる。それゆえ、小野の殉職事件は、全身全霊を傾け、ある場合には命を捧げ、子どもの生活に責任を持つという新たな教師像を浸透させる格好の素材となった。

以下では、教育メディア空間における松本と小野の殉職事件の表象を、後者にアクセントを置きながら記述することによって両者の差異を照射し、一九二〇年代初頭において、教師がどのように国民教育や教育実践にかかわろうとしたのか、また教育界以外の人々からどのように論じられ、逆に自らをどのように提示したのか、さらにその結果として、どのような規範に遵って教師として振る舞うこととなったのかを分析することとしたい。

第1節　祝祭化されざる殉職――松本虎雄の殉職事件

前述した通り、松本虎雄の殉職事件は、一九一九年一一月二〇日に東京府井の頭恩賜公園の玉川上水で生じた。彼が勤務していた東京市麹町区永田町尋常小学校は、当日遠足を行い、井の頭恩賜公園に赴いた。到着後に一旦解散した後、午前一一時頃に松本が担任している三年生永田俊雄が前日までの雨のため水嵩が増していた玉川上水に陥り、松本は永田を救おうと身を投じた。しかし、松本はそのまま行方不明となり、翌日午前一一時頃久我山で死体が発見された。（なお、永田は、現場を通りがかった麹町区九段の久保浜呉服店店員大原玉治、藤田勇治郎、増井英夫によって救助された。）

二二日に開かれた麹町区臨時区会では、区からの三、〇〇〇円と永田俊雄の父與吉が申し出た弔慰金一、〇〇〇円を合わせた四、〇〇〇円について、二、〇〇〇円を遺族への弔慰金、一、五〇〇円を葬儀費、残りを雑費として支出すること、また松本の葬儀を区葬とすることを決定した。そして二九日に青山斎場で営まれた区葬は、東京帝国大学総長山川健次郎、東京市長田尻稲次郎、帝国教育会会長沢柳政太郎など約三、〇〇〇名の会葬者を集める盛大なものとなった。

さらに、松本はさまざまな団体から表彰されること

写真２　松本訓導殉難の碑１

注・なお、碑文は殉難の日付を誤っている。
（筆者撮影）

写真３　松本訓導殉難の碑２

（筆者撮影）

となった。時事新報発起義勇表奨会が二〇日付で表奨状と金二〇〇円を贈呈したのを始め、文部省、東京府、国民新聞社などが松本の行為を表彰し、弔慰金を贈るとともに、麹町区在住国民党代議士鈴木梅四郎、新橋車夫組合を始めとする数多くの団体、個人も、弔慰金、弔電を贈っていた。また、東京府は一一月二〇日付で松本を四級上俸とする辞令を発した。

それでは、公的には大きく扱われた松本の殉職事件は、新聞や教育ジャーナルなどの活字メディアを始めとするマス・メディアにおいてどのように扱われたのであろうか。

新聞では、この事件は、一一月二一日付で報道した『東京朝日新聞』と『報知新聞』を始めとして、『万朝報』、『時事新報』、『国民新聞』などの東京各紙の紙面を、松本の肖像や区葬の模様を伝える写真を交えながら賑わせた。管見の限り、例えば『東京朝日新聞』には一一月二一日～一二月四日付の紙面に九の記事が、『時事新報』には一一月二二日～一二月九日付の紙面に合計一二の記事と写真が掲載されていた。その他、『時事新報』には、弔慰金贈呈者の名前、住所、弔慰金金額が連日掲載され、同紙に送られた弔慰金は約九七〇円に達した。各新聞社に送られた弔慰金は合計すると、年末までに三、〇〇〇円に達したという(11)。

このように新聞では松本の殉職事件が大きく扱われたが、一方の教育ジャーナルではほとんど言及されなかった。『教育時論』には、第一二四七号(一九一九年一二月五日発行)の日誌欄の一一月二〇日と同二九日の項目に松本の殉職と区葬についての記述があり、短評欄に「嗚呼松本教員」という記事が掲載され、八面鋒という投書欄に松本の殉職を巡る表象に言及した投書が載っていた。しかし、『帝国教育』では、第四五〇号(一九二〇年一月一日発行)に藤原生「前月の教育小観」の最後の項目「一四、永田小学校訓導の殉職」で松本の殉職が話題となったのみであり、『教育研究』でも、第二〇〇号(同前)の「浮世のぞき‼」欄における「小学校教員の殉職」で言及されただけであり、『教育論叢』、『教育学術界』といった主要な教育ジャーナルには、松本の殉職についての記述がまったくなかった。以上のように、松本の殉職事件に対する教育界の反応は頗る鈍いものであった。

松本の殉職を教育界よりも大きく扱ったのは、一九〇六年二月一一日という紀元節を期して設立され、「流汗鍛錬同胞相愛ノ主張ト実現トニ因リ皇国ノ進運ニ貢献スル」ことを目的とする教化団体である修養団だった。東京府立青山師範学校生蓮沼門三を主幹とする修養団の設立には、蓮沼の同級生であった松本も参加し、以後幹事として活動にかかわり続けていた。松本は修養団の機関誌『向上』（一九〇八年三月創刊）の命名者でもあり、一九一四年三月から一九一五年一二月まで同誌の編集主任を務めていた。

修養団は、『向上』第一三巻第一二号（一九一九年一二月一五日発行）を急遽「松本氏殉職追悼号」として発行したが、松本と永田俊雄の写真が口絵を飾った同号には、修養団長でもあった東京市長田尻稲次郎、文部大臣中橋徳五郎、内務大臣床次竹二郎、帝国教育会会長沢柳政太郎、蓮沼などの追悼文、そして松本の略歴、遺稿「死生論」などが掲載された。また同団は、松本氏追悼講演会を一二月一〇日に神田青年会館で聴衆約一、五〇〇名を集めて開き、沢柳、江原素六などが講演を行った。さらに、単行本の刊行を決定し、『向上』第一四巻第四号（一九二〇年四月一日発行）には『犠牲の人松本訓導』の広告を掲載した。（第一四巻第五号（五月一日発行）には、「種々の事情により、延々となりし『松本訓導』も早や遠からず市に出ずべし」(12)と記されているが、実際に出版されたかどうか確認できていない。）その他、同団は、団内に記念教育図書館を建設することを決定したという(13)。

しかし、修養団が松本の殉職を大きく扱ったのは、生前の同団への貢献に報いるためばかりではなかった。追悼号において蓮沼は、松本を「君が人間的の技能に至つては極めて貧弱であつた。教授法も、交際術も、拙劣であつた」(14)としており、略歴でも松本は次のように語られている。

……君は決して技巧の人ではなかつたから、教授法などの見るべきものはなかつたが、至情の人であり熱情の人であつたから、教へ子には親が子に対する温情を持つて対してゐたので、純なる児童の心には、何時か君の愛情が植えつけられて、児童から父の如くに慕はれてゐた(15)。

つまり、教授を役割とする教育者として有能とは言えなかった松本は、修養団の主義に殉ずることによって、その存在の輝きを、同団だけでなく教育界でも増したのであり、蓮沼は松本の殉職について、「君よく死んで呉れた。君は修養団を代表して主義の為めに殉じて呉れたのだ。教育者を代表して其の教へ子の為めに死んで呉れたのだ」(16)と意味づけていた。松本の殉職は、同団の主義の格好の宣伝媒体としても扱われていたと見ることができる。

修養団は、教授よりも子どもへの愛情や犠牲的精神を重視するという松本の教師としての姿の極限的な現れとして、彼の殉職事件を認識していたと言えるが、この認識を沢柳政太郎も共有していた。沢柳は、松本の殉職が教育界で持つ意義を、次のように述べている。

> 教育者に貴ぶ所は、児童に対する純愛を第一とするは自分の平生の確信である、然るに学術を修むるに才幹を磨くに努むる者あるも、真に児童に対する愛情を懐く教育者の極めて少なきは、自分の最も遺憾とした所である、然るに今君の如き、真教育者あるを見るは、自分等の大いに意を強くする所である、近時頗る物質化して、献身犠牲を以て却つて迂愚と見んとする我が社会も、君の純愛に動かされて、君の美しき最後《ママ》を称へて措かない、君は死して尚ほ人を感動するものである、洵に教育社会は君あるによりて面目を施した次第であります(17)。

しかしながら、教授よりも子どもに対する愛情を重要視し、それゆえ松本を「真教育者」として最大限に評価する沢柳の言葉は、教育界で広範に共有されるものでなかったことを我々は既に確認している。新聞で盛んに報道され、『噫松本訓導』(国際活映株式会社制作)が一九二〇年三月一四日から一週間浅草公園大勝館で上映され、国民道徳講演会によって松本の幻灯講演会が同じ頃に行われたことから看取できるように(18)、社会的反響が見られたにもかかわらず、教育界は松本の殉職に冷淡だった。

事実、前述の『教育時論』「八面鋒」に掲載された読者の投書は、次のように記している。

●近頃の東京発行の諸新聞は松本殉職訓導の記事を連日記載して、その人物を賞賛したり、寄附金弔慰金を送つたり、近頃にない大事件のやうに取扱つて居る、飛行機で惨死してもシベリアで我忠勇なる軍人が戦死しても僅かに五六行でかたづけてしまふ新聞紙がかうも大々的に騒ぐのは一体目下教育問題がやかましいからだらうかそれとも松本訓導の立派な行動の結果だらうか、それとも誰人かがうまく(?)太鼓をたゝいたのであゝも世人の同情が集つたのだらうか、今日まで死を以て生徒を救助しようとした訓導が全国中に唯の一人もなかつただらうか? もしも松本訓導がかりに我茨城県の或村の小学校の訓導だつたらどうだらう、またもしも北海道あたりの出来事だつたとしたらあんなに同情が集つたらうか? 各新聞があんなにかき立てるだらうか文部大臣の弔辞が出ただらうか(下略)(茨城県某私立小学校教員広崎良之助)(19)。

しかし、松本の殉職に対する教育界の冷めた反応を象徴するこの教師の言葉は、東北の寒村で生じた女性教師の殉職事件によって裏切られることとなる。

第2節　殉職というメディア・イヴェント——小野さつきの殉職事件

宮城県刈田郡宮尋常高等小学校訓導小野さつきの殉職事件は、森鴎外の病状が新聞紙面を賑わせていた一九二二年七月七日に生じた(鴎外は七月九日死去)。その日、小野は、五時間目の図画の時間に野外写生を行うために担任児童四年生五六名を引率して、前日にあった摂政裕仁奉迎の際に選定した白石川河畔の万歳河原と呼ばれる場所に出掛けた。当日は暑かったため、児童は水泳をしたいと申し出たが、小野は写生終了後に浅場での水遊びのみを許可した。

写真４　殉職　小野さつき訓導の御遺徳

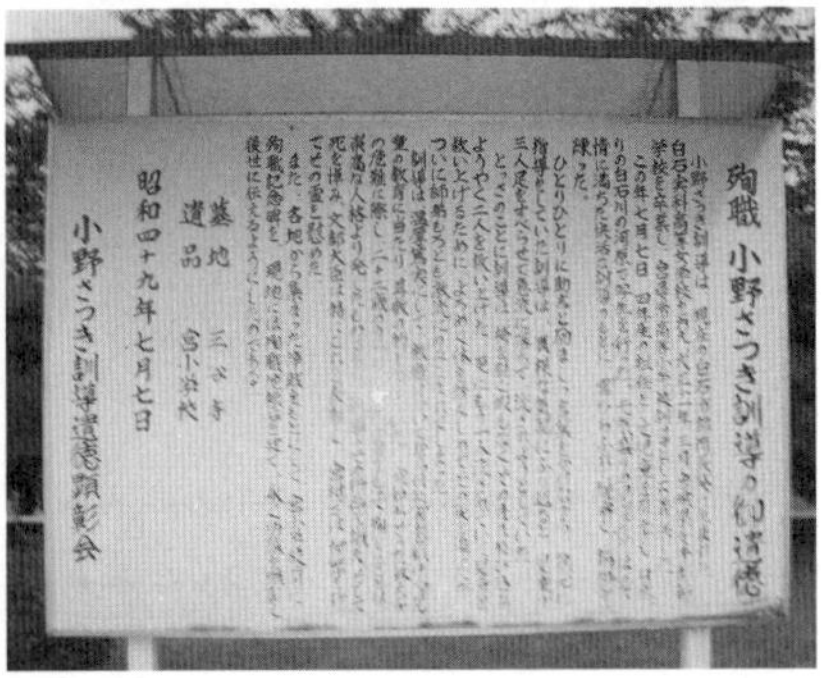

（筆者撮影）

写真５　小野訓導殉職地碑

（筆者撮影）

しかし、三人の児童が対岸に繋留されている小舟を見つけ、その小舟まで行こうとして深みに嵌った。彼らを救助しようとした小野は、大場徳治、志村正雄を救うことができたが、留年し、最年長で身体も大きかった成沢与右衛門とともに溺死することとなった。

その後、九日に仮葬儀が行われ、一四日の本葬は、貧しい村としては少なくはない一、八〇〇円を宮村が支出し、三谷寺で村葬として営まれた。本葬は、「力石宮城県知事を始め、佐藤刈田郡長鈴木教育課長秋葉女子師範学校長県会評議員他府県代表者他郡市教育会保護者会代表者各学校長同窓会職員生徒郡内及び村内有志者」[20]、各町村小学校教員、青年団、処女会、在郷軍人会などから三、〇〇〇人余りとも、一〇、〇〇〇人とも言われる会葬者を集めるものとなり[21]、県知事、郡長、県教育会長、女子師範学校長などの弔辞の他に、多数の弔歌、弔電が寄せられる壮大なものとなった。

小野は、文部大臣（七月一二日付、金一〇〇円）、宮城県知事（七月七日付で人命救助表彰、金一〇〇円、七月一〇日付で教育功労表彰、金五〇円）、刈田郡長（七月一四日付、金三〇円）、時事新報発起義勇表奨会（七月八日付、金三〇〇円）、国民教育奨励会（七月一二日付、金一〇〇円）、日本弘道会（七月一七日付、金一封）など数多くの公人、団体から表彰された。さらに「力石宮城県知事は取敢へず七月七日附を以て現俸給九級下俸（四十円）より特に一級上俸（百八十円）に昇給する事に決し」[22]、男性も含めた小学校教師でこの待遇を受けるのは、宮城県で初めてという破格の扱いを小野になした。

その年の三月に宮城県女子師範学校を卒業したばかりの新任女性教師の殉職に対する社会的反響は大きく、教育界の反響も松本の殉職を遥かに凌駕するものであった。小野の殉職への教育界の反応は次節で扱うこととし、ここでは教育界以外で生じた小野殉職を巡る喧噪を概観することとしたい。

まず、新聞について言えば、『東京朝日新聞』、『東京日日新聞』で七月八日付で小野の殉職が報道されたのを始めとして、小野の殉職事件関連記事、小野の肖像写真、東京市視学長佐々木吉三郎が東京市内の女性教師を集めて講演を行った模様を伝える写真などが東京各紙の紙面を飾った。管見によれば、『東京朝日新聞』には七月八日～一八日付紙面に合計一七の記事と写真が、『時事新報』には七月九日～一三日付紙面に合計一一の記事と写真が、『東京日日新聞』には七月八日―一二日付紙面に合計一一の記事が掲載されている。

また、小野が女性教師であることから、少女雑誌、婦人雑誌・新聞における反響も大きかった。毎週日曜日に発行されていた『婦女新聞』は、七月第三日曜号に「殉職小野さつき氏」を掲載し、同第四日曜号では「小野さつき氏追悼録」という特集を組み、社説「殉職女訓導」、日下さき「不忘山と白石川」、佐々木吉三郎「遭難現場を訪問して」、「故小野訓導最后の書簡（全文）」、一学友「さつきお父さん」、殉職事件現場付近略地図、体操服姿の故人の写真を掲載した。また、『女学世界』（博文館）は、九月号に「職に殉じた女訓導の美しく尊い死」、夢野歌二「彼女の学生時代と彼女の殉職が与へた社会的反響」、佐々木吉三郎「遭難地を視察して」（談話）、「故人をめぐる挿話の数々」、小野訓導殉難講演会の模様を伝える口絵写真と肖像写真を掲載した。その他、『婦人公論』（中央公論社）と『婦人之友』（婦人之友社）の八月号、『少女』（時事新報社）、『婦人画報』（東京社）、『女学生』（研究社）、『主婦之友』（主婦之友社）、『婦女界』（婦女界社）、『母之友』（同前）、『婦人倶楽部』（大日本雄弁会）の各九月号など、数多くの少女雑誌、婦人雑誌が関連記事を掲載していた。さらに、活字メディアに焦点を合わせれば、小野の殉職の約一ヶ月後の八月八日付『時事新報』には、佐藤武『小野訓導の死と其前後』（隆文館）の広告が早くも掲載され(23)、約二ヶ月半後の九月二五日には宮城県教育会・刈田郡教育会編『殉職訓導小野さつき女史』（実業之日本社）が発行された。

付言すると、『殉職訓導小野さつき女史』の出版元である実業之日本社が発行していた『婦人世界』は、『東京日日新聞』七月一六日付四面、『読売新聞』同月一七日付一面、『時事新報』同月一八日付七面などに「小野訓導の殉職を嘆美する小学唱歌」募集の広告を出し、締切が同月二五日という短期間の募集であったにもかかわらず、六、〇〇〇以上の応募作を集めた。野村光葉「小野訓導の殉職美談」、佐々木吉三郎「敬慕に堪へぬ小野訓導の人格」、特派記者「小野訓導の村葬に参列する記」、遭難現場・葬儀・遺品などの口絵写真を掲載した九月号で当選歌を発表し、一〇月号には一等当選者齋藤子郊の手紙を掲載した。さらに、山田耕筰が齋籐の歌に作曲を施して、日本蓄音機商会からレコードが発売され、川端龍子装丁による『小野訓導の歌』（実業之日本社）も発行された(24)。

活字メディア以外では、小野殉職事件の映画化も活発に行われた。活動写真協会が中心となって制作した映画は七月一九日に福島公会堂で、二五日から仙台で、その後各地で上映されており、京都でも映画制作が盛んであったという(25)。また、松竹制作『噫小野訓導』（監督賀古残夢、脚本伊藤大輔）が浅草松竹館で七月二三日から、日活（関東派）制作『殉職美談女訓導』（監督・脚本若山治）が浅草公園オペラ館で同日から上映され、その後両社の直営映画館で上映された。どの映画なのか定かではないが、北海道の近藤愛子は『婦人世界』に「九月号の小野先生の記事を読んで、あまりの悲しさに泣きむせんだ私は、それから間もない九月十八日に、当地の活動常設館で、小野先生の活動写真を見て、また新しい涙を流しました」(26)と投書している。この投書から判断すれば、映画は広い地域で上映されたものと推測できる。

映画化に加え、小野の殉職事件は演劇化、演歌化、琵琶歌化もされた。演劇について言えば、東京本郷座が八月三日から『訓導の死』（碧虚郎（瀬戸英一）作、三幕五場）を上演した。演歌では添田唖蝉坊が『小野さつき訓導の歌』を作り、琵琶歌では『白さつき』が作られた。

その他、既述したように、佐々木吉三郎が東京市内にある小学校女学校の女性教師を集めて七月一四日に神田一ツ橋小学校で講演会を開いたのを始めとして、二二日に宮城県教育会、宮城県女子師範学校、同校女子同窓会主催の追悼講演会、二三日に日本基督教、市民自由大学主催の追悼大講演会など、各地で講演会が開催された。また、八日に宮城県女子師範学校寄宿舎内で追悼会が、一四日に仙台市西本願寺別院内玉耶処女会主催の追悼法会が、一六日に白石公会堂で追悼音楽会が催されていた。さらに、仙台で演奏会を開く予定であった日本初の世界的プリマドンナ三浦環は、一〇〇円の弔慰金を遺族へ贈るとともに、その演奏会で小野が好んだ『アベ・マリア』（グノー作）を歌った。

これらに加え、七月一一日付で宮城県教育会、刈田郡教育会、河北新報社、仙台日日新聞社、東華新聞社、新東北新聞社の発起によって弔慰金募集も行われることになり、その弔慰金で追而記念碑の建立、義金による教育基金「小野さつき女史奨励会」の創設などがなされた。

ここまでで確認してきたように、小野の殉職は、松本の殉職以上の社会的な出来事となり、人々の想像力、興味をその事件へと整流しながら祝祭空間を構成し、まさに国民的メディア・イヴェントと化していった。そして、メディア・イヴェント化した小野の殉職事件に対する教育界における反響は、前述したように松本の殉職事件に対するそれを遙かに凌駕するものであった。教育界はどのように反応したのであろうか。

第3節　教育界における反響——教育言説の布置

松本虎雄の場合とは異なり、教育界は大々的に小野さつきの殉職事件を取り上げた。種々の教育関連団体からの表彰、講演会の開催については前節に記したが、ここでは教育ジャーナルを中心に、小野の殉職に対する教育界の反響の様相を俯瞰することとしたい。

『教育時論』第一三四二号（七月二五日発行）は、原田実「生ける幾多の小野訓導を想ふ」、T生「小野訓導殉職のこと」を掲載し、日誌欄の七月一四日の項目、時事欄の「殉職小野訓導表彰」でも小野の殉職を扱っていた。さらに、第一三四九号（一〇月五日発行）に掲載された北沢種一「教育殉職者叙勲法制定の必要」でも、小野の事件が話題となった。小野の殉職事件について数多くの文章をものした佐々木吉三郎が前主幹であった東京高等師範学校附属小学校内初等教育研究会が編集する『教育研究』も、小野の殉職を大きく扱った。第二四四号（八月一日発行）に千葉春雄「殉職の小野訓導」を、第二四五号（九月一日発行）に佐々木秀一「児童に対する愛」を、「学制頒布五十年記念号」であった第二四六号（一〇月一日発行）に佐々木吉三郎の詳細なレポート「殉職と教育者について」を掲載していた。

『教育界』第二二巻第九号（九月三日発行）は、社説「殉職と責任」で小野の殉職を論じ、『教育論叢』第八巻第三号（九月一日発行）は、河野清丸「小野訓導を犬死たらしむる勿れ」を載せていた。また、当時の『教育論叢』には新教育の拠点の一つである千葉師範学校内白楊会による「自由教育論叢」が連載されていたが、第八巻第四号（一〇月一日発行）の同連載内において、石井信二「教育日誌の中から」が小野の殉職事件に言及している。その他、『学校教育』第九巻第九冊（九月一日発行）に掲載された古場政喜「児童そのものを忘れるな」にも、小野の殉職への言及が見られる。なお、代表的教育ジャーナルの一つである『帝国教育』には直接に小野の殉職事件に言及した記事は掲載されなかったが、第四八二号（九月一日発行）に前述した佐藤武『小野訓導の死と其前後』の広告が掲載されていた。

これらの教育ジャーナルに掲載された文章には、いくつかの視角が孕まれていた。まず、小野の殉職を美談として表象し、彼女の児童に対する愛情、犠牲を厭わない精神を強調することによって、教師の職業意識、連帯心を再構成しようとするものが存在した。宮城県出身であったことから、小野の殉職に多大の関心を抱き、事件現場まで赴いて情報を収集し、彼女の殉職事件を教育界に生じた偉大な事績として称揚し、そこに教育と教師の理想像を読み取る佐々木吉三郎の文章が、その代表であろう。佐々木は、次のように記している。

……能く調べてみると小野訓導は此四月に就任したばかりの新しい訓導で女子師範を出ると直ぐ宮村尋常高等小

学校に赴任したのであるから保護者との関係も子供等との情愛も短時日の間にさう十分に諒解もされて居らなかつたらうと思ふのに事実は新聞の報ずる以上に麗しい関係になつて居つた。

（中略）

……矯めず作らずして自然に出来た一個貴重な芸術品とも見えるやうな麗はしい事件に対して、苟も之を利用するとか或は之を誇張して言ふやうな穢らはしい心は微塵だも加えていない(27)。

佐々木が小野の殉職に関する講演活動、執筆活動を積極的に行ったのは、教師が自尊心を喪失しつつある状況において生じた、小野という理想的教師による犠牲的精神に基づいた殉職を、一等国の将来を担う少国民の育成に愛情と全精力を注ぐという聖職意識を喚起し、その意識に基づいた教師間の紐帯を構成する重要なモメントとして認識したからだと想像できる。

また、低給に苦しみ、人々から敬意を払われなくなりつつあった教師の社会的地位や給与の向上を目指す政治運動の格好の話題として、小野殉職事件の美的表象を利用しようとする視角も存在していた。例えば、『教育時論』編集者原田実は、次のように主張している。

……かゝる非常破格の出来事に際会したる場合の行為事績に対して社会及び政府当局が漸くこれを認むるに吝ならざるものあるを知つて甚だ愉快であるが、平常時の行為事績に対しても同様にその価値と功績とを認むるやうにあつてほしいといふことである。（中略）吾人は小野訓導の事績を敬慕すると同時に、幸にして小野訓導の如き災難に遭遇することなく而かも女史同様焰々たる教育的精神に燃えて日々の功績を積みつゝある幾多の生ける小野訓導の存在することを確信するものであるが故に、この機会に於て敢へてこれらの人々に対する社会及び当局者の認識を要求せざるを得ないのである(28)。

さらに、佐々木の視角を共有しながらも、教師と警官や兵士との差異を剔抉し、子どもと教師が命を失うことは、「教育の本質に違ひ且つあり得べからざる不祥事である。（中略）犠牲は尊い、然し犠牲によつて教育は完いのではない」(29)と述べ、今回の事件の責任の所在を明確にする必要性を提起しようとする視角も存在した。しかし、この視角は、教師の殉職を警官や兵士の殉死と類比的に捉える視線を、多くの人々が共有しつつあったことを逆説的に照射している。

その他、教育ジャーナルではないが、婦人雑誌に掲載された大阪のある女性教師の文章は、小野の殉職が必要以上に美談化される状況は、小野が女性であることに起因し(30)、「深い省察と明らかな諒解を持たない人達の徒らなセンチメンタリズムは唾棄すべきものだ」としている。彼女は、小野の子どもに対する愛情は衝動的本能的なもので、ペスタロッチやフレーベルに体現されている意志的努力的なものではなく、「全我的な抱擁の場合にのみ作用し始める」「本当の愛」とは異なっていると語り、非常時に小野のような子どもへの愛情が作用するのは当然のことで、むしろ教師は日常的な行為において「本当の愛」を探究するべきであるという視角を提起している(31)。前述の石井信二も、児童は「神の子」であり、教師はその子どもを育成する「神の道」に日常的に身を捧げることによって教職に殉じなければならないと主張している。石井は、次のように記している。

……殉職とや、そは豈独り松本訓導、小野訓導のみの問題ではない。天下の教育者は、みなこれ殉職者でなければならぬ。一は瞬間に於て命を縮め、一は永きに亘つて一身を捧ぐ。永きに亘るが故に殉職ならずと思惟するは、余りに外面に拘はれた観察である。（中略）高貴栄達は人の望むところ、されどそれがために神への道に殉職する魂を穢してはならぬ。

今日もまた神は許してくれるであらうか。あの尊き、愛らしき児童が、滔々たるタイムの流れの中に、溺れはしなかつたらうか。物象しか見ることの出来ない弱き人間の眼には、神の子の溺れたのを、見定め得ないけれども、全智全能の神は、遥かに照覧ましますであらう。
汝教育者よ、汝の魂の影暗きを肯定してはならぬぞ(32)。

小野の殉職に対する教育界の反応は、以上のような布置を構成していた。一方に、小野の殉職を祝祭化し、殉職を頂点とする犠牲の感情によって国家的使命に貢献する教師の共同性を再構成しようとする欲望があり、経済的社会的地位の低下に喘ぐ教師の待遇を改善しようとする欲望が存在していた。これらの欲望は、国家に貢献する教師の役割、その意義を最大限に評価し、教師像を戦死によってその価値が評価される兵士像に重ね合わせようとするものと言えよう。しかし他方には、これらの視角に距離を置き、教育と殉職は相反し、非常時のみではなく、教師は日常的に子どもに愛情を注がなければならないと主張する視角が存在していた。

それゆえ、教育界の反響は均質なものではなく、差異を孕んだものであった。しかしながら、そのズレにもかかわらず、小野の殉職に象徴的に顕現した犠牲の感情、子どもへの愛情を、日常的な学校教育の空間において教師が身体化している／するべきであることを認めている点は、すべての視角に通底している。換言すれば、小野のような母性を体現する女性教師の殉職は、教育空間を教師の犠牲的精神に媒介された教師と子どもの一体感が充溢する場として表象する言説の増大を、教育メディア空間にもたらす格好の契機として機能したのであった。

第4節　新たな教師像の規範化

教育ジャーナルにおける松本虎雄と小野さつきという二人の教師の殉職を巡る表象の差異に照準しながら、本章では一九二〇年前後に見られる教師文化の変容の一断面を分析してきた。松本の殉職に対して冷淡であった教育界が小野の殉職に対して大きな反響を示した背景には、彼女の殉職が一九二二年という学制頒布五〇周年、すなわち国民国家形成に貢献してきた過去の教育活動、教師の犠牲的精神が言祝がれ、学制を画期とする日本近代の国民教育が歴史化された年に生じたという点があった。

また、第一次世界大戦を契機とする産業資本主義の発展に伴う新中間層の増加、職制と学歴の結合、改造や解放を旗印とするデモクラシー思想の浸透は、その状況に応じた子どもの学力や個性を養成する教育改革を国民的論題としたが、地方の寒村の若い新任女性教師という多重の周縁性を刻印された小野の殉職は、身も心も捧げて子どもに愛情を注ぎ、教育実践に尽力するという新たな聖職教師像を喚起する象徴的出来事であった。産業資本主義の進展が女性を家庭のエコノミーから社会のそれへと動員する事態が生じ、小学校教師に占める女性の比率が上昇していただけに、小野の殉職事件は意義深いものとなった。

したがって、小野の殉職は、過去五〇年間の教育の事績を集約した出来事であったと同時に、一等国としての大日本帝国という新たな国家像に相応しい国民を育成するという、今後の規範的教師像を提示する事件でもあったがゆえに、人々の注目が蝟集したと見ることができる。

さらに、小野の殉職に教育界の関心が輻輳したことは、従来あまり耳目を集めなかった教師と殉死との繋がりという位相が照射されたことを意味しており、戦死者において頂点に達する殉死という比喩によって教師を捉えることは、死を希求する美学への欲望が教育メディア空間の言説に導入され始めたことを示唆している。このことは、戦争の比喩によって教育を表象する高度国防国家体制・総動員体制における教師の心性の到来を予示していると見ることもできるのではなかろうか。したがって、例えば、前節で引用した千葉師範学校訓導石井信二の文言にある「神」という最終段階の審級が、一九二〇~三〇年代を通じて国家、天皇へと転位していく過程を辿ることが、今後の研究課題の射程に入ってくることとなるだろう。

一九二〇年代初頭の教育は、大正新教育に焦点を合わせて記述される場合が多い。しかしながら、本章が対象とした教育メディア空間、特に教育ジャーナルにおける小野の殉職を巡る表象は、国家対教師の相克に留まらない教師文化や教育文化の底流の一端を描出している。

第6章

「教育第一」という言説
◆学制頒布五〇年記念祝典における表象の力学

はじめに——問題の所在

一九二二年一〇月三〇日、東京帝国大学構内で学制頒布五〇年記念祝典が挙行され、前年に摂政に就任した皇太子裕仁が奉読した勅語を教育関係者は謹聴し、「殿下の高朗透徹、英気に満ち給へる玉音に接して、感激の余り覚えず涙を催うした」(1)という言葉が象徴するように、その歓びが絶頂に達することとなった。というのも、文部省訓令第二〇号（同日）によって全国に告知されることとなったその勅語には、「惟フニ教育ハ心身兼ネ養ヒ智徳並ヒ進ムヲ尚フ国家ノ光輝社会ノ品位政治経済国防産業等ノ発達一トシテ其ノ効ニ待タサルナシ」という、彼らが主張していた「教育第一」のこの上ない意義を表現する文言が含まれていたからであった。そして、「若し明治五年の学制頒布が、我国の教育史上に於る第一維新と言ふことが出来るなら、吾人は更に我が教育界に於て、遠からず第二維新の到来すべきことを信じて疑はない」(2)と述べる記事を、記念祝典当日の新聞が掲載していたことに見られるように、教育関係者の歓びは、社会的に承認、共有されたかのようであった。しかし一方で、その記事は、現在の国民教育が

「維新」、すなわち実質と形式の革新を必要とする危機を孕んでいること、それゆえ教育改革が現在の国民的論題であることを告げていた。第一次世界大戦を契機とする産業資本主義の発展に伴う新中間層の増加、職制と学歴の結合、また改造や解放を標語とするデモクラシー思想の浸透が、それらの状況に対応した子どもの学力、個性を育成する学校教育制度、教育実践を要請していたのであった。

本章は、当時の教育関係者が精力を消尽するまで盛り上げようとした学制頒布五〇年記念祝典に焦点を合わせ、そのイヴェントが一体どのような教育政策や教育界の動向を反映していたのか、そして当時の人々、特に教師を始めとする教育関係者にとって、記念祝典は果たしてどのような社会的経験であったのかを分析することによって、一九二〇年代初頭における国民教育に輻輳する政治力学の一端を照射することを課題としている。

従来の研究において主題的に扱われることのなかった学制頒布五〇年記念祝典に照準するのは、その祝典が教育メディア空間における教育に関する問題構成と国民国家の再編制との連関の一つの様相を開示するからである。一方で、イヴェントという祝祭空間において学制頒布の記憶が召喚され、学制頒布を端緒とする近代国民教育の歴史が遡及的に筋立てられて表象され、伝統化されていく。その祝祭における歴史化の作業に蝟集する言説は、メディアによって散布され、人々の記憶をも再構成していくこととなる。他方で、それらの言説は、あるいは学制という未完の理念の実現過程として現在状況を同定し、その完遂を目指そうとする、あるいは過去五〇年の伝統を評価しながらも、現在状況に即した新たな教育活動を模索しようとする、あるいは教師から子どもへの一方向の教授形式に基づく過去の教育の虚構性を指弾し、教育の本来性を奪回しようとする、というそれぞれの教育の理想像を鮮明にしている。つまり、学制頒布五〇年記念祝典は、一九二〇～三〇年代にかけて国民国家の社会システムが再編される端緒において、現状の国民教育の危機に対する認識を共有する教育関係者が、その危機を克服するためにどのような新たな教育を欲望していたのかを鮮明にする格好の場であった。そして、新たな教育像への複数の欲望を包摂して表現した標語が、本章で扱う「教育第一」である。

以下では、この「教育第一」という標語を補助線としながら、学制頒布五〇年記念祝典を分析対象として、教育メディア空間における国民教育に関する問題構成と日本近代社会の再編制との連関の様相を記述し、一九二〇年代初頭の教育関係者を始めとする人々の教育を巡る欲望、心性の一側面を剔出していく作業に取り組むこととしたい。

第1節　記念祝典の祝祭空間――教育関係者の欲望の動員

学制頒布五〇周年にあたり、第四五議会（一九二一〜二二年）において文部省は、学制頒布五〇年記念祝典列席者に配布されることとなる『学制五十年史』(3)の編纂や教育功労者の表彰などを行うために五万円の経費を要求し、承認を得ていた。

祝典自体について言えば、文部省はまず、一九二二年七月一三日に地方長官に対して、同年一〇月三〇日に学制頒布五〇年記念祝典を行うことを通知した（七月一三日発普二二九号）。また、八月一〇日には文部省参事官下村寿一を学制頒布五〇年記念式準備委員長、文部省督学官森岡常蔵他計七人の文部省役人を同準備委員に任命した(4)。さらに、九月一四日には「学制頒布五十年記念式典挙行方（大正一一年九月一四日発普二七二号直轄学校長大学令ニ依ル公私立大学長へ文部次官通牒）」を発した。通牒は、以下の通りであった。

本年七月十三日発普二二九号ヲ以テ通知ノ通本省ニ於テハ学制頒布五十年記念式典ヲ来ル十月三十日ヲ期シ挙行スルコトニ決定シタルニ付当日ハ貴管内各学校ニ於テモ休業ノ上記念式ヲ挙行シ適宜訓話等ヲ為サシメラレ度尚青年団処女会員ニモ右記念式ニ参列セシメラルル等可然御取計相成度

追テ既ニ記念式等挙行済ノ場合ハ適宜御措置相成様致度(5)

直轄学校や大学では、この通牒を受けて青年団や処女会も動員して諸催事を行うこととなり、例えば、東京高等師範学校では、寺子屋時代からの教科書を約五〇〇種展示する教科書展覧会を、奈良女子高等師範学校では、教育書、教科書、辞令、卒業証書、写真など明治初年の史料を集めて教育史料展覧を行った。

続いて、一〇月二一日発行の『文部時報』第九〇号には、記念祝典の式次第が掲載された(6)。文部省では、記念祝典までに以上のような準備活動を行っていた。

文部省の動きに並行して、各地の教育会、教育団体なども、記念祝典に向けて活動を活発化させていた。例えば、東京にある一三の教育会・教育団体(7)から構成される学制頒布五〇年記念会は、九月二八日に帝国教育会に集まり、「教育デー」(8)を一〇月三〇日に定め、記念祝典に華を添えるべく、講演会を挙行すること(中央および各区で主催)、中央の講演会では開演前に祝賀会を催すこと、講演会を活動写真館、寄席などで宣伝すること、祝典当日には電車内に教育デーのポスターを貼ること、祝典当日の記念事業として教育尊重の歌を募集すること、今後毎年一〇月三〇日を教育デーとして各種記念行事を行うことなどを決定した。

この決定に先立って、東京府教育会は、平和記念東京博覧会(三月一〇日〜七月三一日)を記念して五月一九〜二一日に開催された全国教育大会において教育デーの実施方法の調査を委託され、九月二〇日にその方法を発表していた。同会は、学校を中心として行うもの、青年団や処女会を中心として行うもの、諸種の記念事業、諸興行場に交渉して行うものを具体例を示して提案した。これを受け、例えば京都府教育会は、祝典当日に京都市公会堂で学制頒布五〇年記念祝賀会を行うことに加え、市郡高等女学校全体の学芸大会、高田早苗の講演会を開催することを決定し、その他に義務教育の普及、社会教育の徹底を宣伝するポスター二万枚を掲示すること、祝典当日の前後一週間に亘って教育活動写真会を開催することなどを計画した。

文部省と教育会、教育団体の以上のような諸活動を背景として、学制頒布五〇年記念祝典は、孔子没後二四〇〇年追遠記念祭(斯文会主催、湯島聖堂で開催)の翌日であり、天長節祝日の前日でもあるという、東京市で連日祝祭が催され、人々のあいだに晴れやかな気分が漂うなかで当日の一〇月三〇日を迎えた。

記念祝典は、東京帝国大学構内で行われた（正門が会場入口、山上御殿前の運動場が会場であり、祝宴は運動場の理学部本館西側近くで開かれた）が、予定通り、午前一〇時三〇分に来賓が着席し、同四五分に摂政裕仁が臨場した。裕仁の勅語、文部大臣鎌田栄吉の式辞、総理大臣加藤友三郎、枢密院議長清浦奎吾、貴族院議長徳川家達、衆議院議長奥繁三郎（粕谷義三副議長代読）の祝辞があり、続いて教育功労者表彰が行われ、天皇、皇后、摂政の万歳を三唱して閉会し、その後宴会が開かれた。祝典は、「摂政殿下並閑院宮久邇宮山階宮各殿下ノ台臨ヲ仰キ大臣親任官同待遇外国使臣各省次官局長貴衆両院議員其ノ他教育ニ関係アル朝野ノ名士」(9)など三、〇〇〇人余りが招待される盛大なものであった。

記念祝典で表彰されたのは、記念表彰牌受領贈呈者二二名、教育功労表彰者一五六名（内一名が外国人、同志社大学文学部・同志社専門学校教員 Dwight Whitney Learned）であった。記念表彰牌受領贈呈者には、総代として記念表彰牌を受領した浜尾新の他に、九鬼隆一、久保田譲、大槻文彦、大槻如電、祝典三日後に死去することとなる坪井玄道など、学制頒布当時の功労者が選ばれ、教育功労表彰者には、総代の九州帝国大学総長真野文二の他に、井上哲次郎、杉浦重剛、下田歌子、跡見花蹊や東京市誠之尋常小学校訓導兼校長杉浦恂太郎など、四〇年以上教育事業に従事し、功労の著しかった教育者が全国各地から選ばれた。彼らは祝典において「御紋付銀盃各一個ヲ下賜セラレタルノ外十一月一日新宿御苑ニ於テ特ニ茶菓ヲ賜ハリ又其ノ翌日宮城拝観ヲ差許サルルノ光栄ヲ担」(10)うこととなった。

当日の東京に注目すると、記念祝典終了後の午後一時から東京市教育会主催の学制頒布五〇年記念式が行われ、六三名の功績者が表彰された。式では、東京市長後藤新平が会長として式辞を朗読し、私立日本中学校校長杉浦重剛が総代として答辞を述べた。午後二時三〇分からは、約七〇〇名の来賓と、東京市と郡部の教職員約七、三〇〇人を集めて、東京府市連合の教育功労者表彰式が日比谷公園で開かれ、東京府知事宇佐美勝夫、東京市長後藤、青山師範学校校長滝沢菊太郎の祝辞があり、その後、国民教育奨励会が募集していた教育尊重の歌の一等当選歌「うまれ来て」

（小池相良作）が、山田耕筰作曲、海軍軍楽隊演奏、小中学校などの教員合唱団合唱によって披露された（一、八〇〇以上の応募作があったという）。

教育団体も、祝典当日に活発な活動を展開し、一〇月三〇日を教育の祝祭とするべく、数々の演出を施し、人々の関心を教育へと整流しようとした。学制頒布五〇年記念会がこの日を教育デーと定めていたことについては前述の通りであるが、東京府教育会による既述の提案に応じて、東京市各区では教育講演会が開催された。また、教育擁護同盟は、教育デーに先駆けて、教育デー、教育第一マーク(11)の宣伝用ポスターを各所に貼付し、当日は教育第一マーク（セルロイド製で、一〇銭のものと五〇銭のものを合計五万個用意）を、東京高等師範学校、東京女子高等師範学校、青山・豊島両師範学校、東京府立女子師範学校の有志約二五〇名を動員して東京市各所で販売し、二、〇〇〇円を超える売り上げを記録した。

さらに新聞や教育ジャーナルの言説も、教育の祝祭空間に輻輳していた。教育ジャーナルについては後述することとして、ここでは新聞に目を向けていくこととしよう。

新聞は、諸式典の模様を伝える記事や写真、また特集記事を掲載することによって、学制頒布五〇周年を記念する諸イヴェントに人々の関心を誘うのに大きく寄与した。『東京朝日新聞』に限っても、一〇月三〇・三一日には、「学制頒布五十年」、「学制頒布を顧みて　鎌田文相談」、「明日帝大の摂政宮奉迎準備の検分」（写真）（以上、一〇月三〇日）、「学制五十年祝典」、「学制五十年祝典式場」（写真）、「府市学制祝賀会」、「御紋章入りの銀盃」、「市長の祝辞」（写真付）（以上、一〇月三一日）など合計一六の記事と写真が掲載され、紙面を賑わせていた。管見によれば、一〇月三〇・三一日に、例えば、『読売新聞』では合計一三の記事とコラム、投書が、『時事新報』では合計二一の記事と写真が、『万朝報』では合計一二の記事と写真が、『大阪毎日新聞』では合計九の記事が記念祝典関連のものであった。『大阪毎日新聞』では、一〇月三〇日に勅語下賜についての号外も発行する過熱ぶりだった。このように、各紙とも大々的に学制頒布五〇年記念祝典を報道した。

各紙の記事のなかには、既述の東京市、東京府市連合、京都府教育会の他に、各地の教育会、小学校が記念祝典を催したことを伝えるものもあった。『大阪毎日新聞』が、堺市、大阪府立泉南高等女学校、岸和田町教育会、三島郡教育会が、それぞれ学制頒布五〇年記念祝賀会を行ったことを、『時事新報』が、東京市京橋区が学制頒布五〇年を記念する寄付によって得た地所を活用して、井の頭恩賜公園付近に設置した小学児童郊外運動場の開場式を行い、運動会を開催したことを伝えたことなどに見られるように(12)、各地の学制頒布五〇年記念祝典関連行事が報道された。

これらの記事、写真の他に、『東京朝日新聞』では、「学制沿革五十年（一）〜（十）」という特集記事を掲載したり(13)、全国の小学生から自由画（約四、五〇〇点のうち入選作八五点）、綴方（約四、二〇〇点のうち入選作五五点）、童謡（約八、九〇〇点のうち入選作六〇点）を集めてコンクールを開き、入選した子どもには特製銀メダルを、小学校には推奨状を贈呈するなどの活動も行っていた(14)。『時事新報』でも、時事新報社読書普及会が学制頒布五〇年を記念して婦人用良書を選定し、羽仁もと子、与謝野晶子、下田歌子、下田次郎、佐々木吉三郎など一〇名の選定委員が、谷本富『改造されたる婦人訓』（隆文館）、与謝野晶子『女人創造』（白水社）、福沢諭吉『新女大学・女大学評論合本』（時事新報社）、下田歌子『女子の礼法』（国民書院）、高島平三郎『婦人の為に』（至誠堂）を始めとする五〇冊の良書を選んで、祝典当日に半面を割いて発表した(15)。

さらに、新聞広告に学制頒布五〇周年を記念するコピーが入り、祝祭ムードを盛り上げていた。例えば、一〇月三〇日発行の『時事新報』に掲載された広告には、「学制頒布五十年と創業十周年を記念として」（誠文堂広告、一面）、「祝学制頒布五十年」（同文館広告、一面）、「謹しんで学制発布五十年記念を祝す」（実業之日本社広告、四面）、「祝学制頒布五十年」（教育研究会出版広告、五面）というコピーが入っているものが見られる。

このように、記念祝典関連の記事、写真、広告などを掲載し、特集記事を組み、記念イヴェントを開催することによって、新聞は教育の祝祭空間の構成に関与していた。

その他、祝典当日ではないが、学制頒布五〇年記念事業について述べれば、帝国教育会では、長年の懸案であった教育会館建設について、翌年三月に「学制頒布五十年記念教育会館建設趣意書」を発表し、教育関係者を歓ばせた(16)。また、東京市赤坂区仲ノ町尋常小学校、赤坂高等小学校の両校に、学制頒布五〇年を記念して、保護者会から活動写真機、映画が寄贈されるなど、各地で関連記念事業が行われた。

以上のように、教育団体、学校の諸活動、新聞による報道、広告などが学制頒布五〇年記念祝典に蝟集することによって、一〇月三〇日は教育の祝祭空間として構成された。教育関係者の側から言えば、記念祝典は、政治、経済、軍事、産業などではなく、教育こそがあらゆる領域の基盤であると同時に、あらゆる事象をそれに照らして判断する超越的な審級でもあることを承認する祝祭空間であり、記念祝典の時期を中心に、次のような唯教育論とでも呼ぶことができる言説の簇出を教育ジャーナルにもたらすこととなった。

……実に御勅語の如く国家でも社会でも、政治経済国防産業等の発達に至るまで、悉く其の基礎を教育におかないものはない。(中略)我々の教育第一といふものは、凡て社会国家の仕事は教育が先づ前に起らねばならぬと主張するものである。換言すれば凡ての事業は其の基礎を教育に置くべきものであるとの意味である(17)。

……吾人は、今や第二の学制頒布時代を実現せしめる必要、国を挙げてその第二の学制断行の勇猛な態度に出でるの必要を感ずること切なる者である。而してそは又実に、五十年以前の当時の如く、偏に当局の指導と激励とに依頼するのみにあらずして、却つて、国民自ら進んでこの実行の原動力となるの覚悟を有しなくてはならぬと思ふ。

根本的に成立つ国の隆盛は、飽くまで教育第一でなければならぬ(18)。

我が国の教育が斯の如き進歩発展を来したといふことは誠に慶賀すべき事である。けれどもそれは、今日の現状を過去に遡つて考察して見て祝すべき事であるといふ意味であつて、我々は決して今日の現状を以て十分満足し得るものでない。今や国家内外の事情は層一層教育上に於る国民的大覚醒を促して居る。恰も学制頒布五十年を記念するに際し、我々は今から五十年前にあの雄大な学制を頒布した当時の意気込みを茲に復活する必要があると思ふ(19)。

このように、あらゆる事業の基礎に教育を置くもの、下からの国民教育改革を目指そうとするもの、学制頒布当時の精神の覚醒を訴えるものと立場に異同はあるが、教育改革が国家の隆盛をもたらすこと、教育が国家の最優先事項であることを主張する言説がこの時期に蝟集した。教育メディア空間におけるこの種の言説の増幅は、大日本帝国が五大国の一つに数えられるようになった第一次世界大戦後の情勢において、軍事などではなく、教育が国家の帰趨を決するという認識が、教育関係者のあいだに浮上してきたことを物語っている。そして、これらの文言に見られる「教育第一」という一九二〇年代初頭に人口に膾炙した標語こそ、教育が重要視された状況を反映したものであった。それゆえ、教育関係者を魅惑した、この標語の普及過程を辿ることによって、当時の人々の教育を巡る心性の構造を俯瞰し、学制頒布五〇年記念祝典が教育関係者を捉えた理由を明瞭にすることができよう。そのためには、時代を少しばかり遡って、「教育第一」という標語が創出された背景を概観する必要がある。

第2節　「教育第一」の夢——教育界への順風

一九一〇年代以降の教育界では、私立学校や一部の（高等）師範学校附属小学校を中心に新教育が展開し始めていた。他方、一九一八年に創刊された『赤い鳥』、一九一九年に創刊された『金の船』、同年に長野県神川小学校で行われた児童自由画展、一九二一年に創刊されて自由画運動の機関誌的な役割を担った『芸術自由教育』、同年に創設された信濃自由大学などで展開された一連の新教育運動には、教師以外の者も数多く参加し、現在不備を抱えている教育の改革が社会改造の重要なモメントであるという認識が人々のあいだに広まりつつあった(20)。このような人々の欲望、感性を教育界に動員する梃子として一九二一年末頃から教育擁護同盟が用いた標語こそ、他ならぬ「教育第一」であった。

一九二一年三月二日に設立された教育擁護同盟は、原敬内閣下で行われた第四四議会(一九二〇~二一年)において、市町村教育費が三割ないし四割削減可能であるということが主張されたことに対する危機感によって生まれた団体である(21)。その主張は、前年に行われた第一四回総選挙で小選挙区制を利して大勝した与党政友会所属の衆議院議員井上角五郎他一三名による「市町村教育費ノ整理ニ関スル建議案」の提出理由について、一九二一年二月二六日に井上角五郎が衆議院で代表演説を行った際に明示された。

井上の演説には、三つの市町村義務教育費整理節約策が提示されていた。すなわち、第一に学校の統廃合、第二に校長の二校兼任や二部教授、複式学級の積極的導入、第三に校舎、教具などの簡素化、節約が示されていた。そして井上は、「整理ヲ実行シテ、三割乃至四割ノ費用ヲ減少スルコトハ、恐ラク容易ナル事デアラウト思フ」(議事録)と述べた。井上の主張は、一九一八年の市町村義務教育費国庫負担法によって実現した義務教育費負担における国家の責任を矮小化しようとする志向を持つものであった(それゆえ、財政基盤の弱かった九州地区出身の政友会議員は、井上らの建議に反対した(22))。

市町村義務教育費国庫負担法は、臨時教育会議(一九一七~一九年)の答申に基づいて成立し、市町村立小学校教員の給与の一部を国家の負担として、財政事情に基づく市町村間の教育条件の格差を平衡化することを目的としていた。したがって、一、〇〇〇万円という限られた額であったが、教育条件と市町村財政のナショナル・ミニマム実現の端緒となる市町村義務教育費国庫負担法に逆行する井上らの建議が、教育界の反発を招いたのは必然だった。そして、その建議に対する反対運動の中心的存在であった団体が教育擁護同盟であった。

教育擁護同盟は、帝国教育会専務理事野口援太郎、平凡社（一九一四年創立）を経営し、日本初の教員団体啓明会（一九一九年発足）を組織していた下中弥三郎、そして教育ジャーナルの記者を中心に組織された団体であり、設立以来頻繁に会合を開き、宣言や決議、意見の発表、演説会、各種調査など、市町村義務教育費整理節約の建議に反対する活動を積極的に行っていた。

一方、原内閣は、井上らの建議に応える形で、一九二一年七月二三日に臨時教育行政調査会官制を公布、即日施行し、内閣直属の臨時教育行政調査会を設置した。同調査会は、小学校における学級整理、財政力の乏しい町村の小学校での二部教授及び三学級二教員制の実施、准教員や代用教員の整理、専科教員の整理、小学校の新増改築の経費節約、小学校における備品や消耗品の経費節約という、井上らの建議を具体化する施策を研究調査した。

しかし、非公開の会議の内容が漏れ伝わるにつれて、九月半ば以降、『読売新聞』、『東京朝日新聞』、『万朝報』、『時事新報』、『大阪毎日新聞』、『教育時論』、『帝国教育』など、数多くの紙誌が市町村義務教育費整理節約に異議を申し立てる記事を掲載し、憲政会、市町村義務教育費国庫負担金増額期成同盟会、東京市教育会、関西市町村会などの諸団体が市町村義務教育費整理節約に反対して国庫負担の増額を求める決議や声明を発表するなど、臨時教育行政調査会の議論に異を唱える運動が多様に展開した。そして、これらの運動の中心である教育擁護同盟が一〇月頃から世論を喚起するために掲げた標語が、「教育第一」であった。その標語について、教育擁護同盟は教育第一マークの広告において、次のように述べた。

人類の文化をすゝめ地上のあらゆる人々がお互いに平和な幸福な日をおくるためには教育をすゝむるに越したことはないと思ひます。個人としても国としましても、教育が第一だと思ひます。私共は皆様と共に教育第一の考を地上の凡べての人々あらゆる国々に押しひろめたいと思ひます(23)。

詳細には触れないが、市町村義務教育費国庫負担を巡る論議は、翌年の一九二二年においても継続しており、最終的に臨時教育行政調査会は、同年六月二九日に総会を開き、答申案と建議案を可決した(24)。

答申案の概要は、以下の通りであった。まず、人件費については、市町村や小学校の実情に応じて、学級編成、教員の配置、准教員や代用教員、また専科教員を整理することが答申された。これらを実行することは、各教員の負担の増加を帰結するものであるから、事務的負担を軽減するとともに、教授上の負担が過重な場合には優遇することとされた。次に、物件費については、小学校の新増改築、備品、消耗品、学用品の経費を節約することが答申された。そして以上を踏まえて、「市町村立小学校費ニ対スル国庫支出金増額ニ関スル建議案」（傍点引用者）が提出されたのであった。

井上らの建議を踏まえつつも、結局は国庫負担の増額を指示／支持することになったこの答申案、建議案の結果、教育費を巡る議論の焦点は、国庫支出金の増額をいくらにするのかということに移行した。教育擁護同盟は、八、〇〇〇万円の増額を目標として、「教育第一」を旗印としながら、国庫負担額の増加を求める活動を展開することとなった。（当時の市町村立小学校教員の俸給は合計一億一千万円ほどであった。）

教育擁護同盟を始めとする教育団体、教育関係者が、井上らの建議に反対する運動を開始し、その結果として一つの勝利を収め、相応の国庫負担額の増加を目指す新たな目標に向かって運動を展開しようとした時期、教育関係者には三つの追い風があった。第一に、ワシントン会議（一九二一～二二年）において九カ国条約、四カ国条約、海軍軍縮条約が成立し、東アジアの新しい国際秩序であるワシントン体制が確立することとなり、軍縮がなされることとなった。これは、国庫負担増額の財政的基盤を保証した。

第二に、原敬刺殺（一九二一年一一月四日）後に成立した高橋是清内閣（一一月一三日成立）が与党政友会の内紛によって瓦解し、ワシントン会議首席全権大使海軍大臣加藤友三郎を首班とする内閣が成立し（一九二二年六月一二日）、慶応義塾大学塾長でもあった貴族院議員鎌田栄吉が文部大臣に、帝国教育会評議員でもあった文部省普通学務局長赤司鷹一郎が文部次官に就任したことは、人脈的に教育界にとって帆風であった。例えば、『教育時論』では、新文部大臣については第一三三九号（六月二五日発行）において、新文部次官については続く第一三四〇号（七月五日発行）において、それぞれ特集を組んで、彼らの紹介、彼らへの期待、注文を記していた(25)。

第三に、第5章で分析した殉職教師の存在を挙げることができる。これは、財政問題に重きを置く標語であった「教育第一」に対して教育実践レヴェルにおける根拠を与えた。大日本帝国の将来を担うこととなる子どものために命を賭すという行為、さらにその行為主体である教師の存在は、「教育第一」を経験論的に補償する美しい行為であり、存在であったが、特に一九二二年七月七日に生じた宮城県刈田郡白石町宮尋常高等小学校訓導小野さつきの殉職事件は、彼女が教師層におけるこの上なく周縁的な存在であったために、その殉職が一層美しい行為として記述され、教育の意義を照射する格好の話題となり、教育界を中心に人々の注目を集めることとなった。詳細は第5章で記述したが、事件の概略は以下の通りであった。

小野は、当日五時間目の図画の時間に野外写生を行うために担任児童四年生五六名を引率して、白石川河畔の万歳河原と呼ばれる場所に出かけた。当日は暑く、児童は水泳をしたがったが、小野は浅場での水遊びのみを許可した。しかし、三人の児童が対岸に繋留されていた小舟まで行こうとして深みに嵌った。小野は二人を救うことができたが、留年し、最年長で身体も大きかった成沢与右衛門とともに溺死することとなった。

「教育第一」を標語に掲げ、教育ジャーナルの記者が主軸となっている運動が、教育の営み、また教師という存在にある種の聖性を刻印し、教育空間を豊麗きわまりない色調を与えられた場と表象する話題として、東北の田舎町の、新任の、しかも女性という三重の周縁性を刻印された小野さつきの殉職を見逃すわけがなかった。実際、小野の殉職について、第5章で確認したように、『教育論叢』の河野清丸「小野訓導を犬死たらしむる勿れ」（第八巻第三号、一三八～一三九頁）、『教育時論』の原田実「生ける幾多の小野訓導を想ふ」（第一三四一号、一頁）、T生「小野訓導殉職のこと」（同前、三五頁）、『教育研究』の佐々木秀一「児童に対する愛――小野訓導の殉職を聴きて――」（第二四五号、一～二頁)、佐々木吉三郎「殉職と教育者について――小野さつき女史――」(第二四六号、五五～六五頁)、『教育界』の社説「殉職と責任」(第二一巻九号、二～八頁)など、数多くの関連記事が教育ジャーナルに掲載された。

宮城県出身で、現地まで赴き、情報を収集し、「矯めず作らずして自然に出来た一個貴重な芸術品とも見えるやうな麗はしい事件に対して、苟も之を利用するとか或は之を誇張して言ふやうな穢らはしい心は微塵だも加えていない」と報告した佐々木吉三郎のように殉職事件を美しい表象に仕立てるだけの者もいた。しかし、「吾人は小野訓導の事績を敬慕すると同時に、幸にして小野訓導の如き災難に遭遇することなく而かも女史同様焔々たる教育的精神に燃えて日々の功績を積みつゝ、ある幾多の生ける小野訓導の存在することを確信するものであるが故に、この機会に於て敢へてこれらの人々に対する社会及び当局者の認識を要求せざるを得ないのである」と述べる原田実のように、小野の殉職を美的に表象し、かつ、政治的に利用しようとした者も存在していた。

以上の三つの順風を受けながら、教育擁護同盟を中心とする市町村義務教育費国庫支出金増額運動は展開した。そして、文部省は一九二三年度予算において四、〇〇〇万円増額の概算要求をなし、大蔵省との折衝の末、最終的に一九二二年一一月九日の閣議で三、〇〇〇万円増額と決着し、従来の一、〇〇〇万円と合計した四、〇〇〇万円が国庫支出金となった。一九二一年三月からの長きに亘って行われた運動は、国庫支出金の減額を妨げ、目標額には届かなかったものの、三、〇〇〇万円の増額を獲得することとなった。

学制頒布五〇年記念祝典は、国庫支出金増額運動が生じている最中に行われたのであり、その運動を背景として、教育関係者は教育デーと定めた一〇月三〇日に数々の演出を施し、人々の教育に対する関心、意識、理解を高めるために尽力したのであった。その結果、実際に国庫支出金が増額され、教員が生計に苦しむことなく実践に取り組むことができる教育の理想郷の現出が予感されることとなった。

しかしながら、ここまでで見てきた学制頒布五〇年記念祝典を中心に構成された祝祭空間では、教育実践があまりにも無視されており、教育は記号のイメージとしての表象でしかない。蓮実重彦は大正(この場合は、日露戦争後から関東大震災ぐらいまでの時期）的言説を形づくる主要な主題系列として、普遍性、代行性、主体を挙げ、「分離よりも融合を、差異よりも同一をおのれにふさわしい環境として選びとり、曖昧な領域に「主体」を漂わせたまま「問題」と戯れ続けている「大正的」な言説は、当然のことながら、それが維持されるにあたって、記述し、分析すべき具体的な対象を必要としていない」と論じ、大正的言説における差異の不在、分析＝記述の不在を指摘している(26)。このことは、学制頒布五〇年記念祝典前後の教育メディア空間に見られる言説でも反復されていた。

事実、既に引用した教育第一マークの広告にある教育擁護同盟の言葉において、教育は具体的に何を意味しているのか判然としない単なる表象に過ぎないし、文化の多様性や植民地を孕む大日本帝国の不均質な権力空間なども視野に入っていない（また、労働争議、小作争議が頻発する当時の状況において、教員以上に苦難を強いられている人々の存在も隠蔽されている）。

あるいは、一九二二年に限っても『教育時論』に七回も掲載された、原田実が記した「教育第一」という巻頭言にある、次の言葉を見てもいい。

> 世界を挙げて人々が、教育を第一と考へるやうになることを切望する。教育第一とは、日常生活の標語としては如何にも応はしい言葉である。教育第一といふ標語を宣伝することに万腔《ママ》の賛意を表する。この宣伝を成功させたい、日本国内ばかりでなく、世界の全諸国内に。
>
> 然しながら、学校教育を第一と考へてはならない。学校は教育の唯一の場所でないばかりでなく、極く小部分の教育を行ふ場所でしかない。社会の全生活が教育の舞台である。有機体の営む社会ばかりでなく、無機の自然物すら有意義なる教育の舞台を提供する。教育第一の「教育」が、学校の教育ばかりを意味すると思うてはならぬ。学校の教師ばかりが教育者ではない。真に生きんとする者は、何人も皆教育者であり、また被教育者である。教育第一の意義は、教育の意義を真に正解する場合に於てのみ生きて来る。

教育第一の宣伝は、良心に拠る生活の宣伝である(27)。

ここでは、教育は(真に)生きることと区別できないものとなっており、国民教育を支えてきた学校における教授が矮小化され、その教授を包摂する真正の教育への欲望が表現されている。しかしながら、その教育像はこの上なく曖昧だと言える。言い換えれば、教育作用は学校に偏在するのではなく、社会の隅々に遍在しているという新たな認識を表明しているこの言葉は、表象として浮遊する「教育第一」という標語を掲げ、教育の自律、プライオリティを主張する教育運動が、社会システムにおける教育の位置の判然としない、教育概念の膨脹＝拡散を招来するという逆説を開示している。つまり、学制頒布五〇年記念祝典の時期に簇出した唯教育論とでも呼ぶことのできる言説は、教育概念の曖昧化と連動していたのである。また、逆に言えば、教育概念が膨脹＝拡散したからこそ、「教育第一」という標語に多くの人を動員することができたと見ることもできる(28)。

新聞や教育ジャーナルが学制頒布五〇周年記念祝典を教育の祝祭空間としてどのように演出したのかを分析してきたが、教育実践者である教師が学制頒布五〇年記念祝典をどのように経験したのか、そして「教育第一」という標語をどのように受容していたのかを確認し、彼らの教育実践に対する眼差し、かかわり方がどのように再編制されたのかを記述する必要もある。実際、小野の殉職の際には、目立ちはしないが少国民のために熱心に地道に実践を展開する「幾多の生ける」彼女のような熱心さを帯びた教師の存在を匂わせる一方で、「学校の教師ばかりが教育者ではない」と教師の専門性を無化する、という教育擁護同盟を中心とする教育運動が教師に投影する二重の視線に、教師がどのように反応したのかは興味深いところである。

第3節　欲望されざるイヴェント――運動と実践の裂開

学制頒布五〇周年記念祝典の時期には各教育ジャーナルにおいても特集が組まれ、教育擁護同盟の運動と連動しながら、新聞や総合雑誌のように、その祝典を教育の祝祭として構成するべく尽力し、人々の関心をこの祝典へと整流しようとしていた(29)。

一方、教育実践を日々行っている教師たちは、学制頒布五〇周年祝典をどのように意味づけていたのだろうか。この時期の教育実践を象徴する大正新教育は、主として私立学校や一部の（高等）師範学校附属小学校で展開されていたが、当時の教師の大多数は、当然のことながら公立学校で教鞭を執っていた。そこで、私立学校を捨象することを十分に自覚した上で、地方の公立学校に影響力を持った雑誌である奈良女子高等師範学校附属小学校内学習研究会編集『学習研究』、広島高等師範学校内教育研究会編集『学校教育』などを史料とすることによって、記念祝典の受容の様相を分析することとしたい。

一九二二年創刊の『学習研究』で記念祝典が初めて言及されたのは、第一巻第七号（一〇月一日発行）の木下竹次「学制頒布五十年記念に際し将来の教育を憶ふ」（二〜五頁）と彙報欄（一二六頁）においてであった。学習研究会代表者である木下は、前者において次のように述べている。

……幾多の教育に関係ある人々が抛身捨命の努力をして呉れた結果今日の隆盛を招致したのであるから学制頒布五十年を記念して種々の企画を為すと共に此等の幾多の功労者に対しては厚く感謝の念を捧げねばならぬ。只その記念事業は如何なる種類のものであるにもせよ必ず後の半世紀に更に我が国の教育を発展させるのに役立つものであつて欲しい。学校後援会や殖林事業などを起して教育の経済的基礎を牢固にするのも宜しからう。或は児童生徒の学習設備を完成せうとするのも宜しからう。或は眼を転じて有形の記念事業で無くて無形の記念を残すのも宜しからう。

学制頒布五十年の記念も宜しからうが此の際次の五十年の教育に対し覚悟の臍を固めるのも必要なことと考へられる。既往半世紀の我が国教育は相当に進歩を遂げたものであることは何人も異論は無からう。併し今日から考へると革新を要することは決して尠くはあるまい(30)。

このように木下は、学制頒布とそれがもたらした国民教育の成果、その教育に関係した人々を称揚する一方で、記念祝典関連のイヴェントが今後の教育を展望するものではないこと、それらのイヴェントには思想が欠如していることを批判している。これに続けて、木下は従来の教育方法、教育内容の不備を指摘し、今後の教育、教員養成制度の変化するべき方向を提示しながら、次の半世紀を担うべき教育方法として自らの学習論を主張し、その学習論が教育実践の進展を担う、という『学習研究』の野心を鮮明にしている。

祝典関連の論考や記事として、『学習研究』には、第一第九号(一二月一日発行)の彙報欄に勅語下賜と前述した教育史料展覧についての記事(一二六頁)、第二巻第一号(一九二三年一月一日発行)に奈良女子高等師範学校附属小学校長槙山栄次「大正十二年を迎ふ」(二~五頁)も掲載されていた。槙山は、『学習研究』の成果を自負しつつ一九二二年を回顧しながら、「前方へ進むことばかり急いで過去を顧みることの少い昨今の我教育界に取つては良い薬であつたと思ふ」と述べる一方で、「我々の目的とする所は徒らに宣伝にのみ努めて自己を顕著にすることではない」とし、さらに「一時的に景気を付けることよりも寧ろ確実に其歩を進めることを以て方針としてをるのである」と記している。このことは、彼が記念祝典、関連行事、教育擁護同盟を中心とする運動に批判的であったことを示している。

以上のように、『学習研究』は、学制頒布以降の国民教育が辿ってきた道程を積極的に評価する一方で、現在の国民教育は不備を抱えており、同誌が主張する学習論を通じて教育実践を再編制することによって、その不備を補完しようとしていた。それゆえ、同誌は、人々の関心が一時的に収束するが、その後その関心が空しく発散する思想不在のイヴェントには懐疑的であった。

他方、新教育に距離を置いていた『学校教育』では、学制頒布五〇周年に関して、第一一二号（一〇月一発行）に守内喜一郎「教員充実の恒久的方法の樹立」（一〜二頁）、第一一三号（一一月一日発行）に山本寿「唱歌教授五十年」（三九〜四七頁）、第一一六号に同「唱歌教授五十年（承前）」（九〜一四頁）を掲載していた。

守内は、学制について「明治維新に際して現はれたる日本国民の理想の一端が茲にも憚る所もなく顕現して居るのであると見れば意味深長である」と言い、その後の国民教育の制度上の発達について「これを欧米の先進国に比較すれば進歩の余地なほ甚だ多からうが、僅々五十年の間に茲まで進んだことについては我が国民の努力を多とせねばならぬ」と述べ、過去の国民教育を回顧し、それにかかわった国民を賞賛している。しかし、現状の教員数の不足と教員の質の不十分さを問題とし、「学制頒布当時既に教師養成を重視してゐる精神にも悖るわけで国民顧みて恥とせねばならぬ」と学制を参照しながら断じ、「現代に於て教職又は教員生活が人間をアトラクトする力」を持つように、「教員も反省し、政治家も社会民衆も協力して一大努力」をする必要があると論じている。

このように守内は、学制を現在的状況を評価する超越的審級に定位し、現状が理想に近接するように檄を飛ばしているが、『学校教育』自体について述べるならば、学制頒布五〇年記念祝典にあまり関心を示していなかった。

その他、例えば、西尾実編集、信濃教育会事務所発行の『信濃教育』を見ても、記念祝典関係では、第四三二号（一〇月一五日発行）の彙報欄（三三〜三五頁）に「小学校学制沿革一覧」、「小学教則（明治五年一例）」、「四十年以上勤績者」、「学制頒布五十年記念」、第四三三号（一一月一日発行）に三宅雪嶺「学制頒布五十年」（一〜七頁）、第四三四号（一二月一五日発行）に西尾実「信州教育の三遷」（一〜四頁）が掲載されたのみであった。実際、西尾によれば、実態は次のようなものであったという。

本年は我国が学制頒布以来五十年を経たといふので、いろいろな記念事業が行はれた。本誌も何か記念号でも出さうかとも言うて見たけれど何だか平生の歩みを杜絶して、特別な一号を出すのも却つて変なものになりはしないかといふ意見が出て、結局十月号あたりから、それに因んだ原稿を幾つなりづゝ、平素のものに加へて行かうといふことに極つた。

その計画の中には、県教育思想の変遷を十年位づゝ分担して数人に書いて貰はうといふ一項があつた。そうして心当りに依頼したのだけれど今以てその方面では一文も得られない(31)。


地方で発行されていた教育ジャーナルを検討することによって明らかになるのは、地方の教師にとって記念祝典は、学制頒布以降の教育活動を歴史化し、学制を現在的状況を判定する際の参照軸としたり、その歴史の延長線上に未来の教育活動を投影したりするモメントではあったが、祝典や関連行事自体にはそれほど関心が向かなかったということである。それらの教育ジャーナルにおいて記念祝典が祝祭空間として演出されなかったことは、地方の教師にとってその祝典は、年表、年代記に書き込まれる行事ではあっても、決して生きられた出来事ではなかったことを意味している。儀式ではなく、教育実践の途の地道な探究を、彼らは志向していた。地方の教育実践者の志向のヴェクトルと、教育擁護同盟を中心とする運動の志向のヴェクトルとは大きな角度を成していたのであった。

もちろん、両者における学制頒布五〇年記念祝典において顕在化する表象の差異の一因は、記念祝典が東京で行われたことがもたらす首都と地方の温度差というものであろう。しかし、差異をそれのみに帰すことはできない。

両者のあいだには、国民教育に対する危機意識は共有されていた。しかしながら、その危機を克服する方法に差異が見られたのであった。教育運動の側は祝典を教育の祝祭とし、「教育第一」に象徴される唯教育論的言説を教育メディア空間に散布することを通じて、教育制度の拡充を目指そうとしていたが、実践者の側は教育実践を改革することによって自らの責任を果たそうとしていた。そして、『学習研究』に見られるように、実践者の側は、祝祭に纏わる言説の虚構性に嫌悪感を露わにしていた。ここにあるのは、個別的具体状況を原理によって一般的普遍状況に変換することへの反発、抽象的なイデオロギーの拒絶、イヴェントの実効性への疑義である。これらが教育運動が教育の祝祭空間として構成しようとした記念祝典への実践者側の関心の薄さ、記念祝典自体についての空虚な表象を帰結したのであり、首都東京に対する地方の反感のみがそれをもたらしたのではない。

差異の所在を確認した上で、しかし地方の実践者も、自らが批判的に眺める教育運動と同様に、教育や学習の概念を人生、生活などへと膨張＝拡散してしまったという点に触れないわけにはいかない。『学習研究』創刊号には、次のような「創刊の辞」が掲載されていた。

学習即ち生活であり、
生活直ちに学習となる。
日常一切の生活、自律して学習する処、
私共はこゝに立つ。

他律的に没人間的に方便化せられた教師本位の教育から脱して、
如何に学習すべきか、
如何にして人たり人たらしめ得るか、
そのよき指導こそ教師の使命である。

（中略）

自律、真摯、
教師の伸びることによつて子供も伸び、

子供の伸びることによつて教師も伸びる。
おのおの正しく美しく健やかなる自己を建設し、
文化の創造を図る。
（中略）
勿論非難もあらう、未だ到らざる処もあらう、
此の微力、此の大業を成すことの至難ながらも、
一向に此の大道を精進しようとする。
歩み来つた道、また歩み行かんとする道の研究と、
同志先達の佑啓とにより、
教育てふ天日の慈悲光に、
我も人もうらゝかに浴せんことを思ふ(32)。

真善美を兼ね備えた言辞によって教育や教師の理想像を表象し、教育や教師の理想郷の現出を予感させつつ創刊された『学習研究』は、「学習即ち生活であり、／生活直ちに学習となる」という学習と生活を同一視する視角を提示していた。この「創刊の辞」は、教育実践という固有の領域の改革を志向した実践者の側でも、教育や学習の概念が膨脹＝拡散し、人生、生活との差異が判別できないものとなるという隘路に陥っていたことを示している。

一方、既に確認したように、教育擁護同盟を中心とする運動は、教育は学校という教育機関に偏在するのではなく、「社会の全生活」に遍在するという認識を前提に、「真に生きんとする者は、何人も皆教育者であり、また被教育者である」と語り、「日本国内ばかりでなく、世界の全諸国内に」対して「教育第一」という標語を宣伝したいという大望を鮮明にしていた。

それゆえ、実践者と教育運動の志向するヴェクトルの成す角がどんなに大きくとも、それらは、教育の自律性、固有性の主張が招来した、曖昧化した教育概念という平面を共有するものであった(33)。(もちろん、実践者による教育概念の膨脹＝拡散は、彼らが、教師から子どもへの一方向の伝統的教授に対する批判に晒され、それとは異なる教育像を模索する過程にあったことに起因しており、その批判が大正新教育を求める欲望に由来していたことは我々の知るところである。)

第4節　教育の精神史の一断面

一九二二年は、「在朝在野二元老と認められしを葬り、多少の寂寞を感ず」(34)と述べられているように、山県有朋と大隈重信という二人が亡くなった年であった。この二人に加え、第5章で扱った小野さつきの殉職事件の二日後には森鴎外も他界し、人々に時代の転換が予感された。また、日本共産党(35)、日本農民組合、全国水平社などの諸組織が結成され、それぞれの運動のもとに人々を動員しようとする動きを活発化させた年でもあった。

教育界に目を転じれば、デモクラシーや人道主義という理念とともに語られる社会改造運動への関心の高まりは、教育改革を時代の社会的課題として主題化することとなり、諸教育団体はさまざまな活動を展開して教育制度の拡充を目指し、他方で教師は実践の改革を志向した。その様相を、本章では学制頒布五〇年記念祝典というメディア・イヴェントに焦点を合わせて確認し、教育運動と実践者の心性の構造を概観しつつ、それぞれがどのような教育像を欲望していたのかを分析するとともに、両者ともに教育概念を膨脹＝拡散させ、教育を人生や生活と差異のないものと認識している事態を指摘した。

ところで、『帝国教育』主筆三浦藤作が編纂し、学制頒布五〇年記念祝典列席者に配布された『学制五十年史』は、明治期から記念祝典までを六つの時期に区分して日本近代教育史の原型を創出した。すなわち、第一期学制頒布以前(一八六八～七二年)、第二期教育令公布以前(一八七二～七九年)、第三期学校令公布以前(一八七九～八六年)、第四期学校令改正以前（一八八六〜九九・一九〇〇年）、第五期義務教育年限延長以前（一八九九・一九〇〇〜〇七年）、第六期年限延長以後（この時期は、さらに明治期と大正期に細別されている）、と分けたのであった。『学制五十年史』の序において、文部大臣鎌田栄吉は次のように述べている。

明治維新の大業やうやくその緒に就くに及んで、あらたに各般の施設が起つて来た。その中でもつとも重大な事業は明治五年における「学制」の頒布であつた。（中略）今日わが国における教育の状態を見るに、なほ改良工夫すべき多少の不備が存するものの、過去五十年間にかくも著しい進歩を遂げたことは何人も認めるところである。これは畢竟その源を「学制」に発して居るのであるから、「学制」の頒布はわが教育行政上前古未曽有の事蹟に属するものと言つて宜いと思ふ(36)。

学制頒布五〇年記念祝典当日に配布された鎌田の言葉は、明治初期の現実と乖離した超近代のユートピアを構想する学制の実効性を宙吊りしながら、国民国家形成に寄与してきた過去の教育活動の役割を称揚しようとするものであり、それゆえ、学制頒布を大きな画期とする日本近代国民教育史を構築しようとするものであった。したがって、学制頒布五〇年記念祝典は、祝典自体においては『学制五十年史』に抽象された歴史によって、また教育界からは「教育第一」という標語によって祝賀されたイヴェント、すなわち理念によって言祝がれたイヴェントであった。

記念祝典というイヴェントを梃子として、「教育第一」によって象徴される国家における教育の第一義的意義が主張された当時は、改革が要請されている国民教育の状況に応答しながら、教育の領域の固有性が主張される一方で、教育概念が膨脹＝拡散した時期でもあった。そして「第二維新」、「第二の学制頒布」という言葉が象徴するように、教育の危機を明治以来の近代の歩みを総体として賛美することによって克服しようとする、アクロバティックな転倒を表現する言説、換言すれば、教育実践を捨象しながら、規範的に教育を論じる言説の増殖を帰結した時期でもあった。

個別的具体状況で教育実践を展開する実践者が、個別性具体性を原理的なもので説明し、普遍化し、一般化する様式に反発するのは、無理からぬことであった。『学習研究』などを例としながら、本章はその反発ぶりを一瞥した。しかしながら、実践者の側においても、教育運動と同様に、そして改革を必要とする時代状況に呼応するかのように、教育概念は人生などと区別の付かない膨脹＝拡散したものへと転態していた。そして、あの木下竹次が一九二三年に著した書物のタイトルは、『学習原論』(37)（目黒書店）というものであった。実践者も、自らの個別具体的な実践を語ることよりも、原理に基づく統制を選択し、教育実践をシステムとして記述することに魅了され始めた。

佐藤学は、一九二〇〜三〇年代の教室経営について、次のことを剔抉している。

> 教室経営に関する史料をたどれば、「班」や「係」による教室の組織や生徒の「自治」による教室経営の原型は、手塚岸衛を中心とする千葉師範附属小学校の「自由教育」において一九二〇年頃に成立し、一九三〇年代の「農村自治」を掲げた翼賛運動を基盤として普及したことが知られる。「学級王国」という言葉も、手塚岸衛の指導する千葉師範附属小学校において成立しているが、この「学級王国」は「国体」のミニチュアとして構想されていた(38)。

本章が焦点を合わせてきた学制頒布五〇年記念祝典は、佐藤が指摘するような教育実践のシステム化が端緒に就く、すなわち個別的具体状況に即して新しい実践を探究していた実践者の挫折を予示する時期の出来事であった。一九二〇〜三〇年代に照準して、教師の欲望、身体が、国民教育の工学化・システム化、さらに言えば、高度国防国家体制・総動員体制への編制転換に組み込まれていく過程を記述していくことは、教育の歴史を研究する者の重要な課題の一つとなる。

第7章

学園都市が形成する教育文化
◆一九三〇年前後の成城学園を事例として

はじめに――問題の所在

一九二九年二月二六日付『東京朝日新聞』に「中、小住宅設計の図案懸賞募集　新時代の住宅モデルを提供　賞金二千三百円」という、東京朝日新聞社が主催する懸賞の広告が掲載された。その広告には、懸賞の意図が次のように記されている。

楽しい家庭生活は明るく美しい住宅に営まれる。保健、衛生、防寒、防暑の近代的設備はもとより震災、火災、盗難等に対する最新式設備が考慮された新住宅の建設普及こそ今日の我国でもつとも考究され実行されなければならないことである。殊に最近の怪盗頻出により従来の住宅において盗難に対する設備の欠けてゐる点の多いことも発見された。本社はここにこれ等の点をも考慮したる新時代の住宅設計図案を募集しこれを発表実施して家庭生活幸福増進の一端に資せんと欲するものである(1)

懸賞募集は同年四月二〇日に締め切られ、応募のあった五〇〇案のうち、八五案を収録した『朝日住宅図案集』が同年七月に出版され、入賞した一六案は竹中工務店の施工によって実際に建築されることとなった。建築されたモデルハウスは、同年一〇月に開催された朝日住宅展覧会で分譲され、翌一九三〇年三月にはモデルハウスの写真集『朝日住宅写真集』が出版された。そして、前記の広告において東京近郊とのみ記されていたモデルハウスの建築敷地こそ、他ならぬ成城学園前であった(2)。

一九二二年に成城小学校に併設して開校された成城第二中学校が一九二五年に現在地へと移転したことを契機に、同年の成城玉川小学校・成城幼稚園の創設・開校(園)、一九二六年の成城高等学校(七年制)の創設・開校(成城第二中学校の廃校)、一九二七年の成城高等女学校(五年制)の創設・開校によって総合学園としての成城学園が一応完成し、同年には小田原急行鉄道株式会社が小田原線の運行を開始したことで、学園都市を形成する私鉄沿線の郊外住宅地として成城は注目を集め始めていたが(3)、朝日住宅展覧会は人々の関心をさらに成城へと蝟集させたイヴェントであった。(なお、一九二八年に成城玉川小学校は成城小学校に改称され、牛込区原町にあった成城小学校は分教場となり、翌一九二九年に分教場が廃止され、総合学園の建設が完成した。)

本章では、郊外住宅地の形成を象徴する事例の一つである朝日住宅展覧会に焦点を合わせ、そのイヴェントが当時の住宅政策や新中間層の欲望をどのように反映したものであったのかを検討することによって、また成城小学校の機関誌『教育問題研究・全人』を史料として、郊外の学園都市成城において保護者はどのような文化的集合性を構築していたのかを分析することによって、一九三〇年前後の東京郊外において子どもの教育がどのような意味を刻印されていたのかを考察していくことを課題としている。

日本近代における郊外と都市計画・住宅政策や交通機関との関係、郊外と文学との関係などを論じた先行研究は膨大な数に及ぶが、郊外と教育の関連を論じた先行研究としては、木方十根「戦前期高等教育機関の郊外立地――東京を中心に――」（『名古屋大学史紀要』第八号、二〇〇〇年、一～二五頁）、福元真由美「橋詰せみ郎の家なき幼稚園における教育――郊外住宅地における保育空間の構成――」（『教育学年報』第七巻、世織書房、一九九九年、四七三～四九六頁）、同前「賀川豊彦による松沢幼稚園の設立と自然中心の教育――郊外型幼稚園の系譜において――」（『明治学院大学キリスト教研究所紀要』第三二号、二〇〇〇年、一四三～一六八頁）がある。また、郊外住宅地としての成城の歴史を中心的に扱っているものとして、酒井健一「成城・玉川学園住宅地」（山口広編『郊外住宅地の系譜――東京の田園ユートピア――』鹿島出版会、一九八七年、二三七～二六〇頁）を挙げることができる。

木方論文は、高等教育機関の郊外立地が飛躍的に増加した大正末期から昭和初期までを対象として、郊外移転の多さが顕著な東京の事例を、教育理念との関係ではなく、地形・鉄道・市街地との関係という観点から検討したものである。両福元論文は、近代核家族における子育ての成立が保育の共同性にどのような影響を与えたのかを、それが最も強く問われた郊外住宅地において展開した教育実践と、橋詰せみ郎や賀川豊彦の教育思想とを関連づけながら探究している。福元は前者の論文で、幼稚園が発行する雑誌や幼稚園が催すイヴェントが、郊外における子育ての教育空間をどのように演出していたのかということも分析している。酒井論文は、酒井が「どちらかといえば素人っぽい図画工作的開発」(4)としている成城学園と玉川学園の宅地開発の過程を、開発を主導した小原国芳に焦点を合わせながら分析したものである。同論文は、簡単にではあるが朝日住宅展覧会にも言及している。

また、郊外と教育のかかわりを対象としたものではないが、成城学園と社会階層の関係を分析した先行研究に、門脇厚司・北村久美子「大正期新学校支持層の社会的特性――成城学園入学者父兄の特性分析をもとに――」（『筑波大学教育学系論集』第一四巻第二号、一九九〇年、七三～一〇五頁）がある。門脇・北村論文は大正一五年度―昭和一二年度版の『父兄名簿』（成城学園発行）に掲載された延べ一一、六四八人を対象として、当時の成城学園が新中間層に支持されていたこと、高等学校では五五％の保護者が遠方（東京市や東京府外）に住んでいたこと、また成城学園の高い継続在学率と大学進学率を考慮すれば、保護者は子どもの小学校入学時点で大学進学を強く意識していたであろうことなどを明らかにした労作である。

本章はこれらの先行研究とは異なり、前述したように、成城において成立した郊外と教育のかかわりを論じた保護者の文章を主たる分析対象とする。それは、以下の理由による。

新中間層が郊外で生活を営み、子どもの教育にかかわることは、単に彼ら／彼女らがある特定の地域で生活を営み、子どもの教育にかかわることのみを意味するのではなく、文化的な記号やイメージで装飾され開発・販売された郊外という住宅地において、イメージや記号が重畳的に投入されながら規範化され様式化される生活や子どもの教育を遂行することも意味している（二重の意味を「文化生活」という当時の言葉が象徴しているだろう）。このような郊外における消費社会的な事態について、若林幹夫は次のように記している。

……郊外という社会の地形を形成する人びとの生の遂行的な次元と、その場をめぐって社会的に生産され、流通し、消費される理念的・想像的な意味の次元とが相対的な自律性をもちながら、共に生きられていること。そうした「分離」や「乖離」が社会的事実として生み出され、生きられるところに、郊外という社会の地形が成立していることこそが、ここで見出される社会的な現実なのだ(5)。

したがって、保護者の文章を分析することよって、一九三〇年前後の東京郊外において、実際の教育実践に対して相対的な自律性を有する子どもの教育を巡る文化的イメージにどのように新中間層が動員され、またどのように自らもそのイメージの構成にかかわっていったのかを記述することができると考えられる。言い換えれば、都心の業務空間への集約化と連動した職住分離や交通機関の発達、職住分離を担保する性別役割分業、これらの結果としてもたらされる社会編制の転換が、子どもの教育に対する認識を文化的記号を輻輳させながらどのように変容させ、新中間層に受容されたのかを分析すること、このことに本章は照準している。

現代日本の子どもの教育を考える際に、消費者として位置づけられ、論じられる保護者や子どものニーズを無視することはできないが、子どもの教育が国民国家や産業界の要請以上に、それを私的な所有やサーヴィスとして認識する消費者の要請によって左右されるという政治力学が日本近代においてどのように増幅していったのか、その端緒を考察するという課題にも、保護者が綴った文章を検討することによって迫ることができるであろう。

以上の理由によって、本章は郊外における教育をどのように構成したのかという教育者側の演出ではなく、郊外において展開される教育の営みを保護者がどのように把握していたのかという受容の様相に力点を置くこととしたい。

第1節　郊外への欲望の胎動

日本近代において人々の関心が都市郊外に向けられ始めたのは二〇世紀初頭であったと見ることができる。実際、エベネザー・ハワードとその著作に影響を受け、ヨーロッパの田園都市建設の動きを分析し紹介した、内務省地方局有志による『田園都市』（博文館）が一九〇七年に出版されているし(6)、関西のいくつかの私鉄が『田園都市』などに刺激を受け、一九一〇年頃から郊外住宅地の開発、経営に着手し始めている。

関西の私鉄が経営する郊外住宅地として最も有名なものは、箕面有馬電気軌道（小林一三創業、阪急電鉄株式会社の前身）が開発し、一九一〇年六月に分譲を開始した大阪市の北西に位置する池田室町住宅地であった。小林を中心とする箕面有馬電気軌道は、生活環境としては劣悪な大阪市と対比しつつ(7)、文化施設やイヴェントなどを媒介させながら、休日に子どもを中心とした家族に慰安を提供する郊外文化を演出したり、六甲山麓におけるゴルフや登山などの郊外型スポーツを提案したりすることで、文化的な意味やイメージを池田室町を始めとする郊外住宅地に刻印し続け、増大しつつあった新中間層に相応しい郊外生活をデザインした(8)。その意味やイメージとは、「田園趣味に富める楽しき郊外生活」、「理想的新家屋」、「模範的新住宅地」、「郊外に居住し日々市内に出でて終日の勤務に脳漿を絞り、疲労したる身体を其家庭に慰安せんとせらるる諸君」という文言に表現されている豊かさや静謐さである(9)。

一方、東京の場合、人口分布の観点から言えば、関東大震災が郊外人口の増加を加速度的に上昇させた出来事であった。事実、東京市の人口と、一九三二年に東京市に組み込まれる五郡（荏原郡、豊多摩郡、北豊島郡、南足立郡、南葛飾郡）八二町村、そして三六年に東京市に編入される千歳村と砧村（北多摩郡）の計八四町村の人口とを国勢調査によって比較すれば、次の通りとなる。

震災前の一九二〇年に行われた第一回国勢調査によれば、東京市の人口は二、一七三、二〇一人、八四町村の人口は一、一八四、九八五人であり、八四町村の人口は東京市の人口の半分を上回る程度であった。震災後の一九二五年に実施された第二回国勢調査によれば、東京市の人口は一、九九五、五六七人、八四町村の人口は二、一一三、五四六人であった。東京市の人口が約八・二％減少しているのに対して、八四町村の人口は約七八・四％増加し、東京市の人口を上回っている。一九三〇年の第三回国勢調査によれば、東京市の人口は若干回復して二、〇七〇、九一三人、八四町村の人口は増加のペースは鈍っているが二、九一六、〇〇〇人となり、東京市を大幅に上回る人口を有する状況となっていたことがわかる(10)。

したがって、確かに関東大震災は東京の郊外が住宅地となっていく一大画期であったと言うことができる。しかし、住宅政策や博覧会・展覧会の動向を俯瞰すれば、関西の私鉄の動きに遅れをとってはいたが、東京においても関東大震災以前から郊外住宅地の開発が射程に収められていたことがわかる。

博覧会・展覧会に注目すれば、新中間層の新しい生活を希求する動きに対応するかのように、一九一〇年代半ば以降に家庭や生活、住宅をテーマとするいくつかの博覧会・展覧会が、既に東京で行われていたことを確認できる。例えば、一九一五年五月一日～六月二五日に上野公園不忍池畔で文化生活の理想を具体的に提示した家庭博覧会（国民新聞社主催）、一九一九年一一月三〇日～二〇年二月一日に東京教育博物館で文化生活に相応しい住宅の様式や新しい都市の在り方を提案した生活改善展覧会（文部省主催）、一九二二年三月一〇日～七月三一日に上野公園不忍池畔で一四棟の実物住宅を展示した平和記念東京博覧会（東京府主催）(11)が開かれている。吉見俊哉の言葉を借りれば、「博覧会（や展覧会―引用者）は、その娯楽化の傾向と並行して、次第に生産の場よりも、消費の場に対してモデル的な役割を果たしていくようになる」(12)状況が大正期以降に生まれていたのである。そして、住宅について言えば、これらの博覧会や展覧会で示されたのは、接客本位や主人本位ではなく家族本位の洋風化されたものであった。

住宅政策を概観すれば、一九二〇年に文部省普通学務局第四課初代課長乗杉嘉寿によって文部省の外郭団体生活改善同盟会が組織され、同会は下部組織である住宅改善調査会の研究調査に基づいた『住宅改善の方針』を同年に発行している。同書において、生活改善同盟会は、①「住宅は漸次椅子式に改めること」、②「住宅の間取設備は在来の接客本位を家族本位に改めること」、③「住宅の構造及び設備は虚飾を避け衛生及び防災等実用に重きを置くこと」、④「庭園は在来の観賞本位に偏せず保健防災等実用に重きを置くこと」、⑤「家具は簡便堅牢を旨とし住宅の改善に準ずること」、⑥「大都市では地域の状況に依り共同住宅（アパートメント）並に田園都市の施設を奨励すること」という六項目の方針を示しており(13)、文部省の住宅政策が、郊外において新中間層によって営まれる家族本位の洋風化された文化生活・文化住宅を、既に射程に収めていたことがわかる。付言すると、生活改善同盟会は前記の生活改善展覧会の際に、乗杉と東京教育博物館の館長であった棚橋源太郎の連名で協力者を募って結成された団体である。

一方、内務省も都市計画法案を審議する都市計画調査会を一九一八年四月に、社会政策の枠組みを審議する救済事業調査会を同年六月に設置していた。救済事業調査会は、スラムの改善、住宅会社・住宅組合による住宅供給などについて諮問された案件に対して、一九一九年に一二項目から成る小住宅改良要綱として答申をまとめているが、最後の第一二項目に「市外ノ小住宅所在地ニ対スル交通機関ノ普及ヲ図リ且ツ賃銭ノ割引ヲ実行セシムルコト」(14)と記しており、住宅地の郊外化推進を既に検討していた。また、救済事業調査会の後身である社会事業調査会は、一九二一年に小住宅を建設する公益会社に関する住宅会社法案要綱を答申している（国会審議に至らなかった）。内務省側の動向は、関東大震災以前に新中間層を対象としてだけでなく、労働者層や貧困層を対象に住宅を供給する場、当時の言葉で言えば、労働者層や貧困層が「簡易生活」や「安価生活」を営む場としても郊外に注目が集まっていたこと、そして内務省社会局の外郭団体財団法人同潤会（一九二四年三月設立）の活動（アパートメントや分譲住宅といった復興住宅建設と福祉事業）が既に準備されていたことを示している。

ここまでに見てきた博覧会・展覧会や（特に文部省の）住宅政策において示された郊外における家族本位の洋風化された住宅で営まれると想定される文化生活は、単に理想的なイメージであっただけでなく、実際に大正期から昭和初期にかけて活発に行われた東京の郊外住宅地の開発・販売において具体化されつつあった。

例を挙げれば、一九一三年に東京信託株式会社によって販売が開始された玉川電車沿線の桜新町(15)、一九一六年に渡辺保全会社によって芸術村的な高級住宅地として開発された日暮里渡辺町、一九二二年に岩崎久弥の社会奉仕事業の一つとして開発・販売され、当時の都市計画の第一人者佐野利器がデザインした大和郷、一九二〇年に堤康次郎が設立した箱根土地株式会社を中心として開発・分譲された目白文化村（一九二二年分譲開始）、大泉学園と小平（ともに一九二五年分譲開始）、そして国立（一九二七年分譲開始）、一九一八年に渋沢栄一が設立した田園都市株式会社によって開発・分譲された洗足住宅地（一九二二年分譲開始）、多摩川台（今日の田園調布、一九二三年分譲開始）、そして大岡山（一九二四年分譲開始）、一九二四年に山形県出身者を中心に有志が集まって設立された城南田園住宅組合によって開発され、一九二七年から住宅の建設が開始された城南住宅など、いくつかの郊外住宅地が開発されていたのである(16)。博覧会・展覧会や住宅政策の動向と並行して開発・販売されたこれらの郊外住宅地は、新中間層を中心とする人々に文化生活、文化住宅を具体的に示すこととなり、同時にこれらの郊外住宅地が文化的記号を刻印されながら建設されることによって、郊外住宅地に新中間層の関心や欲望が動員されていくこととなった(17)。

ここで重要なことは、箱根土地株式会社と田園都市株式会社が開発・販売した住宅地のうち、大泉学園、小平、国立、大岡山は教育機関の誘致を前提としたものであったということである。大泉学園の場合は東京商科大学（移転せず）、小平の場合は明治大学（移転せず）、東京商科大学予科、津田英学塾、国立の場合は東京商科大学予科・商学専門部、東京高等音楽学院、大岡山の場合は東京高等工業学校の移転を前提として宅地は開発されていた。高等教育中心であるが、これらの住宅地の存在は郊外住宅地における文化生活を演出する重要な構成要素として学校教育が視野に収められ、学園都市が郊外住宅地の一つのスタイルとして浮上してきたことを物語っている。それでは、初等中等教育機関を中心とする成城の場合、教育を通じて、どのような文化生活が演出されようとしていたのであろうか。

第2節　朝日住宅展覧会——居住者の子どもの教育への専心

朝日住宅展覧会は、一九二九年一〇月二五日～一一月二四日の一ヶ月間開催された。ここでは、『東京朝日新聞』と東京大阪朝日新聞社『朝日住宅写真集』（一九三〇年）を中心的な史料として、この展覧会がどのようなイヴェントであったのかを叙述することとしたい。

『東京朝日新聞』一〇月二四日付一一面に「廿五日に開く／朝日住宅展／美しく建築成つた十六戸／文化的苦心の結晶」という見出しの記事と、建設された二号型と一五号型の住宅の写真が掲載されている。記事では、建築された住宅の共通の特色が次のように記されている。

各戸いづれも建築上の特色は『楽しい家庭生活は明るく楽しい住宅より』をモツトーとして明るい子供の部屋、一家団らんの部屋を持ち、ことに保健、衛生、防寒防暑、震火災、盗難除けに苦心を払ひ便所はアイデアル式改良便所で一切臭気を無くし、下水は管きよ式となつてゐる工事は竹中組、庭園は市の公園課の相川技手が設計、電気器具は家庭電気普及会、家具は三越、松屋、松坂屋が苦心設計製作したものを配置してあるそして、庭先から富士山を眺めることができること、既に数軒は桜井忠温大佐らが申し込み済みであること、小田急が一年半のあいだ主人のために「バス《ママ》」を提供すること(18)なども記載されている。

同月二六日付夕刊の二面には、展覧会場の写真とともに、「朝日住宅展／華々しく開会／会場に建築の相談所／多数参観者で賑ふ」という見出しの記事が掲載され、式の模様が伝えられている。二五日午前九時三〇分から開会式が始まり、東京朝日新聞社顧問柳田国男の式辞、審査員代表、設計者代表、家庭電気普及会代表等の祝辞、来賓である小田急副社長、砧村村長、竹中工務店支配人等の祝辞が順に述べられ、最後に桜井忠温大佐が居住者を代表して「この地が東京郊外唯一の健康地である」ゆえに居住者となったことを語り、式は終了している。また、記事は開会式前から既に多数の観覧者が来ていたことも伝えている。

同月二八日付七面の「朝日住宅展／大賑ひ／参観者五千人」という記事に、「二十七日（日曜日—引用者）近頃に珍しい秋晴れの好天気に恵まれて来場者続々とおしかけ参観者五千名に達し終日盛況を極めたが小田急では普通電車では運びきれず臨時電車を増発し新宿駅および成城学園前停留所はこれ等乗客で大賑はひを呈した」とあり、一一月二一日付七面には「連日異常の人気を呼び二十日まで入場者四万を突破する盛況」、同月二五日付七面には「開会一ケ月間の参観者は五万人に達した」と記されていることから、かなりの好評を博した展覧会であったことがわかる(19)。第二・三回国勢調査によれば、砧村の人口は、一九二五年に四、五四一人、三〇年に七、九六四人であり、朝日住宅展覧会開催時点ではかなり多く見積もって七、五〇〇人程度と推測できる。したがって、同展覧会は砧村の人口の六～七倍の参観者を集めたと考えられる。また、展覧会以前に住宅購入を申し込み、開・閉会式で居住者を代表して言葉を述べた桜井忠温によれば、展覧会終了後も、図案集を手にした見物人が多かったという(20)。

以上のように成功を収めた朝日住宅展覧会を契機として成城に居住することとなった人々は、子どもの教育と成城における郊外生活との関係をどのように捉えていたのであろうか。『朝日住宅の住心地』（『朝日住宅写真集』所収）には新居住者三人の文章が収められているが、そのなかの二人のものは郊外生活と子どもの教育とを関連づけたものであった。二人の文章を見ることとしよう。

以前住んでいた「杉並町の非衛生的な借家でひどい目にあった」(21)経験から小田急沿線に居住することを考えて朝日住宅展覧会に注目し、最終的に朝日住宅一二号（佐々木清治設計）を購入した木村煥は、次のように述べている。

……満足に思つてゐる事は、移転以来子供の血色が目立つて好くなつて来た事と、子供の遊び方が自然に親しむやうになつたことである。名古屋から東京に移る事になつた時、子供の希望は富士山の好く見える場所といふことであつたが、天気のいゝ日にその富士山の姿を家の窓から仰ぐことは、余ほど子供を満足させたやうである。それに周囲は森や、野原や、畑ばかりであるから子供の気分を『自然』に惹き付けるやうになつた。

（中略）

……夕方になつて駅から吾が家に帰る途中寒くてふるへる日もあり、懐中電灯の光りを便りに吾が家に入つて見ると、家の内は温かく、子供の顔は林檎のやうな色をしてゐる。外の寒さにくらべて、まるで段ちがひである(22)。

この言葉から、木村が子どもの希望に基づいて富士山を眺めることのできる成城を居住地として選択したこと、成城に住むことによって子どもの健康が増進し、子どもが自然に親しむようになったことなどがわかる。朝日住宅全一六案は、「従来の接客本位の設計を家族本位の設計に改めた点」、すなわち「居間を家の中心にして、子供室を優待し、玄関、応接等を西北に取つて東と南とを専ら家族の慰楽と休息との目的に当てた」点が共通しているが(23)、木村が購入した一二号も例外ではなく、その平面図（図1）を見れば、子ども部屋が日当たりのよい南東の角部屋に位置しており、木村の子どもへの行き届いた配慮がわかる。

一四号（椎名俊男設計）を購入した田中孝一郎は、次のように記している。

図1

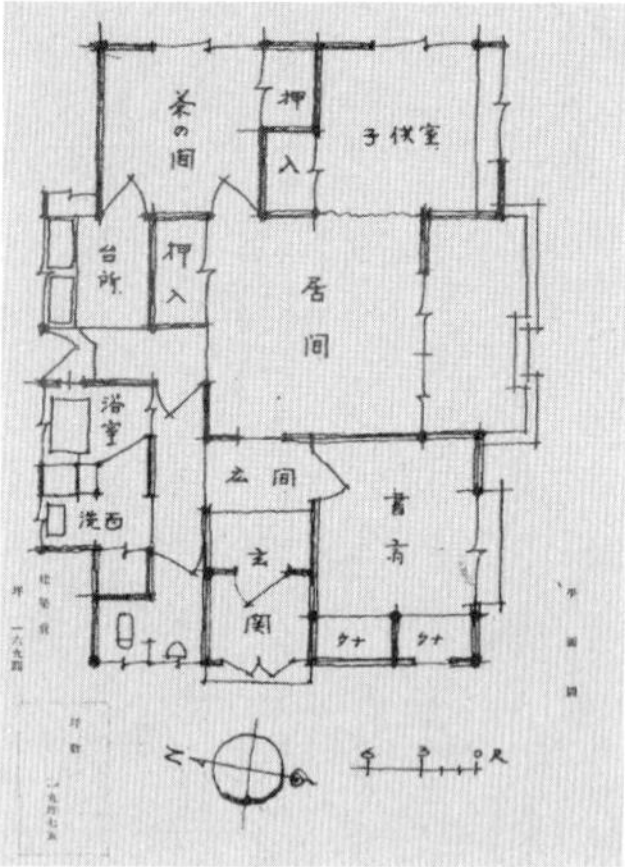

図2

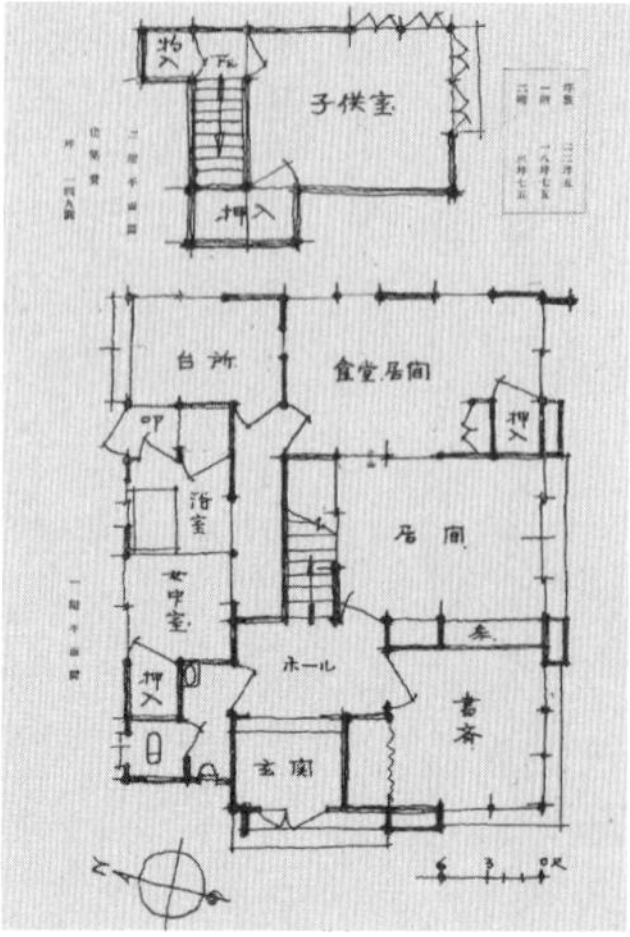

（出典・図1・2は、ともに東京大阪朝日新聞社『朝日住宅写真集』1930年）

砧の家は、子供本位に選んだ私達の目的を十分に充たしてくれる。

成城学園へ通つてゐる陽子のためには、屈強の場所に位置してゐるために、交通機関に拠ることなしに、子供の足でゆつくり歩いて先づ十分もかかるか。ラッシユアワーに押しつぶされはしまいか、トラックに驚いて泥濘《みちわる》に飛び込みはしまいか――こんな心配は親としてしだしたら切りがない筈、それが全然免除されるので、それだけでももう、大したものである。

（中略）

子供は日光と空気と土の中へ投り込んでおけば間違なく育つ――と斯う大ざつぱに極めてゐるのだ。子供に生きる力が具つてゐる以上、身体さへ丈夫なら神経さへ強靱なら、たとへ世の中が何う変つて行つたところで、何とかその時々の生活に適応して行くに違ひない。砧の家は子供に対する親心の切なさを右の如くに緩和させてくれるのである(24)。

一四号は二階建てであるが、二階は子ども部屋一室で構成されており、子ども部屋の日当たりは一二号以上にいい（図2）。また、「砧の家にはおばあさんと陽子（七歳）と八起（四歳）と女中とがもつぱら住つてゐる。（中略）砧の家へは夫婦で代り代りに二日おきか三日おきくらゐに骨休めに泊りに行くのである」(25)と記されていることから、田中にとって一四号は文字通り「子供本位」の住宅であった。子どもには生きる力が備わっており、身体と精神が十分に成長すれば、将来の生活がどのようになろうとも適応することができる、そして身体と精神が十分に成長するには自然に恵まれた郊外こそ最適であり、郊外では子どもの安全に対する保護者の懸念も極小化できると考える田中には、成城という郊外住宅地は子どもの教育にとってこの上ない環境であった。

木村と田中の文章は、子どもの教育に第一義的な価値を置き、それに対しての責任を住宅地の選定や部屋の配置といった居住環境まで含めて果たそうとする「教育家族」が成城に住み始めたことを示唆している(26)。このことは、子どもの教育を公共の営みというよりも、むしろ私事として捉える視線が保護者に成立し、その視線が成城学園の教育を囲繞していたことをも意味している。

第3節　未完の営みとしての教育

成城学園の教育空間に蝟集しつつあった教育を私事化する保護者の視線は、どのような文化的集合性へと収束していたのであろうか。このことを、当時の植民地を含んだ全国各地の教育関係者だけでなく、成城小学校に子どもを送る保護者の大半をも購読者としていた(27)成城小学校の機関誌『教育問題研究・全人』（以下、本章では『教全』と記す）第三〇～四一号（一九二九年発行）に掲載された保護者の文章を主たる史料として検討することとしたい。これ以降、本章本文中の『教全』からの引用は、引用末の括弧内に号、頁を表記する。

子ども・保護者・教師の教育における三位一体を重視した成城小学校の機関誌らしく、『教全』には子どもや教師、教育家の手によるものだけでなく、家庭教育と学校教育の連携や家庭教育の在り方を論じたり、子どもの姿を描出したりした保護者の文章も数は少ないが掲載されている。それゆえ、同誌は教育を巡る文化的イメージの保護者による受容の様相を開示する史料となっている。また、既に言及した論文において、門脇厚司・北村久美子は、この時期の成城小学校在籍児童の保護者の七割以上を新中間層が占めていたこと、また一九三〇年には砧村、千歳村、世田谷町が保護者の居住地の四割強に達していたこと、さらにこれら三つの地域の保護者においても七割程度は新中間層であったことを明らかにしている(28)。したがって、『教全』に掲載された保護者の文章を分析対象とすることによって、郊外で生活する新中間層の教育文化のある様相を照射することができるだろう。

『教全』に掲載された保護者の文章を分析すると、第一に子どもを観察対象として認識していた点を指摘できる。大内裕和は、日本における近代的な教育学は一九二〇~三〇年代に城戸幡太郎と阿部重孝によって開始されたと述べている。そしてその近代的な教育学の特徴として、新カント学派の影響を強く受けて当為論的・観念論的傾向を有し、また倫理学や哲学から方法を援用するという独立性の弱かった従来の教育学に代えて、調査とその分析を通じて社会的現象としての教育現象を実証的に探究しようとする、経験主義的な「教育科学」を採用した点を挙げている(29)。当時の「教育科学」としての教育学が重視し始めた実証性への志向は、教育実践に力点を置いていた『教全』も共有するものであった。同誌「こども」欄(毎号存在するわけではない)の冒頭に掲載された同欄への投稿を呼びかける文章が、このことをよく示している。

一、教育といふことは、まづ童心を知ることに始まる。
二、こどもの生きた本然の姿を眺めたいと思ひます。
三、ま〻ごと遊びに、あるひは喧嘩の折に、または作文の中に、理科実験の際に、その他食事の時とか、遠足の日など、子供生活の表現中には、驚くべき人生の姿を発見するものです。
四、この仕事は、子供に直接する私たちにのみ許された特権であり、また同時に義務でもあります。
五、ことに、お母さん方にお願ひ致します。入学前の子供を知ることは、今日の教育に於ける焦眉の急務です。

六、なるべく、子供の言葉を、その動作をその驚きを、その歓びを、如実のまゝで採集して下さい。
七、私たちは、真に心強い「体験の児童学」を建設したいために、はるかなる念願に歩んでゐます。
八、どうか会員諸君も、その日夕見聞する童心の宝玉を拾ひ上げて、この道の材料に提供して下さい、お礼のしるしに掲載の本誌一部を差上げます。

ここで提示されているのは、さまざまな観点から事実としての子どもの実態を照射することによって、実証的な「体験の児童学」を構築しようとする『教全』編集部の強い意志であるが、編集部からの呼びかけに応えるように、保護者は「こども」欄への投稿において子どもの観察された姿を記述している。例えば、田中愛子による「朝の歌」は、次のように子どもの姿を描き出している。


六つになる女の子供です。

毎晩おそくまで仕事に逐はれてゐる父が、朝つかれて寝坊をいたします。

早く眠つて、早く目を覚ます子供は、朝、床の中で歌をうたひます。神経質な父なので、眠りを妨げられて、うるさいと申して不機嫌です。時には、夜具を移して、外の室に逃げこんでしまふことがあります。

その時、その子供が申しました。

「折角、かはいい歌をうたつてるのに、お父さんは、おこつて行つてしまつたのよ。」（四月八日）（第三四号、九八頁）。


観察対象として子どもを捉える視線は、「こども」欄以外にも浸透している。例を挙げれば、藤井真透は「成城に入りて一ケ年」（第三七号、九三～一〇〇頁）で、我が子の一年間を通じた姿を「入学詮考」、「中野哲学堂にて」、「入学式」、「はじめの二三日間」、「日々のあゆみ　一学期」、「夏休み」、「秋から初冬へ」、「冬から春へ」という時系列にそった項目ごとに記しているし（女中や兄からの伝聞に基づいた記述もある）、特集「成城小学部父兄の手記」（第三三号、六九〜九七頁）に収められた文章や、岸英雄（成城小学校教師）「児童雑誌の功罪　児童雑誌の研究（その二）」（第四〇号、五五〜六六頁）に収録されている「父兄の児童雑誌観」においても、保護者は具体的な事実としての我が子の実態を記述している。

観察された子どもの姿はまた、診断を下される対象でもあった。前記「成城小学部父兄の手記」に収録された「勿体ないと云ふこと」において、担任教師の詩に感銘を受け、その迸る思いを教師への手紙に記し、教師に渡そうとしながらも、翌朝には手紙を捨ててしまった我が子の行為を、市河晴子が以下の文章のように捉えていることが示しているように、診断を下す主体は保護者自身の場合もあった。

成程、この頃栄ちゃんが雑誌ごつこで紙を無駄にするので、母さんはあなたに勿体ないと云う感じを持たせたいとは思つてます。けれども、あなたは「勿体ない」と云うことを、もつと第一義的に知つてゐる人ですねぇ。三年生のあなたは、勿体ないと云う字を文中に使うすべは知りませんが、あなたの心は「子供たちよ、許してくれよ」と云はれた先生の御言葉の前に「ア、勿体ないことをおつしやいます」とひれふしてゐますものを（第三三号、七一頁）。

また、前記「父兄の児童雑誌観」に掲載されている「雑誌やお伽噺などを好んでよく読みますが、それが為、数学などのやうな思考を要する学科を嫌ふやうになつてはならぬと気を付けてゐますが如何なものでございませうか」（四年生の保護者、六四頁）、「近頃特に探偵小説に興味を持つて居る様ですが如何なものでせうか」（五年生の保護者、六五頁）のように、診断を専門家である教師に委ねている場合もあった。

観察され、診断される子どもの処方として重視されていたのが、子どもを包み込む環境であった。十分な配慮を通じて子どもが存在している環境を整備されたものとしていくことを教師・教育家は要請し、保護者もこのことを志向していたのである。子どもが存在する環境の整備こそ、保護者の視線が照準した第二の対象と言うことができる。

保護者の住環境への配慮については前節に記した通りであるが、社会運動家・教育家賀川豊彦は「子供を叱る工夫」（第三八号、一〜二二頁）において、貧民窟やそこに暮らす子ども・保護者と対比しながら、住環境に加えて、食事、衣服、睡眠、運動、心理、人間関係などへの配慮を保護者、特に母親に説いている。また、岸英雄は「家庭に於ける児童読書生活の指導」（第三四号、一三〜三二頁）において、子どもの読書環境の整備を推薦図書と学習参考書を提示しながら保護者に勧めているし、三〇年に発行された『教全』であるが、柴田勝（成城小学校教師）は「家庭教育の諸問題」（第五一号、八九〜九八頁）において、子どもの自学自習を促すために、「親自身が自学自習的な人であるを要する。そうした雰囲気を作つてやること、即ち家庭全体がそうした雰囲気にみなぎつてゐることが大事である」（九三頁）と主張している。したがって、住居のような物理的環境だけでなく、子どもの健康や心理、学習、さらには保護者自身の振る舞いへの配慮も含んだ環境の整備を、教師や教育家は保護者に求めていたのである。

保護者の文章に目を向ければ、前記「成城小学部父兄の手記」に収められた「家庭教育に就て（入学以前及以後）」において、小林弥太郎が次のように、環境への配慮の重要性を十分に認識した文章を記している。

一口に謂へば、未成熟者をして成人の価値に導く為には、適当な還境《ママ》を与へれば好いのである。然し、実際は人性に関する今日までの研究は甚だしく幼稚なのと、私共が持つてゐる、還境《ママ》を統御する力が甚だ微弱であるので、結局思ふ様な結果は得られない。家庭教育者としては、自分の力の範囲に於て夫々の場合に必要な還境《ママ》を作り出す事に努力すると同時に、子供の傾向に注意し、巧みにそれを成人の価値に導く様にする外はないのである（第三三号、七四頁）。

小林は続く文章において、保護者が理想を起居として示すことによって、子どもが自発的にその起居を行うようにすることなど、自らが実行していることを示した上で、最後に「小共《ママ》の必要を満たす為に日夜努力する事に依て私共親自身が教育され、人間らしくなりつゝある様に感じられる」（同前、七七頁）と述べている。十分に達成することはできていないが、子どもの環境に配慮することを通じた自分自身の成長を小林は感得している。

その他、前掲の「成城に入りて一ケ年」において、藤井は「児童にとりては、正しい事は常にしたい気持を生かしめる空気をつくり、すべからざる事は夢想だにしないやうな空気、雰囲気をつくるは最も大切だと思ふ」（第三七号、九九頁）と述べ、成城小学校父兄手記「本年夏休みに是非とも実行したい希望」（第三六号、六五〜七七頁）に収められた文章において、松宮涼子は夏期休暇中に我が子のために行おうと考えていることを具体的に列挙した上で、「実行してもらいたいことには細密な注意をはらひ厳密な監督をしつゝ、その環境を作り相談相手になり、いろいろに仕向けてもやることに努めてやりたいと思ひます」（第三六号、七〇頁）と自らの決意を記している。

以上のように、『教全』から見えてくる保護者による子どもの教育者としての自己表象は、一方で子どもの実態を観察し、場合によってはその観察結果に対して診断を下す存在というものであり、他方で子どもが生を営む環境への配慮が充溢した存在というものであった。このことは、観察して診断を下し、診断に基づいて環境を設えるという手続きによって教育を遂行していく、この操作の対象として保護者は子どもを認識していたと換言することもできよう。そして、『教全』に掲載された保護者の文章に共通する特徴として、国家の発展を担う少国民としての子ども一般を論じるのではなく、他ならぬ我が子のみに焦点を合わせたものであるということ、また子どもを実際には取り巻いている学歴社会や子どもが将来参入していくこととなる職業生活を射程に収めたものではないということも指摘できる。したがって、何らかの目的に向かうことよりも、前述の手続き自体に教育的価値を置きながら我が子の教育を遂行する文化的集合性を成城小学校の保護者は構築していたのである。前記「成城小学部父兄の手記」にある本尾小太郎

「吾子を見つめて」は、この文化的集合性を象徴する文言を記している。

> ……不完全な家庭の主人として家族統制の責に任じ、特に吾子教育の中心的存在としてその衝に当たる私は『家の主』としてより『子の父』として脳《ママ》みを感じてゐるものであります。
>
> （中略）
>
> もとより私は一介の田夫ですから、体系的な理論も実際も持つて居りません。唯々子に対する父の本能的愛と家庭的欠陥を補はうとする同情とを不純にすることなく、教育と云ふ文化動機を考察し、文化活動を継続したいだけなのであります（第三三号、八六頁）。

このような教育の営みは、目的が曖昧であるだけに未完の作業とならざるを得ない。したがって、我が子の教育を巡る保護者の生の遂行的な次元と理念的・想像的な意味の次元は乖離し続け、保護者は両者の次元をともに生きながら自らの施す教育の失敗を数多く語ることとなる。このことも、『教全』に掲載された保護者の文章の特徴として挙げることができる。失敗を数多く語ることとなる点に関して言えば、操作の対象として認識していた子どもたちは、実際には操作を逸脱し得る主体でもあるということが関与しているし、それを保護者たちは等閑視していたと考えることができる。

第4節　新中間層の教育に関する文化的集合性

小原国芳は一九二九年四月に玉川学園を設立したが、その理由を成城学園における教育的矛盾を解決するためとしている(30)。そして、その矛盾を成城学園で解決しようとしなかった第一の理由を、次のように語っている。

……それのためには父兄の質が許さない。由来、成城学園の生徒の父兄は主として知識階級であり同時に有産階級である。知識的有産階級者の通有性の一つとして勤労回避の傾向を挙げることが出来る。彼等は子弟に勤労的訓練を施して貰ふために学校教育を受けさせてはゐない。彼等の教育者に望むものは文化主義的教育である。しかしながら我々が教育に於て最も尊しとなすもの丶一つは「労作」である。そして労作の風習を生徒に作るために最も大切なのは雰囲気《アトモスフィア》である。この雰囲気の確立といふことが已に成城教育では不可能となつた(31)。

本章では、新中間層がその大半を占めていた成城小学校の保護者が綴った『教全』に掲載された文章を史料として、小原が批判した「文化主義的教育」の内実の一端を剔出した。

しかし、以上で剔抉した教育を巡る文化的集合性は、主として郊外の新中間層に妥当性を有するものである。実際、諸教育ジャーナルを俯瞰すると、一九三〇年前後における教育界の話題の中心は、世界恐慌と金輸出解禁が連動して生じた昭和恐慌・農業恐慌において頂点に達する教員減俸問題を始めとする財政的諸問題と、活発化していた学生運動や同盟休校といった学校紛擾に対処するための思想統制政策であり、成城学園において新中間層によって支持される教育文化が形成された状況とは異なった文脈においても、教育メディア空間の言説が構成されていた。そうであるならば、財政的諸問題や学校紛擾を巡って何が問題とされ、その問題がどのように論じられていたのであろうか。第8章では、ある学校紛擾がどのように論じられ、語られていたのかを考察することを通じて、一九三〇年前後の教育メディア空間における教育に関する問題構成の重層性の一端を照射することとしたい。

第8章

一九三〇年前後の学校紛擾言説に見られる大学の共同体化への希求
◆早稲田大学同盟休校を中心に

はじめに——問題の所在

一九二〇年度に帝国大学五、官立大学一、公立大学二、私立大学八の計一六であった大学数は、三〇年度には帝国五、官立一二、公立五、私立二四の計四六に増え(1)、大学数の増大と連動して学生生徒数は急激に大きくなった。二〇年度の大学の学生生徒数は、帝国九、四五九人、官立一、六六六人、公立八九九人、私立九、八九一人の計二一、九一五人であったが、三〇年度のそれは、帝国一九、四五三人、官立六、八一五人、公立二、五六〇人、私立四〇、七七七人の計六九、六〇五人に達し、帝官公立以上に大学数が増えた私立大学の学生生徒数の増加は、特に著しいものであった。以下で焦点を合わせる早稲田大学の一九二〇〜三〇年度の学生生徒数を年度毎に示せば、表7のようになり、二〇年代半ばまでは増減を繰り返していたが、それ以降は増加傾向を示していた(ここまでの数値は、すべて『日本帝国文部省年報』各年度版に基づく)。なお、本章では引用文中を除いて、以下では学生生徒を学生と記す。

この時期の私立大学は、天野郁夫が指摘するように、帝官公立大学とは異なり、「昇格の過程で初めてその団体

表7　早稲田大学学生生徒数の推移

年度	1920	1921	1922	1923	1924	1925	1926	1927	1928	1929	1930
学生生徒数	5,633	4,715	6,551	6,018	5,612	5,734	6,248	6,628	7,047	7,379	7,631

（出典・『日本帝国文部省年報』各年度版より作成）

性・共同体性の必要性、重要性が認識され、実際に形成されていった例が多数を占め」、教学と経営の分化、学生の共同体成員としての自覚の強化などがもたらされ、「次第に創業者や創業者集団の手を離れ、団体性・共同体性を形成し、独立の組織体、経営体としての成長の軌道に乗り始め」ていた(2)。それゆえ、学生数の急激な増加は、大学への帰属意識をどのように担保するのかという点を巡って、私立大学の運営に対して何らかの影響を及ぼすこととなったと推測される。

本章は、一九三〇年前後の高等教育機関、特に私立大学に要請されていた運営の質的転換と、それと連動する高等教育機関と学生の関係の変容とを、三〇年一〇月から一一月にかけて約一ヶ月間に亘って継続した早稲田学苑（以下、引用文中を除いて「早稲田大学」と記す(3)）の同盟休校（早慶野球戦切符事件、以下では「早稲田大学同盟休校」と記す）という一つの学校紛擾事例を分析対象に設定して考察することを課題としている。具体的には、稀有な契機で始まった紛擾において、学生は事態の推移とともにその契機を離脱し、大学の運営におけるどのような問題性を剔出することとなったのか、他方で学生の要求や動きを、高等教育機関の経営者や教育者、活字メディアはどのように把握し、どのような意味を有するものと認識していたのか、そしてその把握と認識に基づいて紛擾を、そして紛擾対策をどのように論じていたのかということを、新聞や雑誌の記事、論考などを史料として分析することで、前述の課題に迫ることとしたい。

一九三〇年前後の高等教育機関における学校紛擾を分析対象とした先行研究に、H・スミス『新人会の研究――日本学生運動の源流――』第8章（東京大学出版会、一九七八年）、伊藤彰浩『戦間期日本の高等教育』第5章（玉川大学出版部、一九九九年）がある(4)。

学校紛擾を共産主義運動の脈絡で分析しているスミスは、就職難と試験地獄という学生に対する経済的心理的圧迫がピークに達したのは、学生運動が地下に潜行し、その圧迫を左翼が政治的に利用しようと待ち構えていた一九三〇年前後のことであり、その結果、当時学校紛擾が頻発し、学生運動の力点は理論闘争から学内闘争に移行したと論じている(5)。

当時の労働運動家であった菊川忠雄も、スミスと同様の認識を示している。彼は二八年度後半から三〇年度にかけての時期を「学校騒動慢性時代後期」と呼称し、特に四・一六事件（二九年）前後の時期から、学生社会運動主流が非合法運動に転化したと指摘している。そしてその転化の内実を、「学生社会運動は従来の『学生自身の学生運動』といふ考へ方から急速に『プロレタリアートの指導下にある学生の運動』のそれに転向して行つた」と捉え、具体的な運動として「学生大衆は学内自治の闘争に進出するといふ現象が見られた」としている(6)。同様に、吉野作造も「私は今日の学生運動をば共産党の指導統制下にある社会運動の一方面の指称に過ぎぬと考へて居る」(7)と述べている。

一方、伊藤は当時の諸学校紛擾のパターンや背景などを分析し、学校紛擾を「左翼学生運動の文脈に位置づけるだけではまったく不十分」であり、紛擾は「戦間期の高等教育の変動を、とりわけその急激な量的・質的変容を色濃く反映したものであり」、「高等教育の質的側面や社会の高等教育観の変化のテンポと、量的拡大のテンポとの乖離を、きわめて具体的なレベルで、示すものでもあった」と論じている(8)。

本章は、伊藤の視角を共有するものであり、早稲田大学同盟休校という具体的な学校紛擾事例を詳細に記述し、わずか一つの個別具体的な事例から見えるものであるという限界を有することとなるが、伊藤が述べる「乖離」を、当時の学生はどのように認識し、補填しようとしていたのか、またその学生の行為を大学当局、教育者、学校教育行政はどのように認識していたのかという、伊藤が詳細には分析していない点を考察する足場の一つを提示することとしたい。

なお、伊藤の研究は、一九二〇年代初頭から三〇年代半ばまでという一〇年以上に亘る期間の学校紛擾を分析対象としているため、三〇年前後の学校紛擾に見られる質的転換を十分には記述できていない。また、それを記述することを目的とした研究でもない。しかしながら、学生数が増大するなかで、大学の共同性をいかに構築していくのかということが、当時の大学、特に私立大学の課題の一つであり、この課題が学校紛擾にも反映され、紛擾の質的転換と連動していると想定するならば、三〇年前後の紛擾を分析することによって、学生たちがどのような大学の共同性を、そしてどのような学生と大学・大学教員との関係を希求し、伊藤の言う「乖離」を埋めようとしていたのかを考察できるのではなかろうか。本章が、早稲田大学同盟休校に照準する理由はここにある。

ここで、学校紛擾を巡る一九三〇年の状況を簡単に概観しておこう。

同年五月二四日開催の地方長官会議での訓示において田中隆三文相は、本年が教育勅語渙発四〇周年に当たる意義深い年であること、文部省ではこのことを祝う事業を計画していること、また各地方も同様の事業を計画してもらいたいことを伝えた(9)。記念事業は具体化し、一〇月三〇日に東京帝国大学安田講堂において、教育勅語渙発四〇年記念式(文部省・東京府・東京市主催)が、天皇裕仁、浜口雄幸首相、田中文相、一木喜徳郎宮内相などを始めとする朝野の名士を招待し挙行され(10)、その模様は社団法人東京放送局(JOAK)によって全国にラジオ中継された。

また、東京市・東京府に注目すれば、午前八時から諸私立高等女学校の三万人強の生徒による旗行列が、九段広場、日比谷公園、芝公園の三箇所から宮城二重橋前広場へと向かって進み、午前一一時からは東京府議事堂において文部大臣選奨孝子表彰状伝達式が催され(東京市からは吉葉希文が、東京府からは大谷あきよが選ばれた)、午後二時からは日比谷公会堂において、文部省・東京府・東京市主催による記念講演会が開かれた。田中隆三、清浦奎吾、三上参次が講演を行い、講演会はJOAKによって全国中継された(11)。

一八九〇年一〇月三〇日に渙発された教育勅語を、その四〇年後に再称揚するために現出したこの祝祭空間では、日本の近代化過程において教育勅語が果たしてきた国民統合の規範・基礎としての機能・役割を改めて定位する言説が顕在化することとなった。例えば、田中隆三は記念式式辞において、「聖勅一たび下りますると、(中略)我が国に於ける教育の方針は茲に定まり、(中略)民心の趨向が一定して、其の効果は大いに著れ、為に国運は前古未曽有の、発展をなし得たのであります」(12)、と教育勅語渙発を言祝いでいる。

しかし、四〇周年というあまり記念されることのない年に祝典が行われた背景に注目しなければならない。浜口雄幸の記念式祝辞が、その背景を示唆している。浜口は、「不健全ナル文芸」が浸潤し、青年が「享楽ニ耽溺スル」傾向が広がるとともに、欧州発の「危険矯激ナル思想」に感染し、場合によっては「経済組織ノ破壊ヲ企テ或ハ我ガ国体観念ニ反スルガ如キ思想ヲ抱ク」現状を、「洵ニ憂慮ニ堪ヘザル所」と論じ、それに続けて、「我ガ国ガ直面スルトコロノ国民経済上ノ難局」は世界的なものであるが、「国民ガ奢侈贅沢ニ流レ勤倹力行ノ美風ヲ失ヒタルノ結果」でもあり、また「思想上ノ難局」は、「外来思想」の流行によるものであると同時に、「国民ノ精神ノ内ニ之ニ誘惑セラル、ダケノ間隙ノアルコトモ亦其ノ大ナル原因デアル」と指摘したのであった(13)。

ここにある「国民経済上ノ難局」とは、震災恐慌、金融恐慌、昭和恐慌・農業恐慌という一連の恐慌を意味している。一九三〇年に初等教育機関で生じていた教育費削減・教員減俸・教員整理・学級整理問題が、恐慌と連動して発生したものであることは論を俟たない。しかし、浜口の祝辞では、深刻な経済状況がもたらした教育費削減などの財政的諸問題よりも、国民の精神・思想の動揺が大きく扱われているのであり、彼の祝辞は、その動揺を抑えて安定させるものとして、教育勅語の存在を再照射しようとするものであった。

浜口の祝辞で直截には言及されていないが、国民の精神・思想の動揺を象徴する当時の出来事の一つが、他ならぬ学生思想問題や学校紛擾であった。事実、前述した地方長官会議訓示において、記念事業の計画を述べた直後に、田中隆三は教育界の最も憂慮すべき問題として、学生思想問題や学校紛擾に対する懸念を表明していた(14)。

荻野富士夫『戦前文部省の治安機能――「思想統制」から「教学錬成」へ――』第Ⅰ・Ⅱ部(校倉書房、二〇〇七年)が詳細に分析しているように、文部省は京都学連事件(一九二五年)、さらに三・一五事件(二八年)を契機として、学生運動の抑圧取締と学生の思想善導を両輪とする思想統制政策を強化する方向に進み、二八年一〇月三〇日には同省専門学務局内に学生課を新設し、翌年七月一日には同課を学生部(学生課と調査課を有する)に昇格させた。しかし、それにもかかわらず、学校紛擾は頻発していたのであった(15)。

それゆえ、極秘文書であった文部省学生部『学生思想運動の経過概要　附、其の対策』(一九三一年六月)の諸表現、すなわち「学生生徒をして、常に慎重なる態度を以て軽々しく社会の悪風潮に感染し、詭激なる思想に誑惑せらるゝが如きことなく、又無反省に学校紛擾事件等に与するが如きことなからしめ」(16)、あるいは「常に一派の学生生徒の着目し騒擾の原因となさんとするが如き事項の那辺に在るやに意を用ひて」(17)、あるいは「苟も同盟休校等を策謀、煽動し、又は其の運動に携り、或は容易に学校の命に従はざる者其他斯くの如き行動に附和雷同し、学業を放擲し、学校の秩序を紊る者」(18)などの表現に見られるように、学生部は三〇年の時点でも学校紛擾を強く警戒していた。

思想統制政策を強化しても発生する学校紛擾は、その政策の実効性に疑義を差し挟むものであるとともに、教育勅語を基盤とする国運の「前古未曽有の、発展」に存在してはならない翳りであった。そして学生部の文書からは、学校紛擾は左翼運動や学生思想問題の延長線上に存在するものであり、抑圧取締と思想善導を従来以上に徹底し、「内なる敵」である左傾的学生の排除・矯正・更生・懐柔・転向を遂行していくことで、紛擾という陰翳を消滅させることができるとする認識を抽出することができる。

実際、荻野富士夫は前掲書第Ⅲ部において、文部当局は、一九三〇年度以降には警察・司法権力との緊密な協力に基づく学内左翼運動の摘発・取締と同時に、思想善導政策を本格化させ、指導教官制度、特別講義制度、学生福利施設充実、穏健な研究団体・修養団体奨励といった施策が軌道に乗り、それらの結果として、一九三〇・三一両年度をピークに、その後、学校紛擾は激減し、「学生思想運動が一般学生層を動員した運動を展開できず、少数の孤立気味の運動になった」(19)と述べている。しかし、頻発した学校紛擾は、伊藤彰浩が述べるように、学生思想問題に起因するものに留まってはいなかった。このことを、以下で確認することとしよう。

第1節　早稲田大学同盟休校

佐藤秀夫は、「学校紛擾に関しては、史実確定に必要な確実な史料の摘出について困難が少なくない」(20)と述べ、その理由として次の二点を挙げている。第一に、学校沿革史、学校・県庁・教育会等所蔵の報告記録類、雑誌・新聞等の報道記事といった情報源は、あるいは学校紛擾を不祥事と捉え、あるいは記録作成者がその当事者である場合もあり、あるいは紛擾の扇動を目的とするなど、学問的検証に堪え得るものとは言えない。第二に、教職員の日記、学生や生徒の要望書・投書・ビラなどは重要な史料であるが、それらもどちらか一方の立場を反映しているものである。そして佐藤は、総じて文書・文献史料においては、「大人」側の観点が強く反映しており、「子ども」側の観点が弱いとしている。

佐藤が指摘するように、学校紛擾に関しては史実の確定に困難が伴う。しかし、学校紛擾自体の史実確定というよりも、むしろ新聞や雑誌などが構成する教育メディア空間において学校紛擾の一事例がどのように語られ、論じられ、問われ、書かれたのかを分析していくことを作業課題としている本章では、佐藤が指摘する難点が存在することを前提しながら、まず本節において、早稲田大学大学史編集所編『早稲田大学百年史』第三巻（一九八六年）を中心的史料、『東京朝日新聞』を補助的史料として、一九三〇年一〇月一五日から一一月一七日にかけて生じた早稲田大学の同盟休校問題がどのような紛擾であったのかを概観し、次節以降でその紛擾がどのように論じられていたのかを考察することとしたい。

当時、早慶戦は爆発的な人気を誇り、試合当日の球場窓口での入場券販売は混乱を来していた。そこで、早稲田大学は一〇月一四・一五日に合計一三、八〇〇枚の入場券を各部局事務所を通して配布することとしたが、入手できない学生が若干生じた。学生の追及によって、高等師範部に配布された枚数より学生に配布された枚数が七一枚少ないこと、その入場券が同部事務所に保管されていることが一五日に発覚し、事務主事が「欠席常習者に配るのを保留した分だと釈明した」(21)。学生はこの釈明に納得することなく、全学の学生委員による協議の結果、一六日に学生大会を開催することを決定したが、学生大会における議論は入場券問題だけに留まっていた。事実、一七日の新聞に掲載された「連合学生委員会声明書」(22)は、大学当局が誠意ある対応を示さないならば入場券の不買同盟を決行し、一八日は応援に行かないで通常通り授業を受ける旨が記されているだけであった。

一六日夜に緊急理事会が開かれ、前記「声明書」への対応が協議された。その結果、理事会は、大学に交付された入場券は二四、六〇〇枚であり、大学はこのうち約四割に相当する一〇、八〇〇枚を教職員、校友、大学・運動部関係者のために留保していたが、これは当然の措置であり、一五日以来の学生の動きは、「危険思想系統に属する一部の徒」の扇動の結果である、という「学校側声明」を一七日の夕刊紙面に発表したのであった(23)。そしてこの声明が、学生の態度を硬化させ、学生の動きを政治的なものへと転換していく契機となった。声明を受け、連合学生委員会は一七日夜に再度「声明書」(24)を発表し、同委員会は学生の「絶対的支持の上に立つもの」であって、「一部左傾団体の策動に基けるもの」ではないことなどを表明した。

当局は一八日を臨時休業としたが、これを知らないで登校した学生たちは各所で会合を持ち、続いて連合学生委員会による大会を学生ホールで行い、全早稲田連合学生委員会の公認、体育会の否認と即時解散、当局の陳謝、臨時休業の理由説明、不当処分絶対反対という五項目からなる大会決議を採択した(25)。翌日には連合学生委員会代表が大会決議を理事会に、質問書を田中穂積常務理事に提出した。(高田早苗総長は台湾旅行中であり、大学運営は田中に委ねられていた。)二〇日は創立記念日で休日であるにもかかわらず、大会決議・質問書への対応のために各学部で教授会が開かれた。しかし、今回の問題は学生と大学事務方のあいだに生じたものであるとする教授会メンバーの反応は、冷ややかなものであったという(26)。

学生は同日、田中と面会し、一八日の決議に対する回答を求めたが得ることはできなかった。そこで、翌二一日に授業拒否・同盟休校によって大学当局に対抗することの是非を各クラス会で問うこととなった。結果はクラスによって異なるものであり、商学部、法学部、理工学部は授業拒否・同盟休校に反対あるいは消極的で、政経学部、文学部、第一・第二高等学院は積極的であった。商学部、専門部商学科、理工学部の大部分の学科では授業が午後から行われ、その他は終日休講となった。

この事態を受け、田中は「十一名の学生代表を大隈会館に呼び（中略）陳謝し、説得し」、また「学部長・学校長を同道して学生ホールに赴き、連合学生委員会に陳謝と説得を繰り返した。だが、狂瀾を既倒に廻らすことはできず、同盟休校は終息する気配を見せなかった(27)。そこで二五日に学部長・学校長が集まって会議を開き、「十八日の学生の決議に対する回答書の交付と、二十七日から十一月五日までの十日間、学苑全体の休業とを」二六日付で決定し、表面上は暫時休戦となった(28)。

三一日に高田早苗総長が台湾から帰国すると、連合学生委員会は対策を協議し、一八日の決議とほぼ同じ内容の決議を、一一月一日に高田に提出した。これに対して、高田は同日に理事会、臨時維持員会(29)を開き、維持員会の了承を得た上で、改めて三日に理事会を開催し、連合学生委員会の決議に対して前月二六日付のものと同趣旨の回答を出すことを決め、その回答書を学生に交付したのであった。

六日には授業が再開されたが、授業を受けようとする学生が存在する一方で、回答書に納得しないで授業再開を拒否したり、妨害したりする学生も存在した。七日になると状況はさらに悪化し、数百名の学生が構内でデモを行い、学生の教室への入室阻止、授業妨害などを繰り返した(30)。

騒然とする早稲田大学同盟休校に終止符が打たれたのは一一月一七日のことであり、校友である逓信政務次官中野正剛の調停によるものであった。八日に中野は、連合学生委員会を代表して諸機関との連絡調整を担っていた統制委員と高田とのあいだを往復し、調停案に関する合意を取りつけた。高田と統制委員は、「今回の問題は何等思想的背景、もしくは陰謀を蔵するものと認めず、単なる切符問題に関聯する学生不満の勃発として虚心坦懐に取り扱ひ、而して高田総長は事件勃発の当初において学校当局者の不行届を認め、重ねて遺憾の意を表す」、「大学部、専門部、高等師範部、第一学院、第二学院、専門学校、右各部の代表委員会を公認す。但し常設にあらず」といった内容の覚書を、中野の立会のもとで交換した(31)。

覚書は、大学当局が今回の同盟休校は思想的問題の結果であると喧伝してきたという問題、また調停案を承認できるのは連合学生委員会だけであるにもかかわらず、連絡調整を任務とする統制委員が越権行為に及んだという問題を惹起するものであった。それゆえ、一〇日の連合学生委員会では調停案が一旦は否決された。しかし、一三日に行われた各クラス会では、大部分のクラスが調停案を受諾する方向で議論を展開し、学生ホールで開催された連合学生委員会における採決の結果、調停案受諾が決定され(32)、中野と統制委員はそれぞれ、その旨を高田に伝えた。そして、一七日に大隈講堂において中野の報告と高田の挨拶が学生に対して行われ、一カ月超に亘った早稲田大学同盟休校は、ここに終焉を迎えた。

第2節　関連記事における思想統制政策の寡少さ

前節で概略を確認した早稲田大学同盟休校は、常設ではないが代表委員会を公認することで連合学生委員会と大学当局が妥結し、紛擾の解決が図られた。したがって、この紛擾は、大学運営に学生の意見を組み込むことをどのように担保するのかという学生側の要求を、大学における意思決定の公共的正統性を民主的プロセスによって保障する「手続的公共性論」(33)に根差した手段によって、大学当局が受容したものであったと見ることができる。このような特徴を有するものと認識することができる早稲田大学同盟休校を、新聞記事や雑誌論考はどのように論じたのであろうか。このことを、本節と次節で検討していくこととしよう。本節ではまず、『東京朝日新聞』と『読売新聞』の記事を検討することとしたい。

一〇月一六日付から一一月一四日付までの紙面に(34)、早稲田大学同盟休校関連の報道記事を連日掲載していた『東京朝日新聞』は、「学校争議」(一〇月二二日付三面)と「世相を反映するか／学校騒動時代の現出」(同月二三日付七面)という論評記事で、早稲田大学の事例を含む学校紛擾の背景などについて言及している。前者は、学校当局と学生の双方が反省すれば、今回の不祥事は生じなかったであろうし、今からでもすぐに解決できると述べつつも、最後には学校紛擾を、学生の「自己の就職紹介機関として(大学を—引用者)利用する位の打算本位」や「依頼主義のヴァリアントと捉え、「学徒が真にその本分を自覚して今少し自学精神に生きたなら、ある意味において依頼主義の変形たる学校争議は自然と消滅するより外は無いであらう」、と学生に大学や学問に対する態度を改めることを促している。

後者の記事は、早稲田大学だけでなく、数多くの大学や高等学校において学校紛擾が頻発しているが、学生側の種々の要求、学校当局者の学生に対する統率力の弱体化、学生の左傾思想、私立学校に顕著な師弟関係の美風の衰退など多様な要素が連動して生じているため、事態は複雑になり、解決が困難になっていると指摘している。

また、同記事には田中隆三文相と南弘元文部次官の談話が掲載されており、文部行政の中心人物である／あった両者とも、教育者や社会に学生以上の非があるとしていた。田中は、学校紛擾の原因は学校当局者や学生にあるのではなく、「その罪は議会」にあると述べている。なぜなら、「学生よりも立派であり得べき人々が学校騒動以上の見苦い闘争暴行を議場内で敢てやつてゐる」のであり、その「暴行ざた」が学生に影響を与えているからだとしている。一方、南は学校紛擾の原因を学校当局者と学生との距離が遠くなったためとし、「学生も分を忘れて事を構へるのは良くない」と述べつつも、基本的に大学・高等学校や教育者の側に学校紛擾の原因を求めていた。彼は、思想的背景のある紛擾であっても社会科学研究を弾圧するのは好ましくなく、「学校当事者は寧ろこれをリードすることが肝要だ」とし、時代の傾向を把握し、学生に理解のある教育家を得ることが今日の急務であると論じ、しかしそのような教育家・学校長が鮮少であることを嘆いている。

『読売新聞』は、『東京朝日新聞』と同様に、一〇月一六日付から一一月一四日付までの紙面に、早稲田大学同盟休校関連の報道記事を連日掲載し、それに加えて同紙コラム「よみうり直言」の一〇月一九・二二日付、一一月三・八・九・一一日付の紙面（いずれも二面）で、早稲田大学同盟休校や学校紛擾一般に論及していた(35)。また、一一月九日付七面の「大学騒動時代」では、早稲田大学同盟休校は該当しないが、諸大学の学校紛擾に「極左分子」が関与しているのではないか、と内務省警保局や文部省学生部が警戒を強めているという内容を記している。

「よみうり直言」の内容を列挙すれば、一九日付コラムは、学校紛擾はほとんどの場合、学生の学校に対する不平不満に端を発しているが、紛擾に外部からの動きが関与することによって、学生の意図や目標を離れ、事態が別の方向に展開する傾向があると論じ、二二日付のものは、「唯物的解釈が学校経営者によつて実行されつゝ、ある今日、学生が唯心的伝統から離脱して行くに何の不思議があらう」、と学校当局にも学校紛擾に対する責任が存するとしている。

三日付コラムは、学校紛擾＝「左傾分子の策動」と判断する早稲田大学理事者を、「学生の運動方法に、左傾的方略を採つたとて、直ちに左傾運動と見るその藪睨み的態度は、青少年相手の連中が、不断にくり返しつつある」ところであると論難し、八日付のものでも、学生を敵と捉え、自分の立場を有利にしようとする態度で学生と対峙することによって、結果的に混乱を大きくしている、と学校当局者を批難している。九日付のものでは、学校紛擾の頻発は「やらずブツタクリ主義の今日の教育営利事業に端を発することに間違ひはない」と指摘している。以上のようにコラムでは、学生の責任に言及しつつも、学校当局者側の対応や経営方針を批判する文言が際立っている。

また同紙は、一一月一四日付七面に「早大騒動展望」という、早稲田大学同盟休校を総括する論評記事も掲載している。その記事は、今回の紛擾に次のような評価を与えている。すなわち、この紛擾を「純然たる学生自治権の獲得運動だつた」と位置づけ、「一万二千に余る学生が一糸乱れず永い間の闘争によく統制を守つていふ所の不祥事も惹起すことなく今日を得たことは、一面今後の学生運動における一つの傾向を指示したものと見ることが出来よう」と評価する一方で、学校当局については、田中穂積理事や高田早苗総長らの醜態を指摘し、「何れにしても学校側は色んな点で味噌をつけた」と難じ、「この点だけでも今回の騒動は学生にとつて惨敗とはいへない」と論じている。

『東京朝日新聞』と『読売新聞』という二紙のみであるが、早稲田大学同盟休校に言及している論評記事やコラムを分析すると、同盟休校が継続中のものであるため当然のことではあるが、その紛擾の原因に対する見解は確定しておらず、学生思想問題に加えて、大学の営利化、営利化された大学に対する学生の依頼主義・打算的期待、時代に相応しい教育者の些少、学校当局者の臆見なども原因として挙げられ、さらに学生自治権の要求も一因として指摘されていた。そして紛擾の根本的解決は、学生の学問や大学に対する姿勢の改善、学生を理解する教育者の養成、学校営利化の抑制などに求められていた(36)。思想統制政策が強化されていた時期に生じた学校紛擾であったにもかかわらず、早稲田大学同盟休校を始めとする学校紛擾の原因として学生思想問題を重視し、紛擾の解決策として抑圧取締や思想善導のさらなる徹底を要請する記事は僅少であった。

第3節　学校紛擾認識の分散

教育ジャーナルや総合雑誌に掲載された諸論考は、早稲田大学同盟休校をどのように論じていたのであろうか。このことを、代表的な教育ジャーナルと総合雑誌である『教育時論』、『中央公論』に掲載された諸論考を主たる史料として、また教育ジャーナル『帝国教育』と総合雑誌『改造』に掲載された諸論考を補助的な史料として分析することとしたい(37)。旬刊誌である『教育時論』については第一六三三号（一〇月二五日発行）～第一六四三号（一九三一年二月五日発行）を、月刊誌である『中央公論』では第四五巻第一一号（一一月一日発行）～第四六巻第三号（一九三一年三月一日発行）を史料とするが、早稲田大学同盟休校を主題的に検討した論考が多くないため、学校紛擾一般に言及したものを含めて見ていく。

『教育時論』は、第一六三三〜三六号の編集後記「展望車」で早稲田大学同盟休校に言及し、学生の要求は学校運営経営への参加であり、学生の批判対象は教員ではなく経営陣であることなどを指摘している。また、同誌には学校紛擾を分析した論考として、小川勝「「教員生活の矛盾」——学校ストライキの内幕——」（第一六三四号、二五〜二六頁）、田代素一「最近の学校騒動への批判的考察」（第一六三九号、三〜九頁）、畠山花城「本年の教育界を顧みて」（同前、九〜一一頁）、石黒魯平「最近の大学騒動に就て」（第一六四〇号、四二〜四六頁）、松本金寿「学校騒動の一側面観」（第一六四一号、一七〜一九・三九頁）、川辺喜三郎「日本名物学校騒動」（第一六四三号、一五〜二二頁）が掲載されている。ここでは田代、石黒、松本、川辺の論考を見てみよう。

田代は、近年の学校紛擾の動機が、以前のような個人的・個人主義的なものから、社会的・大衆的なものへと転換していると捉える。彼は近年の紛擾を、「個人としての学校長や教師ではなく実に学校なる実体そのものに対する疑惑不信反感が学生生徒大衆を駆つて遂に騒動化し、運動化せしめるものである」と認識し、「師弟関係といふ如き封建主義的イデオロギーを以てこれに対することは、絶対に不可であり、また策の得たものでない」と断じる(38)。そしてそれらの紛擾の目的は、第一に学校運営の制度改革、第二に学生の自主自治・自由の要求であり、従来の社会科学事件や学生思想問題とは異なり、「著しく具体的、現実的な傾向を帯びて来たことを認めなければならぬ」と分析し、その方法も、「一般労働運動の様式並に方法に倣はんとしてゐることを率直に認めなければならぬ」と論じている(39)。

石黒は、一九三〇年に生じた早稲田大学同盟休校、日本大学の学校紛擾（五月）、明治大学の学校紛擾（一一月）の概略を紹介し、三つの事例における共通点を、次のように列挙する。すなわち、「学校と学生との意見が疎通を欠いている」、「学生は教授と親密になりたいと願つてゐる」、「此の疎隔は（一）意思疎通の機関を作りたい（二）学生の権利擁護の力を得たい（三）学生自治権を確立して学校を牽制する位でなく、学校を支配する道を立てたい」、「之等の騒動が赤化思想運動の結果だと即断してならない」などを挙げ、「之等を帰納して、私は、学生の考へが余程進んで居る、之を教育者が察しなければならぬと、しみじみ感ずる」と述べている(40)。そして、彼は大学における学校紛擾の原因を、実務家を養成する大学に国家の幹部を養成する大学を模倣させた大学令の失敗、「脚下照顧の学風よりも、概念的に遠くのことを得意になつて講義する学風」を選択する教師の多さ、「自己・自国を十分知らないで徒に、ソヴイエット・ロシアなどの社会組織を憧憬して一向不思議に思はない大勢を馴致した」ことといった諸点に求めつつも、最大の原因として大学の営利化を指摘している(41)。

松本は、学校紛擾を「左傾化的思想の単なる顕現と見做す見解」は、「問題の具体相に関する正当な認識を欠き、その限りに於て明かに経験錯誤を犯してゐる」のであり、仮にその見解が正しいとしても、「思想善導が今日の如く強調されてゐることは、我が国の教育史上に於ける空前の現象」であるのだから、学校紛擾が「悉く左傾化的思想に基くとするならば、それは明かに教育の無能を裏書し其自体の無力を暴露する以外のものではないであらう」と論断し、学校当局者の「認識の狭隘と固定」を指弾する(42)。そして彼は、今日の学校紛擾は、恐慌と連動する「比較的基礎薄弱な私立学校に於ける経済的闘争」であるにもかかわらず、その経済的現実を踏まえないで、「人々は教育の尊厳の名に於て殊更に之を観念化し、一般的社会状勢の変化とは無関心に、只管に封建的師弟関係を強要しようとする」と批難している(43)。

川辺は、学校紛擾を少数の「過激分子」が「左翼戦術」を採用しながら煽動しているものと捉え、その戦術の近年における転換を詳細に論じている(44)。しかし彼は、「官憲や右翼団体や、世の識者達が大いに苦心して種々対策を講じ、思想善導と称し、弾圧取締りと云ひ、あらゆる工夫をこらしてゐるにも拘はらず」(45)、「過激分子」の戦術に多くの学生が動員されて紛擾が頻発していることを、「左翼戦術」の巧みさだけに起因するものとは捉えず、次のような要因を挙げている。すなわち、一般社会の「我利我利主義の反映」、「近頃の深刻な不景気と生活難」、「学制の大なる欠陥」、「吾が国近来の教育方針が、殆んど物質主義一点張りの観があり、精神的方面を余りにも閑却してゐること」、「新聞紙の無責任極まる低級な煽動的態度」、「私学の経営難」である(46)。つまり、川辺は、学校紛擾は左傾学生が先導・煽動するものであるが、多様な要因が絡み合って発生していると指摘している。

『中央公論』に掲載された学校紛擾を扱った論考には、河合栄治郎「大学の自由とは何か」(第四五巻第一一号、二〜二六頁)、森戸辰男「『学生思想問題』の社会的考察」(第四五巻第一二号、八七〜九九頁)、菊川忠雄「学校財閥の解剖」(第四六巻第一号、七一〜九五頁)、尾佐竹猛「学校騒動とテロリズム」(第四六巻第三号、二四九〜二五二頁)がある。ここでは河合、森戸、尾佐竹の論考を検討したい。

河合の論考は、大学の自由の限界を論じながら大学内外で政治闘争を展開する、マルクス主義研究者を批判するものであり、学生主導の学校紛擾を直接的に論じてはいない。しかし、彼は大学の研究者について、「持たざるべからざる自由は、研究と発表との自由」であり、「持つことをえざる自由が非合法の実践と共同規律の違反」であると述べ(47)、学生に関して「学生の実践に就ては、たとへ非合法でなくとも、大学は制限すべきである。之は現に学修の過程に在ると云ふ学生の自分より来る」(48)と論じている。

森戸は、「わが国の社会発展の傾向は、その「見えざる手」によつて学生大衆を無産階級の方へ導いてゐる」にもかかわらず、「支配階級の思想対策はこの社会発展の趨勢に逆行して、学生大衆を有産階級の側へと結付けようとする」と指摘し(49)、文部省の思想統制政策の難点を論じている。また彼は、思想善導の成果が芳しくないのは、「指導の地位にある教職員の思想問題、わけてもマルキシズムに関する認識不足と大学教職員の思想問題に対する無関心とに求められてゐる」のであり、「同盟休校においてそのクライマックスに達する」学生の「集団的な行動上の反抗」は、「根本的には時代錯誤の支配階級的思想善導策に対する彼等の反抗に起因してゐる」と述べている(50)。

大審院判事であり、法制史研究者でもある尾佐竹は、学校紛擾は当初、「個人の感情論」、「教員間の暗闘」、「校友個人の野心」などに起因していたが、「今日では(中略)全体としては学生自身の要求から動いて来るのである。(中略)学校を目標としながら、学生として以外社会人の領域に一歩踏み込んで居るのである」と論じている(51)。そして、だからこそ、「魔手」の関与する余地が生じ、それゆえに紛擾に「魔手」が関与している可能性は高いが、学校紛擾全体に「魔手」が及んでいると考えるのは早計であり、関与しているものと関与していないものとを峻別する必要があると述べている(52)。また、「社会科学といふ新しき目標が生じ、青年学徒が、飲を求むる渇者の如き熱狂を以てこれに赴くを見て、愕然として驚いたのは無知無能の極である。／無知は恐怖である。触る、べからず、知るべからず、一にも弾圧、二にも弾圧である。幾回の学校長会議、幾度かの主事学監会議も、学校当局に警察権を与へよとの提議をしたものもあつたとの話柄以外に、我等は不幸にしてその収穫を聞かないのである」(53)と、社会科学、特にマルクス主義に関する認識を深めないまま、「魔手」の関与の有無を区別することなく紛擾を弾圧する学校当局の対応の粗雑さを嘆息している。

ここまでに見てきた諸論考において、川辺、河合、森戸の論考は、学校紛擾を学生思想問題の延長、あるいはその問題に対する処方箋である思想統制政策への反発と理解している。この認識に関連して、塚原政次「昭和五年に於ける高等教育の回顧」(『帝国教育』第五八〇号、一九三〇年一二月一日発行、二二～二八頁)は、学校紛擾における学生のスローガンと戦術は「左傾的」であり、「斯様な同盟休校の事件を全滅せしめることと学生生徒の社会科学研究及実行とを放棄せしめることとは我等教育者の一大責務である」と述べ(54)、抑圧取締の一層の徹底を求めている。したがって、学校紛擾は学生思想問題の現れである、という文部省学生部と同様の認識を有する論者も存在していたのであった。

一方、田代、石黒、松本、尾佐竹の論考は、学校紛擾の質的変容を把捉し、変容した学校紛擾における学生の主張を排除すべきものと捉えず、むしろ妥当性を有するものとして肯定し、その変容を認識できず、学生の主張に対応できない大学当局、文部行政関係者、教師と、彼らの対策とを批判している。(但し、尾佐竹は、一部の紛擾は学生思想問題に起因していると捉えている。)これらの論考と視角を共有する論考として、石浜知行「学校制度の変化と学生運動の進化」(『改造』第一二巻第一二号、一九三〇年一二月一日発行、八七～九三頁)を挙げることができる。三・一五事件の余波を受けて一九二八年に九州帝国大学を向坂逸郎らとともに辞職した石浜は、従来の学生思想問題と異なり、早稲田大学同盟休校の目的は学校の制度・行政の改革であり、その二つの遠因として「学校当局があまりに、学生の自由を圧迫しすぎたこと」と「学校の企業化」とを指摘している(55)。そしてその認識に基づき、「全早稲田学生委員会の公認の要求」と、その要求が目指す「学生自治権獲得と学校行政への参与」を、「決して不合理なものではない」と述べ(56)、本紛擾は学生の自治権獲得運動であったと論じている。

田代、石黒、松本、尾佐竹、石浜の論考において指摘されている、学校紛擾の質的変容と相関する諸要因に共通する点に言及しているのが、赤井米吉「学校争議論」(『帝国教育』第五八一号、一九三一年一月一日発行、七五〜七九頁)である。赤井は、「学校が所謂学問の学校から生活の学校に転回せんとしつゝあ」(57)り、「学生たちが単なる学科の点数以上に学校の施設、行事、経営に対して関心を持ち始めたことはこの転回への新しい傾向」(58)であると学校は認識しなければならないにもかかわらず、「何時迄も学科中心の教育をせんとするところに衝突の最大原因がある」(59)と述べている。それゆえ、赤井は、学生にとって大学が、生活の内実は措くとして、「学問の学校から生活の学校に転回」しつつあるにもかかわらず、大学当局、文部行政関係者、教師がその転回を認識していないことが学校紛擾を発生させていると批判している。

『教育時論』と『中央公論』に掲載された諸論考には、前節で検討した新聞記事とは異なり、学生の自治権を埋め込んだ学校運営の制度改革を展望する論考や、思想統制政策と関連づけながら学校紛擾を論じている論考が多い。そしてその諸論考に即して言えば、早稲田大学同盟休校を始めとする学校紛擾の原因や解決策を論じる言説は、一九三〇年末から三一年初までの段階では、それらの紛擾を学生思想問題の文脈に位置づけるものが存在する一方で、それらの紛擾は学生にとっての大学の位置づけの転換に相関するものであり、従来の紛擾とは質的に異なったものであるという観点を提示するものが存在する、という分散した状況にあった。したがって、教育メディア空間において早稲田大学同盟休校を始めとする学校紛擾を論じる言説は、文部省学生部が一層の徹底を図ろうとしていた思想統制政策の文脈に紛擾を位置づけようとするものに収斂していたわけではなかったのである。

一九二〇年に大学として認可された早稲田大学は、大隈重信死去後の二三年に寄附行為を改正し、大隈家から独立した組織体としての道を歩み始め、二七年には教授会の権限を教職員任免規定によって明確にした。

大学当局と学生との関係に目を移せば、早稲田大学同盟休校以前に、暁民共産党事件（二一年）、軍事研究団事件（二三年）、大山郁夫辞任問題（二七年）、社会科学研究会・新聞学会・雄弁会を始めとする学生諸団体解散（二七〜二九年）といった諸事件が発生していた。したがって、早稲田大学同盟休校は、それらの事件に連なる学生思想問題の文脈に位置づく学校紛擾と見ることができる。

しかし、その同盟休校がどのような終焉を迎えたのかを見逃してはならない。一連の諸事件の場合、事件の解決は暫定的なものであり、大学当局と学生の対立は燻り続けたのに対し[60]、早稲田大学同盟休校では、中野正剛の調停案受諾を連合学生委員会が決定すると、「一瞬、学生ホールには静寂が支配し、やがて「都の西北」の大合唱となった。（中略）一ヵ月の間、彼らが敢えて学苑を紛擾に巻き込んだのは、よき早稲田を願うからであった」[61]という大団円を迎え、結果的に紛擾が大学への帰属意識を向上させるものとして機能していたのであった。

この結末における差異は、学生思想問題に連なる紛擾では、学生にとって大学当局は学問・研究や思想の自由を抑圧する国家の代理表象であったのに対し、早稲田大学同盟休校では、学生は大学当局自体と対峙したのであり、前記の自由を抑圧する国家は紛擾において問題化されることなく潜在化、後景化していたこと、換言すれば、後者の紛擾において学生の敵対者は大学当局であったが、前者の紛擾では学生にとっての実際の敵対者は大学当局の背後に存在する国家であったということを示唆しているのではなかろうか。それゆえ、前者では、紛擾解決後も、学生と国家、またその代理表象としての大学当局との対立が継続するため、紛擾解決が大学の共同性を増強するものとして機能し得なかったのではなかったか。もちろん、早稲田大学同盟休校が切符配布を巡る悶着から生じたという稀有な紛擾であった点に留保が必要であろうが。

前節までの分析によれば、学校紛擾に言及した論考や記事のなかには、学校紛擾は左翼運動の一環ではなく、学生が自らの声を大学の教育や運営、経営（早稲田大学同盟休校の場合は運営）に導入する回路が欠如していることを批難し、その回路の構築を希求していることの現れであるという、当時の文部省学生部とは異なった学校紛擾を巡る問題構成が存在していた。学生の声や論理に照準する問題構成は、大学の凝集性、また一つの共同体としての大学の公共性をいかに担保していくのかということが、学生数が増加する大学、特にその増加の著しい私立大学に対して、一九三〇年前後の時期に学生側から要請された質的転換の内実の一つであったことを開示している。そして、大学自体を一つの共同体として浮上させるこの転換は、学校紛擾における国家の存在の後退という問題と相関しているのではなかろうか。それゆえ、紛擾において国家の思想統制政策ではなく、大学の教育や運営、経営が問題化されるとともに、紛擾の解決が大学の凝着力を補強するものとして機能し得たのではなかったか。赤井米吉が記した「学問の学校から生活の学校に転回」という文言は、このような状況を剔抉していたものと読むことができる。

しかしながら、前述したように、文部省学生部は学校紛擾を国家と対峙する左翼運動や学生思想問題との連関において表象することを通じて、紛擾に参加する学生を内なる敵と把捉し、学生の声や論理を思想統制政策の文脈に回収しようとしていた。

したがって、一九三〇年前後の教育メディア空間に照準すると、大学に問題が存在するという認識は共有しながらも、一方には思想統制政策の強化によってその問題の解決を図ろうとする問題構成が、他方には学生の声を大学運営に導入し、大学を一つの共同体とすることによって問題の解決を図ろうとする問題構成が存在していたと言うことができる。

実際、一九三一年度以降に大学における学校紛擾数は減少することとなる。しかし、その減少は思想統制政策の妥当性を保証するものではないことを、早稲田大学同盟休校における学生の要求やその紛擾を論じる言説の相克・分散は暗示している(62)。減少の諸要因、そして紛擾における国家の潜在化という問題、また学校紛擾に関する言説の分散状況が教育メディア空間においてどのように展開していくのかという問題について、稿を改めて他の学校紛擾事例を分析対象として考察することとしたい。

終章◆見失われた水脈を求めて
教育メディア空間の探究

本書は、日本近代における一八九〇年代半ばから一九三〇年前後までの時期を対象として、教育ジャーナル、新聞、総合雑誌、少年雑誌、少女雑誌、教科書などのメディアが構成する教育メディア空間が、教育にかかわる言説や問題の発生と拡張に関してどのような機能を担ってきたのかを、主として次の二つの視角から分析してきた。すなわち、第一に国民教育が確立し、当然視されるようになった時期以降の教育メディア空間において、どのような教育に関連する諸問題がどのように論じられ、発生し拡張していったのかという視角から、第二にそれらの諸問題の発生や拡張は、教育メディア空間を包囲する政治、経済、思想、社会、文化といった諸領域のどのような歴史的な構造や状況と相関していたのかという視角から、想像された共同体を形成する教育メディア空間に迫ることを通じて、その空間が教育に関する問題の構成に有していた機能の多様性、重層性を分析してきたのであった。

これらの課題を探究する過程において、『少年世界』編集部の投稿文に関する方針転換（第1章）、国語読本における検定教科書から国定教科書への移行（第2章）、全国小学校成績品展覧会の開催（第3章）、小学校教師の学力問題の惹起（第4章）、二人の教師の殉職事件の扱いに見られる差異（第5章）、学制頒布五〇年記念祝典の開催（第6章）、学園都市における新中間層による子育ての様相（第7章）、早稲田大学同盟休校の発生（第8章）といった諸事象に焦点を合わせてきた。

それらの事象には、教師の専門性に疑義を差し挟んだ問題もあれば、教師と子ども、あるいは大学と学生のあいだで生じた社会的な関心を集めた事件もあり、教育に関連する展覧会や祝典もあった。また、小学校教育の社会的慣行化や言文一致運動と連動した、教科書や少年雑誌における少年、児童、そして教育者に関する表象も含まれていれば、郊外における新中間層の「文化生活」も含まれていた。そして、分析対象とした言説を記した人物には、（教育）ジャーナリスト、教師、学者、官僚、政治家、保護者、子ども、学生、新聞や雑誌の読者など多様な人々が存在していた。

教育メディア空間で話題となった多様な教育事象を事例とし、それらの事象がその空間でどのように論じられ、教育に関する問題として構成され、拡張していったのかに着目したのは、事象の性格や人々の背景を超えた政治、経済、思想、文化、社会といった諸領域の歴史的な構造や状況が、ある時期の教育に関する言説実践を特徴づけ、教育にかかわる問題を構成する論理などを基礎づけていたのではないかと想定したからであり、他方でそれにもかかわらず、同じ歴史的な構造や状況に支えられた教育に関する言説や問題のあいだにも、その発生や拡張の過程、また事象の扱い方に差異が見られるのではないかと推測したからであった。

以下では、第1節において各部各章における探究を整理し、本書で照準した一九〇〇年前後、一九一〇年前後、一九二〇年前後、一九三〇年前後という各時期の教育に関する問題の発生と拡張の特徴を概観することを通して、限られた事例に即した記述となるが、それらの問題の発生と拡張に対して教育メディア空間がどのような機能を果たしてきたのかを記述することとしたい。

第2節では、教育メディア空間を対象として日本近代教育史に迫ることにはどのような研究上の意義が存し、どのような研究課題を浮上させることとなるのかという点について、本書の各部各章の分析から得られる示唆に基づきなから論じたい。

教育に関する問題の発生と拡張には、時代の変遷に応じて、また同時代であっても事例や状況に応じてどのような差異が見られるのか、またその発生と拡張に関して教育メディア空間はどのような機能を果たしてきたのかについて、本書は国民教育が確立し、それを受けることが社会的慣行となってからの三〇年超に及ぶ期間を対象として分析してきた。第3節では、本書が探究してきた教育メディア空間における教育にかかわる諸問題を論じる言説の分析を通じて、どのような日本近代の教育像を描出することができるのか、そしてその結果として、本書は従来の日本近代教育史研究にどのように貢献するものであるのかということを論じることとしたい。

第1節　教育メディア空間における教育問題構成の動態

一八九〇年代半ばから一九三〇年前後までを対象時期とする本書は全二部で構成され、第1部と第2部は、国民教育が国民国家を担う国民の育成から、一等国に相応しい国民の育成へと役割を転換する契機となった臨時教育会議の設置（一九一七年）によって分割されている。そして、第1部第1章・第2章は一九〇〇年前後に、同第3章・第4章は一九一〇年前後に、第2部第5章・第6章は一九二〇年前後に、同第7章・第8章は一九三〇年前後に、それぞれ照準するものであった。各時期の教育ジャーナルを中心としたメディアが構成する教育メディア空間において、教育にかかわる事象がどのように論じられ、どのような教育に関する問題が発生し拡張したのか、またその発生と拡張にはどのような意味があり、どのような歴史的な構造や状況、あるいは問題構成における論理が相関していたのか、さらに問題認識に対立が生じている場合には、対立を成立させる基盤は何であったのかということを探究してきたが、以下では各部各章の探究を改めて概観することとしたい。

第1部第1章・第2章では一八九〇年代半ばから一九〇〇年代までに焦点を合わせ、少年雑誌と国語読本を史料として、教育メディア空間における少年像と児童像の転換を分析した。

第1章では、少年雑誌の簇生が見られた明治後期の代表的な少年雑誌『少年世界』（博文館）の第一～一六巻（一八九五～一九一〇年）に掲載された少年の投稿文を主たる史料として、少年の投稿文の文体が、漢文くずし体（漢文訓読体）や擬古文から言文一致の口語文に劇的に変容した背景、またその変容が少年にもたらした事態、さらにその変容に抗う少年たちの姿を検討した。

少年が綴る投稿文の文体が、漢文くずし体や擬古文から言文一致の口語文に急速に転換した背景には、『少年世界』投稿作文欄の投稿規定改定が存在していた。その改定は、投稿作文欄に掲載される作文が漢文くずし体や擬古文であり、しかもそれが年齢の高い者が記したものであったことに対する読者の不満と、『少年世界』主筆巌谷小波が関与していた当時の言文一致運動の興隆とを背景として一九〇二年末（第八巻第一六号）に断行されたものであった。

改定において、漢文くずし体や擬古文は「空文」と、言文一致体は「実地の文章」（実文）と位置づけられ、少年は「天真爛漫修飾なき実地の文章」を綴る存在として語られることとなった(1)。つまり、その改定を契機として、「空文」を綴りながら煩悶し、また主義主張を述べる青年とは異なる存在として少年は表象され、従来は『少年世界』にともに投稿していた少年のあいだに少年／青年という境界線が引かれたのであった。新たに少年と位置づけられた『少年世界』の読者は、この境界線を前述の不満を解消し、自分たちの投稿文の掲載を担保するものとして受容し、改定において示された少年像を自分自身に反照させ、「天真爛漫修飾なき」言文一致の口語文を綴るようになった。

以上のように、第1章において、『少年世界』では一九〇二年末の投稿規定改定を契機として、従来の少年が少年と青年に区分されることとなり、新たに少年として位置づけられた読者はその区分を承認し、天真爛漫な言文一致の口語文を綴る存在として自己を提示することとなった過程を照射した。その過程において、『少年世界』という少年雑誌は新たな少年像を構成するとともに、投稿文を綴るという言説実践を通じて少年にその少年像を受容させるという機能を果たしていたのであった。

第2章では、第二次小学校令下の検定教科書である学海指針社編『帝国読本』（一八九三年）と、小学校教育を受けることが社会的慣行となった時期に発行された、第三次小学校令下の第一期国定国語読本である『尋常小学読本』（一九〇三〜〇四年）における児童像を比較し、その転換が意味するものを考察した。

『帝国読本』における児童像は、将来のために学校で学ぶという功利主義的側面に力点が置かれたものであり、他ならぬ学校において学ぶ存在である児童に教える存在として教師が登場していた。したがって、小学校教育を受けることが社会的な慣行となる以前の国語読本は、子どもを教師から学ぶ存在である児童に変換し、学びの結果に応じて将来の社会的地位が左右される業績主義や学歴主義を児童に浸透させていくことを、国民教育に関する問題の一つとしていたのであった。

一方、小学校教育を受けることが当然視されるようになった時期に刊行された『尋常小学読本』では、児童が功利主義的学習者として描出されている点は『帝国読本』と同様であるが、児童は学校以外の場でも学ぶ存在として表象され、それゆえに教師以外の者も児童に教える存在として姿を現していた。また、将来に向けて学ぶ存在であると同時に、それ自体が価値を有する児童期を生きる存在としても記述されていた。

したがって、小学校に通うことが社会的な慣行となった時期の国語読本は、学校以外の場が有する教育機能を（再）発見し、学校や教師以外の存在を児童の社会化エージェントとしていくことを、また児童が生きる時期を価値あるものとして認識していくことを国民教育にかかわる問題とするものであった。

それゆえ、二つの国語読本を史料とした第2章は、児童を業績主義や学歴主義の文脈に位置づける課題に加えて、大人とは異なる価値ある時期を過ごす配慮が必要な存在として価値づけようとする課題、また学ぶ場・教える者を学校・教師以外に拡張していく課題が、一九〇〇年前後を画期として教育メディア空間に浮上してきたことを照射するものであった。そして、後二者の課題において、児童は学校に通って教師から学ぶ存在であることが否定されているわけではなく、そのことは自明視されていた。

『少年世界』という少年雑誌とは異なり、国語読本は子どもに業績主義を浸透させていく機能を担っていたが、第1章と第2章における探究を通して、学校教育を受けることが社会的な慣行となる一九〇〇年前後の時期の教育メディア空間において、『少年世界』においても、国語読本においても、「小さな大人」ではなく、独自の価値ある時期を過ごす存在として児童や少年を位置づける課題が浮上してきたことを指摘できる。第1章の考察からは、『少年世界』編集部による投稿作文欄の投稿規定改定に抗い、言文一致の口語文を綴りはするが、主義主張を述べる少年、換言すれば、『少年世界』編集部が青年と少年とのあいだに引いた境界線に斜線を重ねようとする読者の存在を確認できるが、多くの読者は編集部が引く境界線を受容したのであった(2)。

ここまでで見たように、一九〇〇年前後以降の教育メディア空間において、教育対象である子ども（児童や少年）は大人や青年とは異なった存在であり、価値ある時期を過ごす存在であると論じられるようになった一方で、子どもは業績主義や学歴主義の文脈に位置づけられ、いずれ青年や大人、言い換えれば国家や社会を担う国民となっていく存在としても論じられていた。この二重の子どもに対する視線は、国民教育、学校教育が人々の生活世界に浸透した状況において、子ども期という価値ある時期を子どもが十分に生きることができるように配慮しながら、同時に子どもを青年や大人、国民へと架橋するという課題に取り組むことを、教師を始めとする教育関係者に要請することとなる。この新たな課題の浮上に対して、教育メディア空間ではどのような教育に関する問題が発生、拡張し、どのように論じられることとなったのであろうか。一九一〇年前後に焦点を合わせた第3章・第4章では、全国小学校成績品展覧会と小学校教師の学力問題を事例として、この点を探究した。

教育実践の成果を一覧化して評価するイヴェントの雛形となった全国小学校成績品展覧会が、教育メディア空間でどのように論じられたのかを検討した第3章では、第一に、社会教育（通俗教育）や学校教育との「聯絡」を重視した少年雑誌『日本少年』（実業之日本社）などを史料として、その「聯絡」の延長線上に全国小学校成績品展覧会が開催されることとなった経緯と、その展覧会がさまざまなメディアを動員することによって教育の祝祭空間を構成していく過程を記述した。また第二に、その過程に関与した芦田恵之助を始めとする東京高等師範学校などの訓導が、展覧会において児童の成績品を審査し、さらにその成績品を審査する行為を通じて小学校教師の実践を評価する存在として屹立し、教育メディア空間において、彼ら／彼女らの講評が教育実践を変革し、教育の質や教師の専門性を担保する機能を果たすこととなる機制を分析した。

芦田自身は、教育実践の過程（「児童の工夫」）ではなく、結果を評価する成績品の展覧会に対して批判的であった(3)。しかし、全国小学校成績品展覧会の開催、そして審査員の講評がもたらしたのは、芦田が批判するところのものであり、教育実践が教育に関する現実を創出するという事態ではなく、教育メディア空間の問題構成によって教育実践を方向づけようとする政治力学の胎動であった。そもそも全国小学校成績品展覧会に児童の作品を出品し、審査員による評価を受ける行為自体が、児童の作品を出品した小学校教師たちが、審査員の批評に基づいた教育実践の創出や変革という機制を承認していることを意味するのであり、全国小学校成績品展覧会の開催、そしてその展覧会の成果を論じる教育メディア空間の言説は、このような政治力学や機制を作動させることによって教育の質を担保しようとする欲望が増幅されたことを開示している。

全国成績品展覧会が開催された一九一〇年前後の時期は、大逆事件（一九一〇年）、また第二の流行期を迎えた中学校の学校紛擾によって、国民教育、学校教育の普及が、国家の発展だけでなく、国家の危機に繋がり得ることが認識された時期でもあった。それゆえ、教育がもたらし得る危機への対処という文脈においても、一九一〇年前後の教育メディア空間では、教育の質が問われ、その質を担保する存在である教師の専門性が問題化された。第4章で焦点を合わせた『万朝報』の報道を契機として生じた「小学校教師の学力問題」には、このような脈絡が存在していた。

同章では、小学校教師の学力問題を論じた新聞記事や教育ジャーナルに掲載された論考を史料として、新聞記事において小学校教師やその専門性がどのように批判的に論じられ、その問題が発生し、拡張していったのかを叙述した。また、その発生と拡張の過程において、小学校教師を始めとする教育関係者が、小学校教師の学力問題を教育の問題へと変換し、その権威を失効させかねない批判から教育の領域を防御する言説実践を産出することによって、小学校教師やその専門性に対する批判に抗おうとした様相を記述した。そしてその記述を通じて、教職の多忙さや労苦の共有という内輪の共感に根差しながら、学校教育の領域の固有性を主張し、学校教育の領域の聖域化を志向する教育に関する問題の論じ方が、教育ジャーナルにおいて出現してきたことを指摘したのであった。

以上の第3章と第4章の探究を通じて、国民教育、学校教育の達成の一つである子どもの学習成果を裏づける教育の質や教師の専門性を危ぶむ問題が発生し、拡張していた一九一〇年前後の時期に、教育メディア空間は二つの機能を担っていたことを指摘できる。すなわち、一方で主導的な役割を果たす教師たちの批評や示唆に基づいた実践に取り組むことによって、教育の質を担保し、子どもを国民へと育てていくことを促す機能を担い、他方で教育の質を疑問視する批判に対しては、教育関係者のみが論じ、語ることができる特異な固有領域として学校教育を設定することによって、その批判を無効化しようとする機能を担っていたのであった。つまり、国民教育、学校教育の成果を問う問題の発生と拡張に対して、一九一〇年前後の教育メディア空間は、その成果を担保しようとすると同時に、成果を疑う批判を無効化するという二重の機能を果たしていたと見ることができる。

2　第2部　一等国に相応しい教育の構成——教育と国家の繫がりの再構成

第1部第4章の分析は、一九一〇年前後の教育メディア空間において、学校教育を聖域化しようとする言説、また教師を始めとする教育関係者だけが教育について論じ、語ることができるとする学校教育の固有性や特異性を主張する言説が浮上してきたことを指摘するものであった。

しかしながら、そのような言説が現出したとしても、学校教育が子どもたちを社会化する国家的な制度である限り、学校教育は国家や社会の統制や影響を受けることとなる。それゆえ、教育関係者のみが学校教育を論じることができる、あるいは論じるべきであるという教育問題の構成の自己完結性を維持することは、実際には不可能なことであると言える。

そうであるならば、国家や社会と学校教育の領域を接続しつつ、教育の固有性や特異性を主張していくことが、教育メディア空間に関与する人々の大きな課題として浮上するだろう。それでは、日本が一等国に相応しい教育を模索した時期に、その課題に対して、それらの人々はどのように応えたのであろうか。第2部では、一九二〇年前後の教育メディア空間に照準しながら、この問題を探究した。

第5章と第6章では、一九二〇年前後の教育メディア空間に焦点を合わせた。第5章では、一九一九年に生じた松本虎雄の殉職と、一九二二年に生じた小野さつきの殉職は、両者とも子どもを救おうとした教師が溺死した事件であり、ともに社会的な反響が大きい事件であったにもかかわらず、教育ジャーナルにおける小野の殉職に対する扱いが、松本の殉職のそれを凌駕するものであったことの意味を考察した。

小野の殉職が大きな反響を教育ジャーナルで生じさせた背景には、第一に、それが学制頒布五〇周年に当たる一九二二年という、国民国家の形成に貢献してきた学校や教師の過去の教育活動が祝賀された年に生じた点が存在していた。また第二に、産業資本主義の進展と連動して、女性が私的領域のエコノミーから公的領域のエコノミーに進出し、教師においても女性の占める割合が大きくなっていた時期に、東北の寒村の新任女性教師でさえ、身も心も捧げて子どもの教育に貢献することができることを象徴的に示す訴求力を、小野の殉職が有していた点があった。

彼女の殉職に人々の関心が吸引されつつあった状況において、教育ジャーナルはその殉職事件を、犠牲的感情に基づいて子どもを国家に貢献する大人に育てる、という国家的使命への寄与を紐帯として教師の共同性を再構成し、教師の待遇改善を目論む契機としていく機能を果たしていた。

教育ジャーナルに掲載された論考のなかには、殉職は教育活動の頂点に位置づけられるものではないこと、したがって、教師は非常時だけではなく、日常的に子どもに愛情を注がなければならないことを主張するものも存在した。しかし、いずれの論考も、小野の殉職に顕現している犠牲の感情、子どもへの愛情を、教師は有しているべきであるという主張に基礎づけられていた点は共通し、彼女の殉職事件を契機として、教師の犠牲的精神に媒介された教師と子どもの一体感が充溢する場として教育空間を表象しようとしていたのであった。

第6章では、第一に、学制頒布五〇年記念祝典が開催された時期に、「教育第一」という標語に象徴される、国家における教育の第一義的意義を主張する教育問題の構成、換言すれば、政治、経済、軍事、産業などではなく、教育こそが国家のあらゆる領域や活動の基盤であるとする、唯教育論と呼ぶことができるような言説が教育メディア空間において増幅した動態を、教育ジャーナルを中心的な史料としながら記述した。第二に、その祝典を教育の祝祭とするために尽力した教育擁護同盟を始めとする教育団体などの活動は、祝典開催時期の前後において、市町村義務教育費国庫負担金が政治的争点となっていた文脈に埋め込まれたものであったことを論じた。

ワシントン体制の確立がもたらした軍縮によって財政的な根拠が与えられたこと、第5章で扱った小野さつきを始めとする、子どものために命を賭けた殉職教師の存在によって「教育第一」という標語に実践的内実が付与されたことといった順風を受け、市町村義務教育費国庫負担金は増額されることとなり、教育団体が主導した運動は成果を収めることとなった。しかし、本書の関心において興味深いのは、運動の成果ではなく、その運動が展開していく過程で、数多くの人々の関心を教育に動員するために創出された唯教育論的な問題構成において、教育が人生や生活、生きることと判別のできないものとなるという、教育概念の膨張＝拡散が見られたことであった。

また第6章では、当時の教育実践者のなかには、教育擁護同盟を始めとする教育団体の運動を教育ジャーナルなどにおいて批判的に論じる者も存在したが、運動に対して批判的な論考も、教育と人生や生活などが区別できない教育概念の膨張＝拡散を共有するものであったことも指摘した。それゆえ、教育団体の運動に肯定的な言説と否定的な言説は、両者とも教育概念の膨張＝拡散を共有していたのであり、この膨張＝拡散した教育概念を基盤として、言説間の対立が生じていたのであった。

したがって、一九二〇年前後の教育メディア空間を分析すると、命を犠牲にしても子どもの教育に尽力するという、殉職を頂点とする犠牲的精神によって国家的使命に貢献する教師像を構築し、そのことによって学校教育と国家や社会との繋がりを確固たるものとしようとする教育に関する問題の構成、また教育概念を膨張＝拡張させ、教育があらゆる領域や活動の基盤であることを主張することによって、学校教育と国家や社会との繋がりを担保しようとする唯教育論的な問題構成が広がりを見せていたと言うことができる。そしてそれは、国家的使命への貢献に応じた教師たちの待遇改善の帰結へと教育に関する問題を筋立てようとする欲望と結び付いていた。

第5章と第6章の探究は、一九二〇年前後の時期に、教育メディア空間に見られる言説において学校教育と国家や社会との繋がりの強度が頂点に達し、それと連動して教育概念もこれ以上はないほどまでに膨張した様相を開示するものであった。頂点に達するまでに膨張した教育概念を基盤とする教育に関する問題の構成は、教育メディア空間において、その後どのように展開していくのであろうか。一九三〇年前後の時期に焦点を合わせて、このことを探究することが、第7章と第8章の課題であった。

第7章では、博覧会・展覧会や住宅政策の動向を概観し、関東大震災以前から、新中間層が「文化生活」を展開する住宅地として郊外が注目を集め、実際に郊外でいくつかの住宅地が開発・販売されていたことを叙述するとともに、その「文化生活」を演出する重要な要素の一つとして教育が位置づけられ、一九二〇年代半ば以降に郊外住宅地の一つの様式として学園都市が浮上したこと、そして初等教育機関を中心とする学園都市の一つに成城が存在していたことを記述した。

また、成城で一九二九年に開催された朝日住宅展覧会で建築・販売された住宅の平面図、その住宅に居住した人々の文章を検討し、子どもの教育を生活の中心に据える「教育家族」が成城に集合し始めたことを指摘するとともに、成城小学校の機関誌『教育問題研究・全人』に同年に掲載された保護者の文章を史料として、新興の学園都市成城において、保護者が我が子を観察し、その観察結果に対する診断を教師に委ね、場合によっては自身が診断を下し、その診断に基づいて我が子が生を営む環境を設える、という手続きによって教育を遂行していく文化的実践（小原国芳の言葉を用いれば「文化主義的教育」(4)）として、我が子の教育を把握していたことを描出した。そして保護者は、他ならぬ我が子のみに焦点を合わせて教育に関する問題を論じたのであり、我が子でもあり、かつ国家の発展を将来において担うことを期待される少国民でもある、という二重性を有する存在として子どもを認識していたわけではないということ、言い換えれば、保護者による子どもの教育に関する言説実践において国家が不在となっている、あるいは後景に退いているということを論述した。

成城という郊外の学園都市において、新中間層が我が子の教育を重要な構成要素とする「文化生活」を実践しつつあった時期は、他方で高等教育機関において学校紛擾が頻発するとともに、学校紛擾に対処する思想統制政策の実効性が問題視されていた時期でもあった。第8章では、一九三〇年に発生した「早稲田大学同盟休校」を事例に、その紛擾を論じる新聞記事や雑誌論考を史料として、学生は大学運営にどのような問題性を見出したのか、また教育ジャーナルや新聞といった活字メディアが学生の要求や動きが有する意味をどのように論じていたのかということを分析した。

早稲田大学同盟休校は、早慶戦の切符配分に対する抗議を発端としていたが、大学当局がその抗議を左翼運動の一環と見なしたことによって学生の態度が硬化し、その結果、学生の主張が切符配分に関する大学への抗議から自治権獲得を要求する政治的なものへと移行した紛擾であった。

第8章ではこの移行過程を描出するとともに、『東京朝日新聞』、『読売新聞』、『中央公論』、『教育時論』などに掲載された早稲田大学同盟休校に関連する記事や論考を検討し、その紛擾を左翼運動の延長線上に位置するものとみなし、文部省学生部が強化しようとしていた思想統制政策と関連づけて問題化する記事や論考が存在する一方で、その紛擾を左翼運動との関連で捉えるのではなく、学生の要求を真正なものと捉え、学生の声を組み込んだ大学運営の制度改革を要請しているものとして問題化する記事や論考も存在していたことを指摘した。

学問研究や思想の自由を抑圧する国家、またその代理表象としての大学当局などと対峙する学生という図式で早稲田大学同盟休校を論じるのではなく、学生にとって学問の場というよりも、むしろ生活の場と化してきた大学を、どのように学生が生活を営む共同体として構築していくのかということが、その紛擾の核心に存在していると論じる記事や論考の特徴として、学生と対峙する存在としての国家が、直截には語られることなく潜在化している点を挙げることができる。

また、生活を営む場への大学の変容を学生が希求する事象として学校紛擾を論じる問題構成が教育メディア空間に組み込まれ始めた構造には、高等教育機関、特に私立大学において学生数が急速に増加し、学生の大学への帰属意識をどのように確保し、大学の共同性をどのように構築していくのかということが、私立大学の課題となる状況の到来が関係していた。このことも、第8章において記述した。

第5章と第6章で検討したように、一九二〇年前後の教育メディア空間では、国家に対して（学校）教育が有する第一義的重要性を喧伝する言説が広がりを見せていたが、第7章と第8章の分析を踏まえれば、一九三〇年前後の教育メディア空間においては、教育と国家との関係を直截に論じることなく教育に関する問題を構成していく論じ方や語り方、問い方、書き方が導入され始めた、あるいは少なくともその徴候が現れていたと論じることができる。

教育に関する問題の構成において国家への言及が消去されたことは、教育が国家から自律した領域として跳躍したことを意味するものではないだろう。そうではなく、国民教育、言い換えれば、教育と国民や国家との繋がり、また教師たちの国民や国家への貢献が論じるまでもない自明なこととなったということであり、その消去に、国民国家創出期から国民国家改革期への移行過程に生じていた、教育メディア空間における教育に関する問題構成の変容の表徴を見出すことができる。

3　国民教育の創出期から改革期までの教育メディア空間における問題構成の変遷

国民国家への国民の統合、また国民国家を担う国民の育成を課題としてきた国民教育が、世界史の一翼を担う列強に相応しい国民の育成を課題とするものへと転換する時期をあいだに挟む、一八九〇年代半ばから一九三〇年前後までの時期の教育メディア空間において、教育事象がどのように言説化され、教育に関する問題として構成されていたのかを、本書の各部における探究に即して概観すれば、次のように記述することができる。

一八九〇年代半ばとは異なり、子どもが学校に通うことが社会的慣行となった一九〇〇年前後の教育メディア空間では、子どもを、業績主義や学歴主義の文脈に位置づける言説に加えて、独自の価値ある時期を過ごす存在と捉えようとする言説も浮上していた

一九一〇年前後の教育メディア空間では、この二重の文脈から捉えられる子どもをどのように教育していくのかということが、初等教育の量的拡充の達成と連動しながら問題化し、学校教育の質や教師の専門性が問われた。そして全国小学校成績品展覧会に見られるように、主導的な教師が記す教育実践に対する評価に基づく実践の改革が、教育の質や教師の専門性を保障するものとして浮上したのであった。また、この時期には、学校教育の権威や教師の専門性に疑義を差し挟む事件に端を発して、学校教育や教師に対して批判が生じたが、その批判から学校教育や教師の権威を防御するために、教師を始めとする教育関係者のみが学校教育について論じることができるという、学校教育の領域の固有性や特異性を主張し、その領域の聖域化を欲望する教育に関する問題の構成が、教育メディア空間に浸透していくこととなった。

したがって、第1部で対象とした国民国家への国民の統合、そして統合される国民の育成を学校教育が担った時期の教育メディア空間では、国民教育の対象となる子どもをどのように認識し表象していくのか、また教育の成果をどのように担保していくのかという問題が論じられたのであった。そして成果の担保を始めとする教育問題については、教育という特異な領域を知悉する教育関係者のみが論じることができるとする主張、欲望が胎動してきたと見ること

ができる。

以上のような教育問題の論じ方や教育問題を巡って教育の領域を自律させようとする主張や欲望が教育メディア空間に現れた時期以降に、臨時教育会議が設置され、その設置を一つの契機として、学校教育が一等国に相応しい国民の教育を担うことを期待された。一九二〇年前後には、その主張と欲望を把持しつつ、教育の領域と国家との繋がりの強度を高度化しようとする教育に関する言説、すなわち、「教育第一」という標語に象徴される、国家に対して教育が保持している他の領域以上の重要性を力説する教育問題の論じ方が教育メディア空間で発生し、拡張していくとともに、その教育問題の構成において教育概念が人生や生きることと判別することができないものへと膨張＝拡散することとなった。一等国に相応しい学校教育が希求され始めた時期の教育メディア空間では、一等国への転換の要諦に教育が位置づけられる一方で、要諦となる教育が実際には曖昧なものとして論じられていたのであった。

一九三〇年前後になると、教育と国家の繋がりを強調するのではなく、教育と国家との関係を直截には表現しない教育事象の論じ方や語り方、問い方、書き方が、教育メディア空間に導入され始めた。郊外で「文化生活」を営む新中間層の子どもの教育の論じ方においても、それとは対照的な大学における学校紛擾の論じ方においても、教育と国家との強固な繋がりを所与のものとして教育に関する問題を構成していく徴候が、教育メディア空間に現れたのであった。

第2部で対象とした一等国を担う国民の育成が課題となった時期の教育メディア空間における問題の構成では、教育の領域の固有性や特異性を主張した第1部の時期の教育メディア空間とは異なり、一等国の基盤は教育にあることを主張し、教育の領域と他の領域とを接続させて教育問題を論じる言説が流布するとともに、単なる国民国家ではなく、一等国でもあるという国家像に応じて教育の役割が変容したことと相関しながら、教育概念が膨張＝拡散し、曖昧なものとなったのであった。そして時代が下ると、教育概念が曖昧なものとなったことを反映してか、あるいはその関係が論じるまでもない自明なものとなったことを反映してか、従来は反復して論じられていた教育と国家との関係が論じられなくなるという事態が生じたのであった。

第2節　教育メディア空間における問題構成に関する分析からの示唆

限られた事例に即した分析ではあるが、第1部と第2部の分析からは、日本近代教育史に対する三つの示唆を得ることができる。第一に一八九〇年代半ばから数多くの人々が帰属することとなった教育メディア空間は、教育にかかわる事象を言説化し、教育に関する問題として構成する機能を果たすことを通じて、教育に関する現実の創出に影響を及ぼすものであったということであり、第二に教育メディア空間においてどのような教育に関する問題が構成されるのかは、その契機となった事象の論じ方や事象に関する認識の妥当性だけではなく、教育メディア空間を包囲する諸領域の歴史的な構造や状況とも相関しているということであり、第三に教育メディア空間において事象をどのように教育問題として筋立てるのかは、歴史的な文脈に対応して変容するだけではなく、問題構成に存する論理の要請からも変容するということである。

以下では、本書の探究に即しながら、三つの示唆が意味していることを論じていくこととしたい。

1　言説実践を通じた教育に関する現実の創出への関与

本書の各部各章における分析は、一八九〇年代半から普及した教育ジャーナルを始めとする活字メディアによって構成される教育メディア空間が、その空間で流布する言説を通じて教育に関する現実の創出に関与していくこと、つまり、教師を始めとする人々がその空間で展開される教育を論じる言説実践に参加していくことを通じて、その空間が遂行的に教育を巡る現実の産出に接続していくことを示唆するものであった。改めていくつかの章について、どのような現実が教育メディア空間における教育にかかわる問題の構成という言説実践を通じて創出されたのか、あるいは創出されようとしていたのかを見ることとしよう。

第1章では、『少年世界』編集部による投稿作文欄の投稿規定改定（一九〇二年末）によって、「天真爛漫修飾なき実地の文章」を綴る新たな少年像が提示され、投稿する少年たちがその少年像に沿った投稿文を記すようになった過程を検討した。この過程からは、新たな少年像に即した投稿文を綴る言説実践を通じて、漢文くずし体や擬古文といった「空文」を巧みに綴りながら主義主張を述べる青年とは異なる少年、という現実が創出されていく機制を照射することができる。

第3章では、実業之日本社主催の全国小学校成績品展覧会（一九一二年）における審査員の講評（第3章で言及したのは芦田恵之助を含む綴方審査員によるもの）が、成績品に対する審査基準を提示し、多様な成績品から見えてくる教師たちの教授上の難点を剔出することを通じて、多様性を有している教師たちの文章観を「略一定」(5)に導こうとするものであったことを見た。

展覧会に出品することを決断し、審査員の評価を受けることは、今後の自らの実践に審査員の評価を何らかの形で導入していくことを選択することでもある。それゆえ、その展覧会に児童の成績品を出品した多くの教師たちは、審査員の講評に即しながら、自らの文章観を他の教師たちと「略一定」なものとすることに取り組み、自らの文章観を吟味したことであろうし、そうでなければ児童の成績品を展覧会に出品しないであろう。したがって、教育メディア空間における講評を通じた教育実践の改革は、教育の成果が問われる事態に対する応答の一つであり、その成果を担保する実践を促す機能を果たすものであった。

第5章では、子どもに対する教師の犠牲的精神や愛情が充溢した関係を象徴的に示す事象として、小野さつきの殉職事件（一九二二年）を論じる言説が、教育メディア空間において増大したことを指摘した。それらのなかには、「吾人は小野訓導の事績を敬慕すると同時に、幸にして小野訓導の如き災難に遭遇することなく而かも女史同様焔々たる教育的精神に燃えて日々の功績を積みつゝある幾多の生ける小野訓導の存在することを確信する」(6)と述べる『教育時論』編集者原田実の言述のように、彼女の殉職を契機として増幅した教育の世界に関する美的表象を、殉職教師以外の教師にも適用し、国民教育に関する現実に新たな相貌を浮上させようとするものも存在していた。したがって、小野の殉職に関して言えば、教育メディア空間は、彼女の殉職に現れた犠牲的精神や愛情に満ちた教師と子どもの関係を、あらゆる国民教育にかかわる現実に拡張して適用する機能を果たしていたのであった。

第7章では、成城小学校の機関誌『教育問題研究・全人』の一九二九年分を主たる史料として、「体験の児童学」を構築するために、さまざまな観点から観察した子どもの姿を投稿するように呼びかける編集部に応じて、保護者が子どもの姿を観察して記述した文章を分析した。保護者の文章からは、彼ら／彼女らにとって『教育問題研究・全人』は、「不完全な家庭の主人として家族統制の責に任じ、特に吾子教育の中心的存在としてその衝に当たる私は『家の主』としてより『子の父』として脳《ママ》みを感じてゐるものであります。（中略）唯々子に対する父の本能的愛と家庭的欠陥を補はうとする同情とを不純にすることなく、教育と云ふ文化動機を考察し、文化活動を継続したいだけなのであります」(7)と語る本尾小太郎のように、家との関係ではなく、子どもとの関係において自らを定位し、我が子の「親」として自身を構成していく機能を果たしていた。

第8章では、早稲田大学同盟休校をどのような問題として認識するのかに関して、教育メディア空間には、その紛擾を左翼運動の一環として、思想統制政策の文脈に位置づける言説が流布する一方で、学生にとって大学が学問の場から生活のそれへと変容しつつあると語る赤井米吉の言葉(8)が象徴するように、その紛擾に大学の質的転換を見る言説も存在していたことを記述した。後者の言説は、大学運営における意思決定のプロセスを批判的検討の俎上に載せるものであり、大学の学生数の量的拡大を背景として、大学を学生にとっての生活の場としていく実践、例えば早稲田大学同盟休校で見られたように、学生の声を大学の意思決定プロセスに導入していく試みに人々の目を向けさせる機能を果たすものであった。

以上で見てきたように、本書は、教育メディア空間における教育に関する問題の論じ方や語り方、問い方、書き方という言説実践に人々が参加することを通じて、その空間が教育に関する現実の遂行的な生産に関与していくということ、換言すれば、教育メディア空間における問題構成を媒介として、教育に関する現実の創出が左右される過程を記述するものであったと位置づけることができる。

2　教育に関する言説と歴史的な状況との相関

教育メディア空間において教育にかかわる事象をどのように言説化し、教育問題として構成していくのかということが、教育に関する現実の創出に影響を与えるとしても、本書が分析した諸事例は、どのような言説や問題構成が現実の創出に連関するようになるのかは、事象の論じ方の妥当性だけではなく、教育メディア空間を囲繞する歴史的な構造や状況と関係するということを開示するものであった。逆に言えば、そのような歴史的な文脈と相関するからこそ、同じような事象が以前にも存在していたにもかかわらず、特定の事象を契機として特定の時期に特定の教育に関する言説や問題構成が普及する事態が生じるということを、本書の探究は示している。ここでも、いくつかの章を見ることとしよう。

前述したように、第1章では、一九〇二年末に実施された『少年世界』投稿作文欄の投稿規定改定を契機とする、「天真爛漫修飾なき実地の文章」を綴る少年像が、文章を投稿する少年たちの言説実践を通じて現実化していく過程を記述したが、編集部の意向に従わない少年たちが存在していたことも指摘した。すなわち、言文一致体を綴りはするが、「天真爛漫修飾なき実地の文章」ではなく、自身の主義主張を述べ続ける少年も存在していたのであった。したがって、言文一致の口語文を綴りはするが、『少年世界』編集部が想定する内容とは異なる文章を記すという、別の少年像が現実化していく可能性も、改定以降の『少年世界』には伏在していたのであった。

その可能性が可能性に留まり、『少年世界』おいて編集部の要請する文章を綴る少年が生まれることとなった事態には、次の事情が関係していた。すなわち、投稿規定の改定によって青年と位置づけられた者の投稿文が以前は数多く掲載されていたことに対して、その改定によって少年と位置づけられた者の不満や不平が存在し、その不満や不平を解消することとなる改定は、多くの少年にとって受容できるものであったということ、またその改定によって天真爛漫な言文一致の口語文体でなければ、編集部は採用しないであろうということが関係していたと見ることができる。

しかし、それではなぜ、編集部はこの時期に投稿規定を改定したのであろうか。第2章において、『少年世界』投稿作文欄の投稿規定改定の翌年である一九〇三年に小学校令が改正されて国定教科書制度が導入され、第一期国定国語読本『尋常小学読本』が一九〇三〜〇四年に逐次刊行されたことに言及したが、文部省は一九〇三年の小学校令改正以前の一九〇二年四月から、教科書審査官吉岡郷甫を中心として同読本の編纂作業に着手していた(9)。また同章では、『尋常小学読本』は口語文を多く採用するものであったこと、そしてその読本に見られる児童表象の特徴として、児童の生活世界に独自の価値が見出され、児童や児童期の固有性が発見されつつあったことを指摘した。

したがって、国定教科書制度の導入、口語文を数多く採用し、児童期の固有性を発見した『尋常小学読本』の編纂、そして第1章で言及した一九〇〇年前後における、帝国教育会内に置かれた言文一致会、また少年言文一致会などが一端を担った言文一致運動の興隆とが重畳的に作用した国民教育にかかわる歴史的な状況が、『少年世界』編集部に投稿規定改定の断行を一九〇二年末に促したと見ることができる(10)。

第4章では、小学校の校長や教師の書き取り試験の成績が不振を極めたとする、『万朝報』に掲載された記事を契機として一九一二年に生じたスキャンダルに照準した。成績不振が事実であったかどうかは措くとしても、小学校教師の書き取りに関する学力が突如低下したわけではないだろうが、第4章で扱った事例ほどのスキャンダルはそれ以前には生じなかった。したがって、一九一〇年前後の時期に小学校教師の書き取り試験の成績不振が問題化されたことには、それを問題化する歴史的な文脈が存在していたと見ることができる。その文脈とは、国民教育・初等教育の制度が確立し、その量的拡充が達成された結果、教育の質が問われ始めたという事情、また大逆事件や中学校を中心とする学校紛擾の発生が、人々の視線を教育制度の整備から整備された制度の内実へと転換したというものであった。

なお、第3章では、前記のように、一九一二年に開催された全国小学校成績品展覧会を事例としたが、この種の展覧会が一九一〇年前後の時期に開催された背景には、出版界のリーダーになろうとする実業之日本社の野望が存在していたが、それだけではなく、第4章で事例としたスキャンダルと同様に、その時期に、整備された教育制度を通じて達成されている国民教育・初等教育の成果がどのようなものであるのかが問われたという歴史的な状況も相関していたと見ることができる。

第8章では、一九三〇年に生じた早稲田大学同盟休校を事例として、その紛擾がどのように教育メディア空間で論じられ、教育問題として構成されていたのかを検討し、その紛擾を左翼運動の延長線上に捉え、思想統制政策の強化の文脈に位置づけて論じる記事や論考が存在する一方で、大学を学問の場であるとともに、学生の生活の場でもあることを組み込んだ大学運営を要求する現れとして論じる記事や論考も存在したことを指摘した。

以前から大学は、学生にとって学問を探究する場であると同時に、生活を営む場でもあったが、そのことが一九三〇年前後に問題化された事態には、大学で学ぶ学生数が一〇年前の三倍以上にも急増し、学生の大学への帰属意識を担保していくことが課題となっていたという状況が相関していたのであった。

ここまでで見てきたように、教育メディア空間において教育にかかわる事象をどのように論じるのかは、その事象に対する認識の妥当性だけではなく、事象が生じた歴史的な構造や状況とも相関している。それゆえに、同様の事象が繰り返し生じながらも、特定の時期に教育メディア空間でその事象が言説化され、特定の視角から教育に関連する問題として構成されるということを、本書の分析は描出している。

3　言説の論理から導出される変容

教育メディア空間で構築される教育事象の教育問題への筋立ては、一旦構築されるとそれが単純に反復再生産されるわけではなく、歴史的な構造や状況と相関しながら転換するが、その筋立てを構成する論理の要請に応じても変容するということを、本書の探究は示唆している。このことを明瞭に示しているのが、第1部第3章・第4章と第2部第5章・第6章で扱った教育問題の構成に見られる変遷である。

国民教育・初等教育の制度確立、量的拡充が一九〇〇年前後に達成されると、一九一〇年前後には教育メディア空間において教育の成果や質が問われるようになったが、他方で、第1部第4章で指摘したように、成果や質を疑問視する言説に対抗して、教育の領域の固有性や特異性を主張するものとして教育事象を論じる問題構成が広がりを見せた。

しかしながら、第2部第5章・第6章でも見たように、教育の領域の固有性や特異性を主張する問題構成が、その時期以降にも反復再生産され続けるというわけではなかった。臨時教育会議の設置以降に、一等国の内実を備えた教育が目指されるようになると、第5章で扱った小野さつきの殉職事件、また第6章で話題とした学制頒布五〇年記念祝典を契機として、教育の領域の固有性や特異性を主張するだけではなく、犠牲的精神と愛情を基盤とする子どもの教育への尽力によって国家的使命に貢献するという教師像を構築する教育問題の構成、また教育概念を膨張＝拡散させ、(学校) 教育が国家のあらゆる領域に優先し、他の領域の根源には教育があると論じる教育問題の構成が、媒体や地域の差異を超えて教育メディア空間で流布したのであった。

両者の問題構成が、小野の殉職事件が生じ、学制頒布五〇年記念祝典が開催された一九二二年に教育メディア空間に浸潤していった事態には、一等国に相応する教育が要請されていた歴史的な状況に加えて、第6章で言及した次のような歴史的な状況が作用していた。すなわち、第一に井上角五郎らが一九二一年二月に衆議院で建議した市町村義務教育費整理節約策に反対し、市町村義務教育費国庫負担の増額を目指す運動が、同年三月に設立された教育擁護同盟を中心として、各種の新聞や教育ジャーナル、諸団体を巻き込みながら一九二二年一一月まで展開したこと、第二に一九二二年は一〇月三〇日に学制頒布五〇年記念祝典が開催されるという、学制頒布以降の国民国家形成に貢献してきた学校教育や教師の活動が言祝がれた年であり、教育擁護同盟の活動が「教育第一」という標語を用いながら、その祝典に向けて活発化したこと、といった歴史的な状況と連関しながら、学校教育や教師の国家への寄与が強調されたのであった。

けれども、歴史的な状況のみが前述した二つの教育の問題構成に関与したのではなかった。第1部第3章・第4章と第2部第5章・第6章の探究が示しているのは、前述の教師像を構築しようとしたり、唯教育論的に教育事象を論じたりする問題構成は、一九一〇年前後に浮上した学校教育の領域の固有性や特異性を主張する問題構成の論理的要請から導出されるものでもあったということである。つまり、学校教育の領域は教育関係者でなければ論じ、語ることができない固有性や特異性を有した聖域であることをどれほど強調しようとも、学校教育は子どもを社会化する国家の制度であるため、国家との関係を確保する論理を担保することが要請されるのである。

一九二二年の教育メディア空間で流布した二つの教育問題の構成は、一方は教師は犠牲的精神や愛情によって子どもの教育に尽力することを通じて国家的使命に貢献する存在であると論じることによって、他方は学校教育が国家のあらゆる領域に優先し、他の領域を基礎づけると論じることによって、学校教育の固有性や特異性を把持しながら、学校教育と国家を架橋する論理的要請に応えようとするものであった。

特定の教育に関する問題の構成が教育メディア空間において人口に膾炙するのは、繰り返し論じてきたように、当該時期の歴史的な構造や状況に相関している。しかし、本書の探究が示しているのは、従前の教育問題を構成する論理自体が、導出可能な新たな問題構成の選択肢を制約するものとして作用しているということである。この点は教育の制度史や思想史からは照射しにくい事柄であり、このような事柄が存在するゆえに、本書は教育メディア空間に着目したのであった。

*

本書は、一八九〇年代半ばから一九三〇年前後までの教育メディア空間に焦点を合わせ、さまざまな教育事象がどのように論じられ、教育に関する問題へと構成されてきたのか、そしてその問題が教育に関する現実にどのように作用し得るものであったのか、またある事象が特定の時期に問題化される事態にはどのような歴史的な構造や状況が相関していたのか、さらに教育に関する問題構成の論理がどのような新たな問題構成を要請するのかということを記述してきた。

本節で言及した示唆を踏まえるならば、本書の探究は、教育メディア空間を通じて日本近代教育史に迫ることによって、第一にその空間における人々の言説実践を通じて、教育に関する現実の創出が影響を受けるということ、第二に固有性を有する自立・自律したものとして教育の領域を認識し、その領域のみに焦点を合わせるのではなく、本書が対象とした時期に関して言えば、その領域を国民国家という全体社会によって構造化された領域であり、政治、経済、思想、文化、社会といった他の領域の歴史的な構造や状況と相関している領域でもあると把捉して分析することで、ある事象が特定の時期に教育問題として論じられる意味を照射できるということを、研究成果として提示するものであった。

また、本書では、ある教育事象からどのような教育問題が導出されるのかという点には、歴史的な構造や状況だけではなく、教育メディア空間に既に浸透している教育問題を筋立てる論理から帰結される制約も関係することを指摘した。したがって、本書の探究は、教育メディア空間を、他の場で形成された問題が書き込まれている言説空間と見るだけではなく、その空間自体が教育に関する問題を構成し、またその構成を変容させていく機能を有するものとして捉える必要を喚起するものであった。

第3節　結　論

本書は、国民国家の創出過程が半ばに入り、国民教育が制度的に整備・確立され、小学校に通うことが社会的慣行となりつつあった明治後期（一八九〇年代半ば）から、国民国家の創出過程が終焉を迎え、国民教育が自明視されることとなった昭和初期（一九三〇年前後）までを対象とし、特定の時期という水平線に沿って、教育に関心を有する人々が帰属する教育メディア空間という想像された共同体において、特定の事象を契機として特定の教育問題が構成されることにはどのような意味があるのか、またその問題構成が正統化されることにはどのような歴史的な構造や状況、また先行する教育問題が相関していたのかということを分析してきた。そして、全二部の探究を通じて、対象としてきた三〇年強の期間という垂直線に沿って、教育メディア空間における教育に関する問題の構成にはどのような変容が見られるのかということを考察してきた。

1　本書の洞察が提示する知見と今後の展望

前述した水平線と垂直線に沿った考察からは、次のような知見と足場を得ることができる。すなわち、第一に教育メディア空間において論じられる教育に関する問題は、その空間を囲繞する歴史的な構造や状況に相関しながら析出されるということである。第二に教育メディア空間における教育問題の構成は、一旦成立するとそれが反復再生産されると言い切ることはできず、その空間を包囲する政治、経済、思想、社会、文化などの領域と相関しながら変容する場合もあれば、問題構成の論理が抱える欠如を補填するために変容する場合もあるということである。第三に本書の探究は、事例として検討してきた教育問題の構成が、一九三〇年前後以降にどのように展開していくのかを分析していくための一つの足場を提供するということである。

ここまでと重複する記述が多くなってしまうが、本書の探究を振り返りながら、この三点に関して改めて記述することとしたい。

第一の点に関して言えば、教育メディア空間の言説を対象とする歴史的な分析は、超文脈的な分析となることを避けなければならないが、文化史家ピーター・バークは、「ディスコースに焦点を当てることは、文脈《コンテキスト》への関心無しで、テキストの内的な分析を遂行することなのである」(11)と、言説(ディスコース)という概念を用いて仕事をしようとすることが陥りやすい難点を指摘している。

教育メディア空間に書き込まれた言説を史料とする本書にとって、バークが指摘している難点を無視することはできない。そのため、本書では各章において、対象とした教育事象が生起した歴史的な構造や状況に関連する情報にも目を向けてきた。例えば、第1部では言文一致運動、教育ジャーナルや少年雑誌の簇生、印刷技法の転換、教育課程関連の法令・通牒、児童の就学状況、子どもに照準したモダンな消費生活を演出するイヴェントの展開、社会教育(通俗教育)を重視し始めた文教政策、師範学校数、正教員・准教員・代用教員数などに、第2部では女性教師の数や割合といった教師に関連する統計、臨時教育会議、ワシントン体制、市町村義務教育費国庫負担金問題、学制頒布五〇年記念祝典、文部省や内務省の住宅政策、関東大震災前後の東京府・東京市の人口変動、家庭や住宅などをテーマとする博覧会・展覧会、ディヴェロッパーによる郊外住宅地の開発・販売、大学数・学生生徒数の統計、教育勅語渙発四〇年記念式、文部省学生部の思想統制政策などに言及したのであった。そしてそれらの情報を参照しながら、教育メディア空間内部における言説実践、そしてその言説実践を通じて構成される教育に関する問題の分析と、その言説実践や問題が形成された歴史的な構造や状況とを接続する作業に取り組むことを重視してきた。

この作業を通じて、本書は、教育メディア空間における教育問題の構成は、当該時期の歴史的な構造や状況という文脈と相関しながら成立するものであることを記述し、同様の事象が繰り返し生じながらも、特定の時期に特定の事象が教育問題として論じられる機制を、また歴史的な構造や状況の変化と連動しながら教育問題の構成が変容していく機制を描出してきた。

それゆえ、第二の点にかかわるが、教育事象がどのように/どのような教育に関する問題として筋立てられるのかは、事象が生じた時期の歴史的な構造や状況に応じて変容し得るのである。この点について、例えば本書の第1部の第1章と第2章において、教育メディア空間で構築される少年像や児童像が、歴史的な構造や状況と相関しながら変容する事態を分析した。

また、本書では、教育問題を構成する論理が次の新たな教育問題の構成を招来し、その結果、教育に関する問題の論じ方が変容することもあり得ることを指摘した。第1部第4章において、国民教育・初等教育の量的拡充が一九〇〇年前後に達成され、その質が一九一〇年前後に問われるようになると、小学校教師の学力問題の惹起と連動して、学校教育の領域の固有性や特異性を主張し、学校教育に関与する者のみが教育について論じることができるという認識を基盤とする教育に関する問題の論じ方が、教育メディア空間に導入されたということを記述した。

この問題構成がその後どのように展開したのかということを、第2部で分析したが、その展開は次のようなものであった。

学校教育は子どもを社会化する国家的な制度であるゆえに、その領域の固有性や特異性を強調しようとも、国家との関係を担保していくことが要請される。その関係を教育に関する問題の構成に注入するために、一九二〇年前後の教育メディア空間では、殉職事件に象徴される、犠牲的精神を通じて国家的使命に貢献する教師像を強調することによって、あるいは教育概念を膨張＝拡散させ、教育があらゆる領域に優先し、他の領域の基盤となるとする唯教育論的言説を構築することによって、学校教育と国家との関係を確保する教育問題の論じ方が浸透した。

しかし、学校教育と国家との繋がりは論じるまでもない自明の前提となったかのように、一九三〇年前後の教育メディア空間の言説では、国家の存在が直接には語られることなく潜在化するという徴候が現れ始めたのであった。

したがって、第1部第3章から第2部第8章までの探究は、教育メディア空間において（学校）教育と国家との関係がどのように論じられ、語られ、問われ、書かれたのかという言説実践には、時期や状況に応じた微細な変容が存在するのであり、ある時期に構築された教育問題の構成が単純に再生産されるわけではないことを照射するものであった。

第三の点に関しては、本書が分析対象としてきた教育メディア空間に見られる教育に関する問題構成のなかには、現代においても同様のものが浸透している場合もあるし、変容が生じている場合もある。

例えば、現代日本において子ども期を独自の価値ある時期と把捉した上で、価値ある時期を過ごす子どもをどのように教育するのか、そしてその上でどのような大人に育てるのかという教育問題の論じ方は一般化しているし、この論じ方に見られる配慮を遂行する教師には、どのような専門性が要請されるのかという議論は馴染みのあるものであるし、この議論には教育関係者以外の視点が積極的に導入されている。このような教育問題の論じ方は本書で扱ったものと共通しているが、教育関係者以外の視点の導入に関しては、第1部第4章で分析した教育の領域を聖域化する論じ方とは異なっている。

また、あらゆる事態の根源には（学校）教育があるとする唯教育論的な論じ方も流布しているし、教育を語る際に、子ども一般の教育ではなく、我が子の教育について語る状況は、一部の階層だけに見られるものではなくなっているし、学校や大学の教育や運営に児童生徒学生の声を組み込んでいくことは、今や当然視されている。ここにも、本書で検討した教育問題の論じ方と共通するものと異なるものが混在している。

したがって、本書が分析してきた一八九〇年代半ばから一九三〇年前後までの教育メディア空間において形成された教育問題の構成は、一部は反復して語られ、一部は語られなくなり、一部は拡大再生産されていると見ることができる。変容が有している意味は、その反復や変容を包囲する歴史的な構造や状況を通時的に詳細に検討したり、問題構成の論理を辿ったりしなければ、十分に汲み取ることはできないし、この作業を経由しなければ、反復が単純な反復なのかどうかを考察することはできない。

また、本書では、教育問題の構成において一九二〇年前後に教育概念が膨張＝拡散し、一九三〇年前後の時期に国家の存在が潜在化していく兆しが現れたことを指摘した。この点に関しても、その後の教育問題の構成において、教育概念は膨張＝拡張したままであり、国家は直截には論じられないままであったのか、変容が見られるとするならば、どのような問題構成が浮上し、その浮上にはどのような歴史的な構造や状況が相関しているのか、あるいは新たな問題構成をどのような論理が要請しているのかについて、通時的に慎重に分析していくことが必要となる。

一九三〇年前後以降における教育問題の構成に関する通時的な分析に取り組むことは、本書が対象としてきた教育メディア空間における教育問題の構成と、現代のそれとを架橋する作業となるが、本書の探究はその作業に取り組むための一つの足場、視角を提示するものとなっている。

2 日本近現代教育史像の再検討に向けて

最後に、本書が探究してきた分析が、日本近現代の教育史にどのような歴史像の再検討を迫るものであるのかを論じることとしたい。

本書は、想像された共同体である教育メディア空間において教育にかかわる事象を言説化し、教育問題として論じることが、教育に関する現実の創出に作用し得ることを指摘するものであった。

序章において言及したように、従来の教育ジャーナルの研究史を概観すれば、その嚆矢として位置づけることができる木戸若雄の一連の研究(12)は、膨大な教育ジャーナルを渉猟し、数多くの事実や事件を発掘したものである一方で、事実や事件そのものに関心が収斂しているため、発掘した事実や事件がその時期に問題化された意味を十分に論じるものではなかった。

木戸の研究を継承し、深化させているのが、教育ジャーナリズム史研究会を組織した榑松かほる、菅原亮芳、小熊伸一である。榑松、菅原、小熊は数多くの研究成果を生み出し(13)、多様な視角から教育ジャーナルを分析している。しかしながら、主として創刊号が分析対象となっているため、それらの研究成果では教育ジャーナル内部の言説を巡る検討を徹底できてはいないものとなっていた。

また、榑松・菅原・小熊を含む教育情報史研究会の研究成果（菅原編『受験・進学・学校――近代日本教育雑誌にみる情報の研究――』）、そして菅原の研究成果（『近代日本における学校選択情報――雑誌メディアは何を伝えたか――』）は、第二次世界大戦直後の史料も分析対象に加えて、教育ジャーナルにおける言説研究に取り組んだものであるが、その言説研究は教育ジャーナルが読者に伝達する情報の分析であり、教育に関する問題を構成し、現実の創出に作用する教育メディア空間の機能に迫るものとはなっていない。

本書は、一八九〇年代半ばから一九三〇年前後までの教育メディア空間に焦点を合わせ、ある教育事象を契機として特定の時期に特定の教育に関する問題が論じられた背景を分析すること、そして教育ジャーナルなどの教育関連の活字メディアが創刊された意味ではなく、創刊された諸活字メディアが構成する教育メディア空間における多様な人々の言説実践を通じて、教育事象がどのように教育に関する問題として筋立てられたのか、そしてその結果として、その問題がどのように教育に関する現実の創出に作用しようとしていたのかを分析することを研究課題とするものであった。換言すれば、本書は、教育メディア空間に特定の言説を書き込む、その空間の外部に存在する政治力学だけではなく、教育に関する特定の言説を流布させ、特定の教育問題を構成していく、その空間内部で展開する政治力学も考察することを通じて、木戸、榑松、菅原、小熊による教育ジャーナリズム史研究が分析を貫徹していない領域の探究を深化させようとしてきた。

この深化は、教育メディア空間で論じられた教育に関する言説や問題の構成過程を分析することに収斂するものではなく、その空間において展開される言説実践の遂行を通じて、教育に関する現実の創出が影響される過程を記述することでもある。このことを、限られた事例を通じてではあるが、本書は各章において示そうとしてきた。したがって、本書が取り組んできた教育メディア空間において論じられた教育に関する問題の構成を対象とする歴史的な分析は、従来の教育ジャーナリズム史研究を深化させる側面を有するものであり、またその深化は研究の領野を、言説の水準から、教育問題の構成を通じた教育に関する現実の創出への関与という水準へと拡張するものでもある。

その深化と拡張とを通じて、限られた教育事象についてであるが、いくつかの教育事象が教育メディア空間において教育に関する問題として構成される様相を検討することによって、本書は、従来の教育史研究の主流である法令や政策を分析する教育制度史研究、教育思想（家）を分析する教育思想史研究に還元し切れない日本近代教育の歴史を描出できることを具体的に明らかにしてきた。言い換えれば、制度や思想によって構築された教育の世界が、多様な人々によってどのように言説実践を通じて論じられてきたのかを、本書は教育メディア空間に焦点を絞って分析してきた。

但し、前述したように、本書が探究した時期や事象は限られたものであった。教育メディア空間に照準し、本書では分析対象とすることができなかった時期や教育事象を対象として、教育を論じる言説の分析を蓄積していくことを今後の研究課題の一つとし、制度史や思想史に還元し切ることのできない日本近現代教育史をどのように記述できるのかという点を探究することとしたい。そして、この研究課題に迫ることは、教育メディア空間に関する歴史的な分析と、現代の教育メディア空間の同時代的な分析を接続していく作業ともなるだろう。

その際に、見逃してはならない点が存在している。本書では、教育メディア空間が教育事象を教育問題として構成していく機能を果たしていることを指摘してきたが、教育事象を問題として構成していく筋立ては一つではない。実際、本書が分析した事例においても、教育事象を問題として構成する複数の筋立てが存在する場合があった（第1・4・5・6・8章参照）。

第1章の事例について言えば、天真爛漫な言文一致体を綴る少年ではなく、漢文くずし体や擬古文を綴りながら主義主張を論じる小さな青年としての少年像が規範として構築される筋立て、換言すれば、脱政治化された少年像ではなく、政治的主体としての少年像が規範化される筋立ても、国民教育が確立する一九〇〇年前後にはあり得たのであった。実際、そのような規範に即して振る舞う少年は存在し、その振る舞いを巌谷小波は窘めていた。

第4章の事例に関して言えば、子どもの教育に携わる教師を始めとする人々が、教育の領域の固有性や特異性を主張して自閉するのではなく、それらの人々が新聞などのマス・メディアと交渉、折衝しながら、子どもの教育の成果に対する責任を分有する方途を模索するという筋立てが、確立した国民教育の質が問題化された一九一〇年前後の時期にあり得たのではなかろうか。

第5章では、待遇改善の目論見を背景として、小野さつきの殉職が美しく表象されメディア・イヴェント化した事例を扱ったが、『教育界』に掲載された社説は、彼女の殉職を「教育の本質に違ひ且つあり得べからざる不祥事である。（中略）犠牲は尊い、然し犠牲によつて教育は完いのではない」(14)と論じていた。したがって、殉職を不祥事と捉え、責任の所在などを冷静に議論し、彼女の殉職を今後起こり得る殉職という不祥事を避けるための起点として位置づける筋立ても想像することができる。

第6章の事例は、一九一〇年前後の教育メディア空間に見られた教育の領域の固有性の主張が、一等国を担う国民の育成が課題となった一九二〇年前後の時期になると、教育があらゆる領域に優先するという主張へと転換したことを示しているが、国家を全体として、また教育を政治、経済、文化、科学、軍事、農業、工業などの諸領域と並立する領域として位置づけ、教育が国家や他の諸領域に対して有している機能を析出することによって、一等国を構成する教育の固有性を論じていくという筋立ても構想することができる。教育があらゆる領域に優先するという言説は、あらゆる成果は教育に起因するという言説だけでなく、あらゆる問題の責任は教育にあるという言説を帰結するが、他の領域と並立するものとして論じる言説が普及していれば、諸成果や諸問題の責任の論じ方は異なったものとなるだろう。

第8章の事例について言えば、早稲田大学同盟休校を論じる言説には、その紛擾を左翼運動の延長線上にあるものとして捉えて、思想統制政策の文脈で論じるものが存在する一方で、その紛擾を大学への帰属意識をいかに担保するのかが課題となっていることの現れとして論じるものも存在し、一九三〇年の時点ではどちらの論じ方も優勢となり得る可能性を有していたのであった。

したがって、教育メディア空間に照準してきた本書の事例からは、教育にかかわる事象の教育問題への構成には複数の筋立てが存在していたと指摘することができる。しかし、複数の筋立てが存在する場合でも、本書が探究してきたように、教育メディア空間を包囲する歴史的な状況や構造などと相関しながら、その問題を論じる特定の筋立てが正統化され、他の筋立ては異端、傍流となって潜在化し、正統化された筋立てが教育に関する現実の創出に作用していく。

序章で述べたように、教育メディア空間における教育に関する問題構成の変遷から見た日本近現代教育史の時期区分を提示していくことが、今後の大きな研究課題であるが、その課題に迫るには、本書では対象としていなかった映像メディアを含んだ教育メディア空間に焦点を合わせ、正統化された筋立ての動態を叙述していくことに加えて、潜在化した筋立てのその後の展開を丹念に記述していくことも重要な作業となる。両者を克明に描出することによって、教育メディア空間において教育に関する問題を構成してきた言説実践の歴史と、現代日本の教育に関する問題を構成している言説実践とを重層的に架橋することが可能となるであろうし、日本近現代教育史が有していた複数の教育に関する論じ方を掘り起こすこともできるであろう。それゆえ、この作業は、今日の状況で正統化されている教育問題の論じ方とは異なるものを提示する水脈の存在を展望させてくれることとなる。

註

《序　章　主題の所在》

1　木戸若雄『明治の教育ジャーナリズム』近代日本社、一九六二年、六九頁。
2　榑松かほる・菅原亮芳・小熊伸一「近代日本教育雑誌史研究（一）――明治期刊行教育雑誌の諸類型とその変容――」『桜美林論集』第一七号、一九九〇年、五二頁。
3　『大正時代の教育ジャーナリズム』は、木戸の没後一五年目に日本生命財団の学術出版助成によって、『昭和の教育ジャーナリズム』は、没後二〇年目に大空社編集者の尽力によって刊行された（中森善治「解説」『昭和の教育ジャーナリズム』大空社、一九九〇年、三〇一頁）。
4　正木直彦、中川小十郎、大東重善、芦田恵之助、村松民次郎、三浦藤作、稲毛詛風らの投書が取り上げられている（木戸若雄『明治の教育ジャーナリズム』A部第2章）。
5　同前、A部第3章。
6　教育雑誌記者懇親会、同志記者教育同盟会、新聞及び教育雑誌記者同志会、文部省廃止反対期成同志会、学政有志会、教育基金期成同盟会の目的、結成と解散の過程について、また大正期以降に大規模な活動を展開することとなっていく常設団体教育雑誌記者会の設立について記述されている（同、A部第4章）。

7　明治初期の教育運動における三重教育会・三重教育協会・三重教育協同会の関係、教育運動の主流派であった大日本教育会（帝国教育会の前身）と反主流派であった国家教育社との対峙、そしてその後の両者の合併、箝口訓令前後における教育運動への影響と訓令撤廃の経緯、幼年職工の教育問題、教師の経済難と教員金融の歴史が論じられている（同、B部）。

8　外山正一前文相の筆禍・尾崎行雄文相の舌禍、教育関連の筆禍事件の起源、教育会雑誌における出版条例違反、風俗壊乱と教育文学、治安妨害と教員組合というテーマで筆禍事件が検討されている（同、附録）。

9　土田杏村と信濃自由大学、山本鼎と日本児童自由画協会、下中弥三郎と啓明会、木内キヤウと女教員会の関係が、それぞれ紹介されている（『大正時代の教育ジャーナリズム』B部）。

10　木戸は、『明治の教育ジャーナリズム』と同様に、渡部政盛、今井熊太郎、野田樟男、奥野庄太郎、田中末広、永田与三郎といった投書家のその後の人生を辿るとともに、教育ジャーナルの記者が結成した己未倶楽部や教育擁護同盟の創設経緯とその後の展開を記述し、また学校劇の受難史と学校劇禁止に関する訓令によって学校劇が下火となっていった過程を論述している（同前、C部）。

なお、三学級二教員制などを手段とする原内閣下の地方教育費整理節約策に反対する運動を主導したのが教育擁護同盟であった。本論文第六章では、その運動がどのようなものであったのかを、簡単にではあるが記述することとなる。

11　榑松かほる・菅原亮芳・小熊伸一「大正・昭和戦前期における教育雑誌の変容過程——その類型化を中心として——」『立教大学教育学科研究年報』第三六号、一九九二年、八九頁。

12　橋本伸也は「歴史のなかの教育と社会——教育社会史研究の到達と課題——」（『歴史学研究』第八三〇号、二〇〇七年、一～一一頁、四三頁）において、「「教育的価値」によって貫かれた固有領域が「教育」として自立的に存在する」（四頁）と、戦後教育学は暗黙裡に想定したと指摘している。

13　ミシェル・フーコーは「ある所与の時代において、あることは語ることができるのに、別のことは決して語られないのは、いったいどういうことなのか。簡単に言うならば、語られた事柄の総体の中から、ひとが何を語り、何を打ち捨て、あるいは何を変換させているのか、そうしたことを説明できるような歴史的条件を分析すること」が言説分析の課題であると述べている（「ある世界の誕生」（廣瀬浩司訳）『ミシェル・フーコー思考集成 Ⅲ　一九六八～一九七〇　歴史学　系譜学　考古学』筑摩書房、一九九九年、二二九頁）。その歴史的条件を分析する課題に迫るために、フーコーは「言説内的な依存関係（おなじひとつの形成に属する、諸対象間、諸操作間、諸概念間の依存関係）」、「言説間的な依存関係（相異なる言説形成体間の依存関係、例えば、私が『言葉と物』のなかで、博物学、経済、文法と表象の理論との間に見いだし研究した相関関係のような）」、「言説外的な依存関係（言説の変化と言説の中以外で起こった変化との間の依存関係、例えば、『狂気の歴史』と『臨床医学の誕生』のなかで扱われた、医学的言説と経済的、政治的、社会的な一連の変化の動きとの間にある相関関係のような）」という三つの「依存関係のゲーム」を明らかにすることが重要であるとしている（「『エスプリ』誌　質問への回答」（石田英敬訳）同前書、七九頁）。本論文の課題は、日本近代において教育メディア空間が教育に関する問題の構成に関してどのような機能を果たしていたのか、そしてその問題の構成は政治、経済、思想、社会、文化の諸状況とどのように相関していたのかということであるが、フーコーによる言説分析の「依存関係のゲーム」で言えば、本論文は第三の「言説外的な依存関係」を明らかにすることによって課題に迫ろうとするものであると言うことができる。

14　菅原亮芳編『受験・進学・学校――近代日本教育雑誌にみる情報の研究――』学文社、二〇〇八年、一五頁。

15　佐藤学「「個性化」幻想の成立――国民国家の教育言説――」『教育学年報』第四巻、世織書房、一九九五年、二七～三二頁。同「「義務教育」概念の歴史的位相――改革のレトリックを問い直す――」『教育学研究』第七二巻第四号、二〇〇五年、四三五～四三九頁。

16　佐藤秀夫「学校観の成立」『教育の文化史一――学校の構造――』阿吽社、二〇〇四年、六〇頁。

17　永嶺重敏「田舎教師の読者共同体」（『雑誌と読者の近代』第二章、日本エディタースクール出版部、一九九七年、七七～一〇〇頁）は、明治三〇～四〇年代を主たる対象時期として、地方の教師、とくに小学校教師を対象として、教師の読書文化を分析している。その分析を踏まえて、永嶺は次のように論じている。

……教育雑誌は新教育思潮の地方への伝般役であると同時に、地方教員間の意見交換の場としても機能していた。この中央からの回路と地方からの回路との接続、すなわち、新しい知識の摂取と地方相互間での意識交流を通じて、彼らは知識の共有から問題関心の共有へ、さらには思想の共有へと進む（九四頁）。

18　佐藤学「教育史像の脱構築へ――『近代教育史』の批判的検討――」『教育学年報』第六巻、世織書房、一九九七年、一一七～一四一頁。

19　元森絵里子『「子ども」語りの社会学――近現代日本における教育言説の歴史――』勁草書房、二〇〇九年、六一頁。国家と社会が単なる置換なのか、その置換にはどのような意味があるのかに関しては、検討の余地があるだろう。

20　木村元「戦時期の教育史研究の動向と課題――近年の教育科学運動研究に注目して――」(『教育学年報』第六巻、世織書房、一九九七年、一九九～二四四頁)は、教育科学研究会を対象とする論考、すなわち山之内靖他編『総力戦と現代化』(柏書房、一九九五年)、佐藤広美『総力戦体制と教育科学』(大月書店、一九九七年)、民間教育史料研究会他編『教育科学の誕生』(大月書店、一九九七年)を対象としながら、それぞれの論考の成果や難点、またそれぞれの論考間の関係などを分析している。システム社会研究から提起された歴史叙述が、特に批判の対象となっているが、木村はその研究と民間教育史料研究会の研究は、「戦前と戦後の教育における連続性の理解」に関しては同様のものであると述べている。したがって、敗戦で時期区分するものとは異なった新たな時期区分を設定する課題、そして一九三〇年代をどう把握するのかという課題の重要性に関する認識は共有されていると言えよう。

《第1章　『少年世界』における「少年」の再編制》

1　生方敏郎『明治大正見聞史』中公文庫、一九七八年、五五頁。

2　『少年世界』全四〇巻、博文館、一八九五～一九三四年。なお、本章では、第一巻(一八九五年)から第一六巻(一九一〇年)までを史料とする。

3　『幼年雑誌』を検討した研究に、岡谷英明「『幼年雑誌』にみる読者共同体の教育的意義」(『日本の教育史学』第三九集、一九九六年、四六～六二頁)がある。

4　本章における「投稿文」とは、投稿作文欄だけでなく、読者通信欄も含め、『少年世界』に投稿され掲載されたあらゆる少年の文章を指すものとする。

5　本章における「書字文化」とは、声によって構成される「口承文化」(オーラリティ)に対して、文字を使う能力に基づいて構成される文化（リテラシー）を意味する。この二つの語義については、ウォルター・J・オング『声の文化と文字の文化』（桜井直文・林正寛・糟谷啓介訳、藤原書店、一九九一年）を参照。

6　明治後期の地域共同体の再編成については、鹿野政直『資本主義形成期の秩序意識』第三章（筑摩書房、一九六九年）、川村邦光『民俗空間の近代――若者・戦争・災厄・他界のフォークロア――』第一部（情況出版、一九九六年）、岩田重則『ムラの若者・くにの若者――民俗と国民統合――』（未来社、一九九六年）を参照されたい。

7　帝国教育会内言文一致会の活動の詳細については、山本正秀『言文一致の歴史論考　続篇』第一一章（桜楓社、一九八一年）を参照。

8　同前、二九二頁。

9　滑川道夫『日本作文綴方教育史Ⅰ　明治篇』国土社、一九七七年、二七八頁。

10　各雑誌の背景、特色、盛衰については、木村小舟『少年文学史　明治篇』上・下巻（改訂増補版、童話春秋社、一九四九年）を参照されたい。

11　『中学世界』とその後身である『文章世界』を検討した研究に、紅野謙介「『中学世界』から『文章世界』へ――博文館・投書雑誌における言説編制――」（『文学　季刊』第四巻第二号、岩波書店、一九九三年、一二一～一三三頁）がある。

12　木村小舟は一八八八～一八九四年の少年雑誌について論じている箇所で、「少年という名称は、広く一般少年少女、並に幼年幼女をも包含して余す所なく、恰も当時の小学校が、男女混級なりしと同様である」（前掲書下巻、三九六頁）と語っている。但し、これに続けて、「勿論、女児の就学率の甚だ不振なるに等しく、少年雑誌も亦殆ど男子の占有物にして、女子の読者は恐らく百人に一人という割合ではなかつたであろうか」（同前、三九六～三九七頁）とも述べている。また、森銑三が『風俗画報』（一八九五年一〇月一〇日発行）の「東京少年楽隊というものが出来た。ここに少年というのは少女で（下略）」という内容の記事を書き留めているが、これも少年概念に少女が含まれていたことを示している（『明治東京逸聞史』一、平凡社、一九六九年、二八一頁）。

13　この英訳は第一巻一九号～第二巻第六号の表紙に用いられている。

14　『少年世界』の発行部数は、一九〇九年には一五万部にも達していた（一五巻一号、一九〇九年、八〇頁）。

15　木村小舟、前掲書下巻、三八一頁。

16 『少年世界』は第一巻（一八九五年）～第五巻（一八九九年）までは、月二回発行であったが、第六巻（一九〇〇年）からは月一回の発行となった。また、第三巻以降は、定期増刊号が毎年数号あるので、一年間の号数が一二や二四とはならない。

17 例えば、第一四巻（一九〇八年）第一号では投稿数六、二五一に対し、掲載数は六九である。第二号では投稿数一二、三二六、掲載数七〇である。競争は非常に激しく、掲載されることはこの上ない名誉であった。

18 寄書、少年詞藻、少年文壇などの欄を含む。

19 交詢、少年演壇、少年通信、読者通信、少年新聞、少年会館、誌友倶楽部、懇談会などの欄を含む。

20 当時の言文一致運動の詳細については、山本正秀『言文一致の歴史論考』（桜楓社、一九七一年）第二章を参照されたい。

21 ベルリンでの小波の経験については、新田義之「ベルリンの巌谷小波」（『外国語科研究紀要』第四二巻第一号、一九九五年、一～一五頁）を参照されたい。

22 山本正秀『言文一致の歴史論考』桜楓社、一九七一年、三八〇頁。なお、少年言文一致会の具体的な活動や小波との関係については、同書第一七章を参照。

23 第八巻第一四号と第九巻第三号は定期増刊号で、投稿作文欄がない。

24 木村小舟、前掲書下巻、一八〇～一八一頁。

25 藤村操の事件については、例えば伊藤整『日本文壇史七　硯友社の時代終る』第七章（講談社文芸文庫、一九九五年）を参照されたい。

26 木村小舟、前掲書下巻、一八八頁。

27 同前。

28 言文一致と「声」の関係については、柄谷行人「日本精神分析三」（『批評空間』第七号、一九九二年、二四六～二六一頁）を参照されたい。

29 前田愛『前田愛著作集第二巻　近代読者の成立』筑摩書房、一九八九年、三九六頁。

30 成田龍一「『少年世界』と読書する少年たち――一九〇〇年前後、都市空間のなかの共同性と差異――」『思想』第八四五号、岩波書店、一九九四年、二一三～二一四頁。

31　少年たちは文章だけでなく、絵葉書や肖像写真、さらに雑誌、古銭、古切手、昆虫標本、石器、土器、化石、鉱石など、手を変え品を変え、交換・贈与を呼びかけ、他の少年と交流しようとしていた。
32　野口武彦『三人称の発見まで』筑摩書房、一九九四年、一九六頁。
33　柄谷行人『日本近代文学の起源』講談社、一九八〇年、四八頁。
34　土居安子は『少年世界』の読書様態を、『少年世界』の投稿から検討するとともに、『少年世界』の読書にかかわるさまざまな読者会がどれほど存在し、どのような活動を行っているのかを分析し、読者会では『少年世界』を共同購入したり、複数の雑誌を輪読したり、独自の雑誌を発行したりしていた姿を描出している（土居安子「明治期『少年世界』の読書投書欄から見た『少年世界』の読書様態」『国際児童文学館紀要』第二六号、二〇一三年、一五〜三四頁）。
35　高見順『昭和文学盛衰史二』文芸春秋新社、一九五八年、七六頁。
36　木村小舟、前掲書下巻、四三一頁。

《第2章　教科書に見られる「児童」表象の転換》

1　佐藤学「「個性化」幻想の成立——国民国家の教育言説——」『教育学年報』第四巻、世織書房、一九九五年、二五〜五一頁。
2　佐藤秀夫「学校観の成立」『教育の文化史一——学校の構造——』阿吽社、二〇〇四年、六〇〜六一頁。
3　佐藤学、前掲論文。同「教育史像の脱構築へ——『近代教育史』の批判的検討——」『教育学年報』第六巻、世織書房、一九九七年、一一七〜一四一頁。
4　『日本教科書大系近代編』第五巻、七九二頁。
5　なお、深川の言う「子ども」は、「児童」の代替であると同時に、「「児童」より年齢的に広い範囲を意味しているのみならず、「大人」に対置されるべきもの《ママ》、つまり大人とは別の存在として社会的に存在する者」（二一頁）を意味している。
6　深川明子「国語教科書にみる子ども観（一）——明治時代後半を中心に——」『金沢大学教育学部紀要（教育科学編）』第三三号、一九八四年、二一五頁。

7 同前、三〇頁。

8 同、三一頁。

9 同、三三頁。

10 同、三五頁。

11 同、二八頁。

12 『日本教科書大系近代編』第五巻、七九三〜七九四頁。

13 井上赳『国定教科書編集二十五年』古田東朔編、武蔵野書院、一九八四年、一六二〜一六四頁。

14 第一巻では課が記されていないため、『日本教科書大系近代編』第五巻の頁で引用箇所を示すが、第一巻で児童が描出されているのは、既に学習した国語読本の「カミカズ」を数える二人の男子児童を描いた挿絵（四四四頁）、読書・書写・算盤をする三人の男子児童を描いた挿絵（四四八頁）、母親とともに髪ざしを買う女子児童の言葉と、その様子を描いた挿絵（四四九頁）だけである。

15 第四巻第二〇課では、家庭科的な課に児童が登場し、衣服についての児童の会話が記述されるとともに、礼儀において衣服が有する役割、身体を保護する衣服の機能が説明されている。また、同巻巻第一一・一二課では、社会科的な課に児童が登場し、遠足で川を下りながら、教師が山間や都市の産業や人々の暮らしについて解説し、「皆ざい方のもの」である児童は、都市の人々の往来に接し「めづらしとや思ひけん、足のつかれをも忘れ」眺めている様子が描かれている。

16 言及していない課では、児童は次のように姿を現している。第二巻第四課では新しく購入した筆について話す男子児童の会話が記されるとともに、その様子が挿絵で描かれている。この課は学用品を扱ったものであり、学校で学ぶことを示す課に近い内容を有している。同巻第三課では兄弟の仲のよさを表す文章と挿絵で児童が描写され、同巻第一二課では冬が訪れた様子を母親に伝える児童の言葉が記され、同巻第一三課では外には雪が積もっているが、父母のおかげで家の中で過ごすことができる幸せを母親に述べる児童の言葉と、その様子を描いた挿絵が添えられている。また、同巻第二三課では病身の母に尽くす二人の兄弟の姿が文章と挿絵で表されている。これらの課は、家族の関係に焦点を合わせた課となっていると言えよう。

その他、第二巻第六課では、「がくかーうの　にはで」男女別に運動をする児童の様子が文章と挿絵で描かれ（運動と記されているが、女子児童は唱歌を歌っている）、第四巻第二三課ではカルタ遊びに興じる児童の姿が挿絵で描かれている。これらは遊ぶ存在としての児童に照準した課と見ることができよう。さらに、「われらは・につ《ママ》ぽん男児なり。せかいでつよいは・我らなり」と説明を加えている第三巻第一八課と、「君父師をよむ」という唱歌における、「吾師」の教えを受けてから、君には忠を親には孝を尽くすという「吾日の本」の人の道に励もうとしている、という内容の歌詞を記載した第六巻第三〇課は、「日本」を強調する文脈において児童が描出されている課であると把捉することができる。

17 『日本教科書大系近代編』第六巻、六二一～六二三頁。

18 同前、六二二頁。

19 粉川宏『国定教科書』新潮選書、一九八五年、六二頁。

20 同前、六九～七一頁。

21 井上、前掲書、一六八～一七二頁。

22 第二巻五九～六〇頁には、「タロー　ハ　ヨイ　コドモ　デス。（中略）／ガッコー　デハ、センセイ　ノ　ヲシヘ　ヲ　マモッテ、ヨク、ベンキョーシマス。ウンドー　モ　シマス。／タロー　ハ、キット、カシコイ　ヒト　ニ　ナリマセウ」と記され、また「なまけもの」という題目を有する第七巻第三課では、二人の男子児童が学校へ行く道と野原へ行く道とに繋がる四つ角で出会い、春野は学校へ行くというのに対し、秋山は「学校へ、行くのか。あの、おもしろくない学校へ、行くのか。来たまへ。野原へ、行かう」と誘い、結局、春野は学校へ行き、秋山は野原へ行くこととなる場面、そして約二〇年後、春野は「顔色のよい、きれいな着物をきた《ママ》主人」となり、春野が住む家を「顔色のわるい、きたない着物を着た」秋山が助けを求めて尋ねる様子が描かれている。これらの課からは、学校へ通うことの意義が、少数の課においてではあるが、『尋常小学読本』の段階でも説かれていたと言うことができよう。

23 これらの課に加えて、第四巻第九課にも、姉のおうめが教師役になり、弟の一郎に目隠しをして、膝に猫を置いて、それが何なのか、また何色なのかを当てさせる遊びをしている場面が描かれている。

24 付言すると、第四巻第一六・一七課は母親が娘に手紙の書き方を教える課となっている。

25 安藤修平「教育課程の変遷」（国立教育政策研究所『国語科系教科のカリキュラムの改善に関する研究――歴史的変遷・諸外国の動向――』二〇〇二年、三～一四頁）によれば、一八九〇年一一月に発された普通学務局長通牒は（通牒名は記述されていない）、尋常小学校における読書・作文・習字の配当教授時数を、「一年では、読書・作文で九時、習字四時。二年では、読書七時、作文二時、習字四時。三・四年では、読書七時、作文三時、習字五時」（六頁）としていたという。したがって、読書に多くの時数が割かれていたと言えよう。

26　児童にとって学校以外の場も学ぶ場に組み込まれ、教師以外の存在も教える者として（再）発見されたとするならば、児童像の変容と連動して、一八九〇年代から一九〇〇年代にかけて学校や教師の語られ方に変容が見られたのかということも問われるべき重要な課題となる。この課題については、別の機会に分析することとしたい。

27　河原和枝『子ども観の近代――『赤い鳥』と「童心」の理想――』中公新書、一九九八年、六二～六五頁。

28　イ・ヨンスク『「国語」という思想――近代日本の言語認識――』岩波書店、一九九六年、四九頁。

29　同前、五〇頁。

30　広田照幸『日本人のしつけは衰退したか――「教育する家族」のゆくえ――』講談社新書、一九九九年、五八頁。

31　同前、六三～七〇頁。

《第3章　展覧され評価される教育の成果》

1　博文館は、一九一二年に創業二五周年を迎えた。博文館はこれを祝して、六月一五日に一、〇〇〇人を超える各界名士を招き、前年の三月一日に開場した帝国劇場で記念祝賀会を催した。また、これに先立つ五月二六日には、歌舞伎座で『少年世界』、『少女世界』、『幼年世界』の愛読者大会を開催していた。しかし、これらは、全国小学校成績品展覧会のように諸メディアを動員する広がりをもたなかった。

2　木村小舟『少年文学史　明治篇』下巻（改定増補版）、童話春秋社、一九四九年、二九〇～二九一頁。

3　日本近代文学館編『日本近代文学大事典』第五巻、講談社、一九七七年、三一一頁。

4　『実業之日本』第一五巻第一三号、一九一二年、五九頁。

5　『日本少年』実業之日本社、一九〇六～一九三八年、全三三巻。『日本少年』は月刊誌であるが、年二回春秋に増刊号があった。

6　近代日本におけるメディア・イヴェントについては、例えば津金沢聡広編著『近代日本のメディア・イベント』（同文館、一九九六年）を参照されたい。

7　『読売新聞』一九一二年五月二日付五面に、児童博覧会についての記事がある。そこには「毎年多少の遅速はあるが、今や三越の児童博覧会は東京年中行事の一つとして、児童は勿論、こどもに引かれて両親や兄弟までも見に行かないではゐられないものとなつた」と書かれており、このイヴェントの人気と規模の大きさがわかる。また、三越は、坪井正五郎の影響の下で、同年五月二五日に「三越オモチャ会」を設立している。会員（会費月一円）には月初めにオモチャが送られ、講演会、娯楽会などが開かれることもあった。三越呉服店は、都市の消費生活を巧みに演出していた。

8　『日本少年』第七巻第五号（一九一二年）、『少女の友』第五巻第四号（一九一二年）には、「大阪の愛読者諸君に我が社提供したる三大特典」として「箕面電車特別割引券（大阪箕面公園往復）」、「箕面動物園無料観覧券」、「箕面観覧車無料乗車券」が添付されていた。これは『日本少年』と『少女の友』の愛読者限定のものであった。

9　三越のメディア戦略については、山口昌男『「敗者」の精神史』（岩波書店、一九九五年）第一・二章を参照されたい。

10　顧問就任の理由について新渡戸は、「余は何故実業之日本の編集顧問となりたるか」（『実業之日本』第一二巻第一号、一九〇九年、五～一一頁）で述べている。

11　『日本少年』第八巻第七号（一九一三年）一〇二頁に掲載されている読者の投稿を参照。

12　高田師範学校附属小学校「課外読物の研究」『帝国教育』第三六二号、一九一二年、三一～五〇頁。

13　藪重臣（三重県第一中学校教諭）「課外読物の調査及び指導」『教育学術界』第二五巻第四号、一九一二年、八四～九〇頁。

14　『実業之日本』第一五巻第一一号、一九一二年、七七頁。

15　岸辺福雄は一九〇九年に実業之日本社の『幼年の友』（同年創刊）の編集を委嘱され、博文館のライヴァル雑誌『幼年画報』を凌駕するまでに成長させていた。

16　木村小舟、前掲書、三九六頁。

17　『日本少年』第六巻第七号（一九一二年）に、次のような読者からの投稿文が掲載されている。「日本少年の他の雑誌と異るところは、表紙の毎号変ること、懸賞の多いこと、毎月進歩して行くこと、内容の面白いことです。（朝鮮　高島喜一郎）」（一〇四頁）。この投稿文は、娯楽雑誌らしく懸賞の多さも『日本少年』のウリであったことを教えてくれる。

18　日本少年誌友会は、同年一〇月一五日には京都の青年会館で、一〇月一七日には午前は神戸の神港倶楽部で、午後は大阪の公会堂で、「少女の友愛読者会」とともに関西合同大会を開催している（第六巻第一四号、一九一一年、六六〜七一頁）。

19　川村湊は「「作文」の帝国――近代日本の文化帝国主義の一様相――」（酒井直樹他編『ナショナリティの脱構築』柏書房、一九九六年、一〇五〜一三六頁）において、芦田の「随意選題」と帝国主義の連関について論じている。

20　芦田恵之助『恵雨自伝』上巻、開顕社、一九五〇年（『芦田恵之助国語教育全集第二五巻』明治図書、一九八七年、所収）一四九頁。

21　実業之日本社の一九一二年のベストセラーの一つは、『岡田式坐禅法』（実業之日本社編）であった。

22　『日本少年』第七巻第八号（一一三頁）、『少女の友』第五巻第八号（七〇頁）、『婦人世界』第七巻第八号（一〇三頁）にも、入場者数についての記述があるが、『教育研究』ほど細かい数字ではなく、しかもいずれも下駄を履かせていると思われる。

23　その他の賛助員は、次のような人々であった。芳賀矢一、浜野虎吉（東京府学務課長）、新渡戸稲造、北条時敬（広島高等師範学校長）、戸野周二郎（東京市教育課長）、尾崎行雄（東京市長・東京市教育会長）、嘉納治五郎（東京高等師範学校校長）、加藤弘之、谷本富、棚橋絢子（東京高等女学校校長）、中川謙二郎（東京女子高等師範学校校長）、上田万年（東京帝国大学文科大学学長）、岡部長職（東京府教育会長）、山川健次郎（九州帝国大学総長）、股野琢（帝室博物館総長）、正木直彦（東京美術学校校長）、跡見花蹊（跡見女学校校長）、沢柳政太郎（東北帝国大学総長）、三輪田真佐子（三輪田高等女学校校長）、下田歌子（実践女学校校長）（イロハ順）。

24　『日本帝国文部省第四十年報　自明治四五年四月至大正二年三月』（一九一四年）参照。但し、この数字には植民地、租借地の学校数が含まれていない。

25　審査員は以下の通りであった。審査長は佐々木吉三郎（東京高等師範学校附属小主事）、書方の審査員は西脇呉石教諭（青）、水戸部寅松訓導（高）、綴方は芦田恵之助訓導（高）、斯波やす訓導（女）、馬淵倫祐訓導（高）、本田小一訓導（高）、北沢種一訓導（女）、渡辺千代吉訓導（女）、図画は阿部七五三吉助教授兼訓導（高）、肥後盛熊訓導（高）、裁縫は市橋なみ訓導（女）、水田みつ訓導（高）、手工は藤五代策訓導（女）、大倉桩次郎訓導（高）が務めた（高は東京高師、女は東京女高師、青は青山師範を示す）。

26　展覧会終了約二ヶ月後の八月一一日付『信濃毎日新聞』の「コドモ新聞」欄（四面）に掲載された記事には、当時尋常五年生であった皇孫迪宮裕仁が『日本少年』の読者であったと記されている。

　皇太子殿下（＝迪宮―引用者）は手工が御上手、絵も亦大層御美事、迪宮殿下は「日本少年」と「小学生」を御読み遊ばされ、一度御読みの所へは必ず赤鉛筆で○を御書きなさいますと承りました（七月三〇日に大正に改元）

27　『東京毎日新聞』一九一二年六月四日付三面。

28　『読売新聞』一九一二年六月三日付四面。

29　『万朝報』一九一二年六月一五日付一面。

30　山本武利『近代日本の新聞読者層』（法政大学出版局、一九八一年）第2部第2章を参照されたい。

31　『読売新聞』一九一二年五月一八日付一二面の社告。

32　『実業之日本』第一五巻第一五号、一九一二年、六二頁。

33　教師の肺結核の多さは、教育ジャーナルでもしばしば話題になっている。例えば、『教育時論』第九七八号（三三頁）、『日本之小学教師』第一六二号（九五頁）、『教育の実際』第六巻第一〇号（九四頁）、『教育界』第一一巻第九号（一一四頁）、『都市教育』第九三号（五二頁）など（いずれも一九一二年）。

　また、この問題については、かつてコッホに師事していたことがあり、当時内務省所管の伝染病研究所初代所長を務めていた北里柴三郎による「戦慄すべき小学児童の大問題」（『実業之日本』第一六巻第一号、一九一三年、一〇七～一一二頁）を参照されたい。

34　『実業之日本』第一五巻第一四号、一九一二年、六六頁。その他の項目は、「過去若干年の間に於て我小学教育は幾何程度まで進歩せしか」、「我が小学児童の教育程度は如何程まで高まりしや」、「我が教材の効果は如何程まで発揮せられしか」、「我小学教育制度の欠陥は那辺に存するか」、「今度此種の展覧会を開くには如何なる方法を以てすれば完備を期し得るか」、「全国各小学校々長、教師及生徒に対して幾何の奨励となりしか」である。

35　書方を審査した水戸部寅松の講評は『教育研究』第一〇一号（七七～八二頁）、手工を審査した大倉柾次郎の講評は同誌第一〇二号（五三～六一頁）にも掲載されている。
36 「全国小学校成績品展覧会審査の結果（下）　綴方について」『実業之日本』第一五巻第一五号、一九一二年、五四頁。
37 同前、五五頁。
38 鈴木省三『日本の出版界を築いた人びと』柏書房、一九八五年、一二七頁。
39 芦田恵之助「理想」『教育研究』第一〇〇号、一九一二年、三二頁。
40 明治後期に照準し、『少年世界』と『少女世界』の差異を検討した論文として、土居安子「読書投稿欄から見る明治後期の『少年世界』――創刊時の『少女世界』との比較を通して――」（『国際児童文学館紀要』第二四号、二〇一一年、一五～二九頁）がある。また、対象時期は異なるが、『日本少年』と『少女の友』を比較した論文に、今田絵里香「少年雑誌におけるセンチメンタリズムの排除――一九三〇年代の『日本少年』『少女の友』投稿欄の比較から――」（『女性学』第一一号、日本女性学会、二〇〇四年、八六～一〇六頁）がある。
41 『日本少年』が提示した少年像については、梶田雄一朗が表紙を史料として分析している（「大正から昭和初期の間においての理想の少年イメージの形成――高畠華宵の手による『日本少年』の表紙絵から――」『京都精華大学紀要』第三七号、二〇一〇年、一一〇～一二二頁）。

●参考文献

増田義彦『実業之日本社七十年史』実業之日本社、一九六七年。

《第4章　『万朝報』「小学校教師の学力問題」に見る教師文化の構造》

1 大逆事件などを契機として教育の内実が問題化された際に、社会教育（通俗教育）も重視されることとなった。社会教育と学校教育の連動については、第3章で論じた。
なお、宮坂広作「明治期の中学校における学校騒動問題」（『宮坂広作著作集三　近代日本の青年期教育』明石書店、一九九五年、一五〇～一六九頁）は、山本良吉『中学研究』（同文館、一九〇八年）における中学校学校紛擾の流行期の区分、すなわち、明治二〇（一八八七）～二六（一八九三）年を第一期、明治三〇年代末以降を第二期とする区分を踏まえながら、第一期の中学校学校紛擾は「兵式主義に象徴される絶対主義的学校管理方式に対する、生徒の自然発生的な――暴発的な――反抗として理解」（一六〇頁）することができ、第二期のそれは「より深刻な内容をもつものとな」（同前）り、自然主義文学や社会主義思想に対する抑圧的な文教政策への反発に起因していると論じている。したがって、本論文に記している中学校の学校紛擾とは、第二の流行期に発生したものであった。

2　師範教育を受けていない教師は、当然のことであるが、師範学校での思想統制を受けていない。このことが、彼らに対する警戒を強めた。もちろん、師範学校で思想統制を受けた教師が忠君愛国思想に忠実であったかどうか、また、師範教育を受けていない教師が忠君愛国思想に忠実でなかったかどうかについては検討の余地がある。

3　陣内靖彦「明治後期における師範教育の制度化と師範学校入学生の特質」石戸谷哲夫・門脇厚司編『日本教員社会史研究』亜紀書房、一九八一年、一五八頁。

4　以下の人物の所感が掲載された。普通学務局長田所美治（六日）、肝付兼行（七日）、芳賀矢一（八日）、井上哲次郎（九日）、菊池大麓（一〇日）、東京高等師範学校教授吉田弥平（一二日）、大隈重信（一三日）、阪谷芳郎（一四日）、高田早苗（一六日）、教科用図書調査委員三土忠造（一七日）、麻布学園創始者でもある貴族院議員江原素六（一八日）（いずれも六月で、同日付二面に掲載された）。なお、沢柳政太郎の所感も「現時の国家問題」（六月二四日付二面）に掲載された。

5　『東京朝日新聞』は、この学力問題をローマ字問題へと発展させてもいた。当時同紙に連載されていた黒風白雨楼（東京師範学校附属中学校のある教諭の筆名）の「現代教育観」の第四五回（六月二八日付三面）で小学校教師の学力問題は国字問題と絡めて扱われ、さらに七月九日付紙面から一〇回に亘って各界著名人による「羅馬字実施策」が連載されていた。

6　以下の人物が、ぞれぞれの視角から文政について語っている。東京高等商業学校長坪野平太郎（六月一六日）、菊池大麓（同一七日）、高田早苗（同一八日）、前文部大臣久保田譲（同一九日）、東京高等工業学校教授阪田貞一（同二〇日）、江原素六（同二一日）、戸水寛人（同二一日）、三輪田元道（同二三日）、加藤弘之（同二四日）、天野為之（同二六日）、沢柳政太郎（同二八日）、曽我祐準（同二九日）、東京女子高等師範学校教授下田次郎（同三〇日）、東京外国語学校校長村上直次郎（七月二日）、慶応義塾理事門野幾之進（同四・五日）、嶋田三郎（同六日）、姉崎正治（同一〇日）、阪谷芳郎（同一一・一二日）、井上哲次郎（同一三日）、木場貞長（同一四日）、跡見花蹊（同一五日）、美濃部達吉（同一九日）、中嶋力造

（同二一日）、下田歌子（同二二日）。記事はいずれも五面に掲載された。なお、七月八日付五面の「文政議会（番外）」では、愛知県新城実科女学校校長有永真人が下田次郎に反論している。

7　山本武利『近代日本の新聞読者層』第二部第二章（法政大学出版局、一九八一年）を参照されたい。山本はハガキ投書を分析することによって、各紙読者の階層別構成を推定するという方法を採っている。なお、文学好きの学生に好まれた『読売新聞』では、学生読者が最も大きな割合を占めていた（約四一％）。

8　『読売新聞』一九一二年五月一八日付一一面の社告。

9　この記事では、学校経営が官庁や参観者に向かってなされるという弊風、教授法研究への偏重、教授の技巧を競うことの弊害も指摘され、教授法よりも、むしろ教養の養成、修養を重視する講習会の充実が主張されている。

10　その他に、『東京日日新聞』の六月一二日付一面「漢字に対する方針」でも、小学校教師の学力問題は取り上げられ、文部省の漢字に対する方針が定まらないことが批判されていた。

11　『万朝報』一九一二年六月三日付二面。

12　樋口勘治郎「教育時評三則」『帝国教育』第三五四号、一九一二年、五九頁。

13　奏任待遇の資格は、現に五〇円以上の月俸を受けており、小学校正教員の職に二〇年以上あり、功労の著しい者、というものであった。

14　井上晴一「所謂教員学力問題の真相」『帝国教育』第三六〇号、一九一二年、一〇一～一〇三頁。

15　小学校教師の学力問題を扱った教育ジャーナル掲載の論考としては、井上のものの他に、樋口勘治郎「教員の文字力」（『帝国教育』第三六〇号、一～四頁）、「小学校教員と漢字」（『教育時論』第九七八号、一～二頁）、「小学校教員侮蔑せる」（同前、四一～四二頁）、「小学校教員に警告す」（同、四二頁）、「児童の作文」（同）、重田勘次郎「小学校教育に関する一大問題」（同第九七九号、八～一〇頁）、「文字教育と公民教育」（同前、三三頁）、「仮名か羅馬字か」（同第九八〇号、一～二頁）、山本良吉「教育界の二小事――楠公論問題及小学校教員学力問題――」（同第九八一号、三～五頁）、新井誠夫「小学教師の学力問題（其根本原因について）」（『教育学術界』第二五巻第四号、七九～八四頁）、豊原石南「所謂小学校教員学力問題」（『小学校』第一三巻第八号、一頁）、藤井衣笠「小学校教師の告白」（同前、四一～四三頁）、佐々醒雪「所謂る漢字問題」（『教育界』第一一巻第九号、九五～九七頁）、読者通信欄への投書二通（同前、一〇八頁）などがある（発行年は、いずれも一九一二年)。
16 『教育時論』第九七八号、二頁。
17 『教育時論』第九七九号、八頁。
18 同前、九頁。
19 『教育時論』第九八一号、四~五頁。
20 井上、前掲論文、一〇三頁。
21 同前。
22 注15を参照されたい。
23 『教育学術界』第二五巻第四号、八三~八四頁。
24 『教育界』第一一巻第九号、一〇八頁。
25 『小学校』第一三巻第八号、四二頁。
26 小熊伸一「雑誌『教育実験界』解説」(寺崎昌男監修『『教育実験界』解説』、一九九一年、一~二四頁)を参照。
27 鈴木省三『日本の出版界を築いた人びと』柏書房、一九八五年、一二七頁。
28 菊池大麓、大隈重信、高田早苗、中村進午、上田万年、建部遯吾、江原素六、湯本武比古、岡田良平、鵜沢総明、福原鐐二郎が、試験廃止問題を論じている。
29 『太陽』の他には、例えば、『日本人』を継承した『日本及日本人』が、第五八五号(七月一日発行)の「東西南北」欄に掲載された「漢字と小学校教師」(五~六頁)で小学校教師の学力問題に言及していた。また、同誌には後藤朝太郎が第五八六号(七月一五日発行)から第六二〇号(一九一三年一二月一五日)にかけて「漢字の進歩」を連載していたが、第二回(第五八七号)で国字問題を喚起した出来事として小学校教師の学力問題に触れていた。その他、『新公論』には、当時「団体評論」という数人の論者がある問題について評論する企画があったが、第二七巻第八号(八月一日発行)では文部省がその対象となっており、そのなかで巌谷小波と竹越与三郎がこの学力問題を扱っていた。
30 建部遯吾「教育の権威と教員待遇」『太陽』第一八巻第一二号、一九一二年、一〇三頁。
31 同前、一〇六頁。

《第2部　一等国に相応しい教育の構成》

1　高橋磌一『高橋磌一著作集　第一〇巻　流行歌でつづる日本現代史』あゆみ出版、一九八五年、八三頁。

2　同前、八二～八五頁。結城亮一『あゝ東京行進曲』河出書房新社、一九七六年、八三～八九頁。なお、後者は、膨大な資料に基づいて、日本初のレコード歌手佐藤千夜子の生涯を描いたドキュメンタリー的な小説である。後者によれば、小田原急行鉄道株式会社が小田急と呼ばれるようになった契機が『東京行進曲』の流行であるという。

《第5章　殉職によって表象される教師の心性》

1　教育塔建立の経緯については、大阪市教育会編纂『教育塔』、帝国教育会編纂『教育塔誌』（この二冊は、上沼八郎監修『教育事件・教育論争史　事例・研究篇』第六巻〔ゆまに書房、一九九一年〕として合本復刻されている）を参照されたい。なお、後に言及する松本、武藤、医王は第一回教育祭合祀者に含まれ、小野は第二回教育祭合祀者に含まれている。

2　詳細については、第六章を参照されたい。

3　田淵巌『教育美談噫!!殉職の十訓導』序文、日比書院、一九二三年。

4　例えば、医王訓導の殉職について、田淵は次のように述べている。

……天下知らずして、この悲壮なる殉職教育者の事績を讃えざるか、抑も亦そこに喧伝され謳歌されし小野さつき女史の花々しき行為に比して、劣り遜ずる何物かのあるによるか、抑も亦、地の利、人の力、共に之がよろしきを得ざりしに基くや?／（中略）世何ぞ夫れ医王訓導の死に対してのみ冷かにして疎なるや、筆者の義憤激発して已み難き所以である（同前、二九九～三〇〇頁）。

5　数字は、『日本帝国文部省年報』各年度版に依拠している。

6　松本と小野の殉職事件は、河野通保『学校事件の教育的法律的実際研究』下巻（文化書房、一九三四年）でも言及されている（九～一〇、一五～一九頁）。本書は、上沼八郎監修『教育事件・教育論争史　事例・研究篇』第四巻（ゆまに書房、一九九一年）として復刻されている。

7　唐沢富太郎『教師の歴史――教師の生活と倫理――』創文社、一九五五年、一四四～一五〇頁。

8　同前、一〇五頁。

9　木戸若雄『婦人教師の百年』明治図書新書、一九六八年、九九頁。

10　「教育第一」と教育概念の膨脹＝拡散の連動については、第六章で分析する。

11　『教育研究』第二〇〇号、一九二〇年、一一四頁。

12　『向上』第一四巻第五号、一九二〇年、六八頁。

13　『東京朝日新聞』一九一九年一一月二四日付七面。

14　蓮沼門三「松本虎雄君と修養団」『向上』第一三巻第一二号、一九一九年、一〇頁。

15　「松本君の略歴」同前、四～五頁。

16　蓮沼、前掲文、六頁。

17　沢柳政太郎「真の教育者であつた」『向上』第一三巻第一二号、一九一九年、五頁。

18　『向上』第一四巻第四号、一九二〇年、七六頁。

19　『教育時論』第一二四七号、一九一九年、四六頁。

20　宮城県教育会・刈田郡教育会編『殉職訓導小野さつき女史』実業之日本社、一九二二年、三四～三五頁。

21　例えば、同前書と『時事新報』は三、〇〇〇人余名とし、『東京朝日新聞』と『東京日日新聞』は一〇、〇〇〇人としている。

22　『殉職訓導小野さつき女史』二三頁。但し、河野清丸は「力石宮城県知事は、遭難当日（中略）九級俸の女史を七級上俸に陞せ、更に数日後、遂に一級上俸に進めて、県下教員の最高級たらしめた」としている（「小野訓導を犬死たらしむる勿れ」『教育論叢』第八巻第三号、一三八頁）。

23　『帝国教育』第四八二号（八月二九日発行）に掲載された広告によれば、同書は「発刊後旬日間に忽ち五版」という凄まじい売れ行きであった。

24　一等当選歌については、次のような投書が寄せられている。

……小野訓導の唱歌、なるほど一等当選の価値は充分です。私どもの学校ではすぐ謄写版にして九月早早教授することになつて居ります。近所の他の学校でも皆さうすると申してをりました。（下略）（滋賀　八重子）（『婦人世界』第一七巻第一〇号、一九二二年、一六六頁）

25　『殉職訓導小野さつき女史』一一九頁。

26　『婦人世界』第一七巻第一一号、一九二二年、一五九頁。

27　佐々木吉三郎「殉職と教育者について――小野さつき女史――」『教育研究』第二四六号、一九二二年、五六〜六五頁。

28　原田実「生ける幾多の小野訓導を想ふ」『教育時論』第一三四二号、一九二二年、一頁。

29　社説「殉職と責任」『教育界』第二一巻第九号、一九二二年、五頁。

30　同様の点を、『婦人世界』に掲載された女性教師の投書が指摘している（ロオズ「女教員の不平」『婦人世界』第七巻第一〇号、一九二二年、一六七頁）。

31　溝口美知子「女教師の観た小野訓導の殉職事件」『婦人公論』第七年九月号、中央公論社、一九二二年、七〇〜七三頁。

32　石井信二「教育日誌の中から」『教育論叢』第八巻第四号、一九二二年、一四九〜一五〇頁。

付記　二〇〇五年に、蔵王町立宮小学校を訪ねた。同校には、小野さつきの遺徳を偲ぶために建立された顕彰館があり、そこへ案内していただくとともに、小野さつき訓導遺徳顕彰会『ああ小野訓導』（一九七五年）をいただくことができた。また、顕彰館では、三波春夫作詞作曲『花咲く墓標』（一九七八年）という曲が存在することを知るとともに、その曲を聴かせていただいた。記して感謝したい。

1 佐々木秀一「勅語を拝聴して――学制頒布五十年記念式に於て――」『教育研究』第二四九号、一九二二年、一頁。
2 『東京朝日新聞』一九二二年一〇月三〇日付二面。
3 『学制五十年史』は、後に帝国教育会が翻刻出版して販売することとなった。
4 『文部時報』第八四号、一九二二年八月二一日発行、四二頁。
5 文部大臣官房文書課編『大正十一年文部省例規類纂』一九二三年、六頁。
6 『文部時報』第九〇号、一九九二年一〇月二一日発行、二六頁。
7 全国師範学校長協会、全国中学校長協会、全国高等女学校長協会、東京府教育会、東京市教育会、東京市教員会、東京市校長会、教育教授研究会、東京府師範学校同窓会、向上会、教育擁護同盟、茗渓会、帝国教育会。
8 『国民新聞』は、一九二二年九月一一日付社説において、一〇月三〇日を「教育第一デー」とすることを提唱していた。
9 『文部時報』第九二号、一九二二年一一月一一日発行、一一頁。
10 同前、一九頁。
11 デザインは、「意匠太平洋を中に亜、米、濠の三大洲を表はし、之を結ぶに一条の紐を以てし、紐の中にエスペラントを以つてEDUKADO UNUE(教育第一)の標語を記し、裏面には欧、非、両大洲を出し、漢字を以つて教育第一の文字を示してある」ものであった(『教育時論』第一三三二号(一九二二年一月五日発行)に掲載された広告から)。
12 『大阪毎日新聞』一九二二年一〇月三一日付三面、『時事新報』一九二二年一〇月三一日付三面。
13 特集記事は、一〇月三〇日付二面、三一日付三面、一一月一日付二面、四日付三面、五日付三面、七日付三面、八日付三面、一一日付三面、一二日付三面、一四日付三面に掲載された。
14 入選者の氏名は一〇月三〇日付二面に、選評は一一月二日付三面に掲載された。
15 『時事新報』一九二二年一〇月三〇日付四面。
16 教育会館については、『大阪毎日新聞』一九二二年一〇月三〇日付二面で、一〇月二八日に開かれた帝国教育会評議員会議において建築に着手することに決定したと報じられていた。

17 野口援太郎「学制頒布五十年記念祝賀会」『帝国教育』第四八五号、一九二二年、八二頁。

18 佐々木秀一「学制頒布五十年」『教育研究』第二四六号、一九二二年、二頁。

19 沢柳政太郎「学制頒布五十年を記念するに際して」『帝国教育』第四八四号、一九二二年、五～六頁。

20 信濃自由大学の中心人物である土田杏村は、『日本及日本人』において、一九二二年から「日本は如何に改造せらるべきか」を連載し始めたが、その第二五・二六回において、「現今の教育」について論じた。そのなかで、彼は次のように述べている。

私は前著「文化主義原論」の中で、改造論の帰結として、結局は教育と芸術と宗教とを改造の究極手段に為す可き事を主張して置いた。（中略）殊に教育は其等の中でも普遍性の範囲の最も広いものであるから改造運動は結局教化運動だといつて差支へは無い。我国現在の教育には、私は失望す可き多くの点を見出すものであるが併し今は絶大の勇気を揮つて、其れが改造に着手し、其の功を達す可き時期だと信ずるものである（第八六二号、一九二三年、四七頁）。

21 木戸若雄は、教育擁護同盟が市町村義務教育費国庫負担金削減案に反対して展開した運動に関して、その運動が教育界において有していた意義を、教育ジャーナルを始めとする史料を分析することによって剔抉し、その同盟が結成された契機、同盟が展開した諸活動とその成果、同盟の終焉という経過を記述するとともに、その同盟に関与した人物がどのような役割を果たしたのかを描出している（木戸若雄『大正時代の教育ジャーナリズム』玉川大学出版部、一九八五年、一八四～二一〇頁）。教育擁護同盟の（側から見た）運動史として、木戸の論述は画期的なものであるが、教育界の動きに焦点を合わせた分析であるため、なぜ一九二〇年代初頭に教育擁護同盟の運動が生じ、市町村義務教育費国庫負担金削減に反対する運動を世論が支持したのかという点を、教育界の力学に基づいた叙述や説明に回収してしまっている。

22 『読売新聞』一九二二年二月二七日付二面。

23 注11と同じ広告から。

24 『教育時論』第一三四一号、一九二二年、三四～三六頁。ここには、答申案と建議案の全文が掲載されている。

25 第一三四〇号には、赤司自身による「教育第一」という筆蹟も印刷されていた（一七頁）。
26 蓮実重彦「「大正的」言説と批評」『批評空間』第二号、一九九一年、六〜二二頁。
27 この「教育第一」は、一九二二年には、『教育時論』第一三二二号、第一三二四号、第一三二七号、第一三三四号、第一三四九号、第一三五二号、第一三五五号に掲載された（いずれも一頁）。
28 第2章で『帝国読本』（一八九三年）と『尋常小学読本』（一九〇三〜〇四年）という国語読本を史料として、児童表象の一九〇〇年前後における転換を分析した。そして、『帝国読本』とは異なり、『尋常小学読本』では、児童は教師からだけでなく、教師以外の者からも学ぶ存在として描出されていたことを確認した。したがって、児童についての話ではあるが、『尋常小学読本』において、既に児童の学ぶ場は学校から児童を囲繞する生活世界へと拡張されていたのであった。それゆえ、『教育時論』に掲載された巻頭言「教育第一」にある「社会の全生活が教育の舞台である」という認識は、『尋常小学読本』も共有していたのであり、一九二〇年前後になって初めて浮上した認識であったわけではない。

しかしながら、『尋常小学読本』において児童が学校以外の場で学ぶ知識として記述されていたのは、あくまでも学校が伝達しようとする知識であった。学ぶ場が拡張されたとしても、拡張された場で学ぶ知識は、学校で学ぶそれと同様のものであり、『尋常小学読本』における教育概念は、あくまでも特定の知的・文化的遺産の伝承をその内実とするものであった。したがって、『尋常小学読本』において、学ぶ場は拡張されたが、巻頭言「教育第一」に見られるような教育概念の膨張＝拡散は生じていなかったのである。

浅井幸子『教師の語りと新教育——「児童の村」の一九二〇年代——』（東京大学出版会、二〇〇八年）も、後に教育の世紀社を結成する野口援太郎、下中弥三郎、為藤五郎、志垣寛らの新しい教育の語り口の特徴として、彼らの「教育宣伝」において「「教育」という言葉の意味の膨張」が生起していたことを指摘している（一二二〜一二四頁）。
29 当時の代表的教育ジャーナル『教育時論』に収められた祝典関連論考・記事を例として挙げれば、第一三三九号（六月二五日発行）に「学制頒布の祝賀会」、第一三四三号（八月五日発行）に原田実「学制頒布五十週《ママ》年」、第一三四七号（九月一五日発行）に高橋堆治「五十周年の到来と教育の再生」、第一三四八号（九月二五日発行）に「五十年紀《ママ》念式予定」、第一三四九号（一〇月五日発行）に「学制紀《ママ》念祝典次第」、第一三五〇号に「祝典計画着々進む」、「教育会館設立計画」、「東京府の教育デー」、「京都教育会と祝典」、「教育奨励会の祝典」、第一三五一号（一〇月二五日発行）に原田実「嗚呼此五十年」、

「学制頒布太政官布告」、三宅雪嶺「学制記念は何を語る」（『日本及日本人』第八四七号からの転載）、第一三五二号（一一月五日発行）に「文部省の表彰した全国教育功労者」、「教育功労者の表彰」、「学制紀念《ママ》祝典挙行」、「教育デーの大宣伝」、「東京市教育者表彰」、「京都市教育会総会」、「教育尊重歌当選者」、「教育尊重の唱歌」、原田実「『教育第一』マークの好況」、第一三五三号（一一月一五日発行）に原田実「沈滞無活気の祝典」、大東重善「学制頒布五十年の記念に際し偶感」、一記者「学制記念日の東京」が掲載されている。

30　木下竹次「学制頒布五十年記念に際し将来の教育を憶ふ」『学習研究』第一巻第七号、一九二二年、二頁。

31　西尾実「信州教育の三遷」『信濃教育』第四三四号、一九二二年、一頁。

32　「創刊の辞」『学習研究』第一巻第一号、一九二二年、二～三頁。

33　広田照幸「戦前期の教育と〈教育的なるもの〉――「教育的」概念の検討から――」（『思想』第八一二号、一九九二年、二五三～二七二頁）は、戦前期の教育ジャーナルを史料として、教育固有の価値と論理を自らの正当性とするトートロジカルな論理の基本構造が大正中期から昭和初期にかけて教育言説において確立し、「教育の自己増殖」と呼ぶことのできる結果を招いた過程を描出している。

34　「大正十一年の終末」『日本及日本人』第八五一号、一九二二年、一頁。

35　日本共産党の創設年に関しては、堺利彦、山川均、近藤栄蔵、李増林、高津正道らによって「日本共産党準備委員会」が地下に発足した一九二一年を創設年とする見方も存在している。ここでは、日本共産党が創設年としている一九二二年を採用した。日本共産党の創設年のズレを巡る事情については、加藤哲郎「体制変革と情報戦――社会民主党宣言から象徴天皇制まで――」（山本武利編『岩波講座「帝国」日本の学知　第四巻　メディアのなかの「帝国」』岩波書店、二〇〇六年、一〇五～一四二頁）が詳細に論じている。

36　文部省『学制五十年史』序、一九二二年。

37　『学習原論』の一部は、同名の論文で『学習研究』に連載されていた。

38　佐藤学「教育史像の脱構築へ――『近代教育史』の批判的検討――」『教育学年報』第六巻、世織書房、一九九七年、一二〇頁。

1　一一面。なお、引用文中に「最近の怪盗頻出」という文言があるが、これは当時の東京都心を震撼させた「説教強盗」として有名な妻木松吉（一九二九年二月二三日に逮捕）の事件を始めとして、数多くの強盗事件が生じていたことを意識したものである。例えば、『東京朝日新聞』の同日付同面には、「説教一世物語〔二〕」、「自白した怪盗の跡／七十余件の強盗」という妻木松吉に関する記事が掲載されており、さらに「白昼不敵な強盗／連続四軒を襲ふ」、「自動車強盗／罪状を自白」という見出しの記事も掲載されていることに見られるように、実際に事件が頻発し、報道する価値が高く、おそらくは強盗事件に対する読者の関心も高かったことがわかる。人々が理想的新家屋による郊外生活を希求した背景の一つに、強盗対策があったと言えよう。

2　成城学園前が選択された理由は、「住宅地の選択——朝日住宅は何故に成城学園前を選んだか」（東京大阪朝日新聞社『朝日住宅写真集』一九三〇年、一三頁）に記されている。それによれば、衛生上の理由、交通上の観点（電車の便と線路からのある程度の距離、道路の広さ）、土地が高燥であること、眺望がよいことから成城学園前が選択されたという。なお、『朝日住宅写真集』は、『叢書・近代日本のデザイン　55　『朝日住宅写真集』朝日新聞社』（ゆまに書房、二〇一三年）として復刊されている。

3　一九二五年前後の成城の様子を、ある古老は次のように語っている。

　大正の末から昭和二年にかけて小田急が開通しまして、その当時約四十戸の新住宅ができました。それまでは七戸の部落があつただけです。そして区劃整理の条件としまして新しい進歩した住宅地でなくてはというところから、成城学園水道利用組合を作りました。その水道ができてから成城がなかなかよいという評判が立ちました（昭和三一年四月二十四日正《ママ》小学校における座談会記録。引用は、東京都世田谷区『新修世田谷区史』下巻、一九六二年、四六五頁）。

4　酒井健一「成城・玉川学園住宅地」山口広編『郊外住宅地の系譜——東京の田園ユートピア——』鹿島出版会、一九八七年、一二三八頁。
5　若林幹夫「郊外論の地平」『日本都市社会学会年報』第一九号、二〇〇一年、四七頁。
6　『田園都市』は、内務省地方局有志『田園都市と日本人』（講談社学術文庫、一九八〇年）に復刻収録されている。
7　例えば、「如何なる土地を選ぶべきか」（『小林一三全集』第一巻、ダイヤモンド社、一九六一年、一六二～一六三頁）と「如何なる家屋に住むべきか」（同前、一六三～一六四頁）において、大阪市と池田室町の生活が非常に明確に対照的に表現されている。
8　箕面有馬電気軌道の文化戦略については、例えば原武史『「民都」大阪対「帝都」東京――思想としての関西私鉄――』（講談社、一九九八年）第三章を参照されたい。
9　これらは、前記の「如何なる土地を選ぶべきか」と「如何なる家屋に住むべきか」に記されている文言である。
10　付言すれば、荏原郡の人口増加が特に著しい。
11　平和記念東京博覧会では、会場の一角に文化生活をイメージして設計された一四棟のモデルハウスを展示する「文化村」が置かれた。
12　吉見俊哉『博覧会の政治学――まなざしの近代――』中公新書、一九九二年、一五二～一五三頁。
13　生活改善同盟会編『住宅改善の方針』生活改善同盟会、一九二〇年、一～八頁。なお、大正期の住宅政策に関して内田青蔵『日本の近代住宅』第三章（鹿島出版会、一九九二年）が詳細に論じている。
14　内務省社会局『住宅問題資料第一輯　都市住宅問題』一九二四年、八〇頁。
15　桜新町は郊外住宅地を先取りするものであったが、「東京の軽井沢」と位置づけられていることからわかるように、住宅地というよりも、むしろ郊外別荘地と捉えられていた。この点については、山岡靖「東京の軽井沢・・・桜新町」（山口広編『郊外住宅地の系譜』鹿島出版会、一九八七年、九三～一〇八頁）を参照されたい。
16　以上の諸住宅地の開発・販売についての詳細は、『郊外住宅地の系譜』を参照されたい。
17　例えば、『東京朝日新聞』一九二九年一一月四日付八面に掲載されている「長命したけりゃ／郊外おいで／住んで居ながら／金が成る」という中島商会地所部の「西郊高級住宅地」販売広告にあるコピーは、新中間層の欲望を捉えながら郊外に投入された記号がどのようなものであったのかを象徴するものの一つであろう。

18 『東京朝日新聞』一九二九年九月一一日付一二面によれば、「バス《ママ》」の提供とは「新宿成城学園前間の無賃定期乗車券を提供する」という内容であった。また、同紙面には「展覧会閉会後午前零時二十分の新宿発経堂駅までの最終列車を成城学園前駅まで延長運転する事に決した」と記されている。

19 二五日付七面の記事は閉会式の模様も伝えているが、そこには「四時閉会後新居住者の顔合わせ会を行つたがこの地を永久に朝日村と称する事となつた」とも記されている。

なお、その他の『東京朝日新聞』掲載の関連記事としては、一一月一日付五面「「朝日住宅展」メモ〔上〕」（蔵田周忠）、同月二日付五面「「朝日住宅展」メモ〔下〕」（同前）があり、同月二四日付七面には「朝日住宅展／〔小田急成城学園前〕／本日限り閉会」という社告が掲載されている。また、朝日住宅展覧会に直接言及していないが、同月一二日付五面に「現代世相展望（四三）／文化住宅」（岸田日出刀）、同月二八日付五面に「現代世相展望（五一）／郊外風景」（生方敏郎）が掲載されており、文化住宅や郊外における生活が注目されていたことがわかる。

管見の限り、他紙は朝日住宅展覧会に言及していない。しかし、例えば『国民新聞』の市内版八面には当時「郊外ニュース」欄があり、郊外が注目されていたことがわかる。

20 桜井忠温「気軽な家」『朝日住宅地の住心地』（『朝日住宅写真集』所収）五頁。を参照。

21 木村煥「林檎のやうな子供の顔」同前、六頁。

22 同前、七〜八頁。

23 『朝日住宅写真集』序。

24 田中孝一郎「和洋折衷の成功」『朝日住宅地の住心地』一二〜一三頁。

25 同前、一二頁。なお、ここで女中の存在が示されている。平面図を参照すると、朝日住宅全一六棟において「女中室」がないのは、四号、五号、一二号、一三号だけである。したがって、朝日住宅展覧会が照準していた新中間層家族は、敗戦後の都市家族とは形態的に異なっている面を有していたと見ることができる。新中間層家族と「女中」の関係については、牛島千尋「戦間期の東京における新中間層と「女中」——もう一つの郊外化——」（『社会学評論』日本社会学会、第五二巻第二号、二〇〇一年、八八〜一〇四頁）を参照されたい。

26 日本における「教育家族」の成立については、沢山美果子「教育家族の成立」（中内敏夫他編『〈教育〉——誕生と終焉

――』藤原書店、一九九〇年、一〇八～一三一頁）を参照されたい。

27　松本浩記（成城小学校教師）によれば、「成城ではなるべく全父兄の「教育問題研究」会員たられんことを希望してゐるのである。現在大部分の方は積極的、自発的に会員となつて、雑誌を購読せられてゐる」（「成城に於ける学校と家庭との連絡」『教育問題研究・全人』第五一号、一九三〇年、一〇三頁）という。

28　門脇厚司・北村久美子「大正期新学校支持層の社会的特性――成城学園入学者父兄の特性分析をもとに――」（『筑波大学教育学系論集』第一四巻第二号、一九九〇年、八一～九〇頁）を参照。

29　大内裕和「隠蔽された記憶――国民学校の〈近代〉――」（『現代思想』第二三巻第一号、一九九五年、二三四～二五四頁）、同「「教育」における戦前・戦時・戦後――阿部重孝の思想と行動――」（山之内靖他編『総力戦と現代化』柏書房、一九九五年、二一一～二三五頁）。

30　小原国芳「玉川塾の教育」『帝国教育』第五七二号、一九三〇年、一七～二五頁。

31　同前、一七～一八頁。

《第8章　一九三〇年前後の学校紛擾言説に見られる大学の共同体化への希求》

1　一九二二年度に創設された県立熊本医科大学は二九年五月に官立に移管された。しかし、在学する予科学生が卒業するまで県立熊本医科大学が存続したため、三〇年度の官立大学数と公立大学数の両者に熊本医科大学が含まれている。

2　天野郁夫『大学の誕生（下）』中公新書、二〇〇九年、四〇九～四一三頁。

3　早慶野球戦切符事件には、早稲田大学だけでなく、同附属第一・第二高等学院、同高等師範部、同専門部、早稲田専門学校の学生も参加していた。

4　当時の学校紛擾を扱った先行研究には、小野雅章「一九二〇～三〇年代にかけての学校事件・学校事故史研究素描――学校紛擾の展開を中心に――」（『教育制度研究紀要』第三九集、日本大学教育制度研究所、二〇〇八年、一～一七頁）もある。従来等閑視されてきた一九二〇～三〇年代の学校事件・学校事故史研究の現代的意義・射程を論述し、同研究の展望を示したものであり、いくつかの学校紛擾事例の紹介・検討を試み、教育病理的現象に起因する紛擾や学校・教員側の要因を契機とする紛擾が多かったこと、また文部省や教育関係者の各種対応にもかかわらず、紛擾は減少していなかったことを明らかにしている。しかし、高等教育機関の紛擾が扱われていないし、各事例の紹介・検討は概略的なものに留まっている。

5 H・スミス『新人会の研究――日本学生運動の源流――』東京大学出版会、一九七八年、一八八～一八九頁。

6 菊川忠雄『学生社会運動史』海口書店、一九四七年、四七三頁。

7 吉野作造「日本学生運動史」『吉野作造選集』第一〇巻、一九九五年、二九〇頁（『岩波講座教育科学』第一五分冊（一九三二年）所収論文の再録）。

8 伊藤彰浩『戦間期日本の高等教育』玉川大学出版会、一九九九年、一六四頁。なお、紛擾の展開などに関する具体的記述はないが、伊藤は早稲田大学同盟休校について、「騒動の過程で当初の要求とは別の要求が前面に出てくる」事例、また「騒動においてマスコミ、とりわけ新聞の果たす役割も大きかった」事例、さらに「騒動が長期化していた場合には、事を起こした学生たちの間からその終息を望む意向が強く顕在化してくる」事例の一つとして言及している（同前、一四八～一五三頁）。

9 「田中文部大臣訓示要領」『文部時報』第三四八号、一九三〇年、九頁。

10 『東京朝日新聞』は「感激の朝野名士一千」（一〇月三一日付夕刊一面）、『時事新報』は「朝野の貴紳二千名」（同前）が集まったと報道している。

11 付言すれば、当日の東京放送局は、午後六時からの「子供の時間」には、文部省督学官森岡常蔵によるお話「教育勅語と孝子順孫」を三〇分間、午後七時二五分からは東京帝国大学教授吉田熊次による記念講演「教育勅語渙発四十年に際して」を四五分間放送した。

12 『文部時報』第三六三号、一九三〇年、二六頁。

なお、式辞にある「国運は前古未曽有の、発展をなし得た」という文言は、日本近代の政治的・経済的・社会的・文化的躍進全体を指すとともに、ロンドン海軍縮会議（一九三〇年一月二一日～四月二二日）での日米英によるロンドン海軍軍備制限条約締結も示唆していると見ることができる。同条約が批准されたのは記念式開催が迫る一〇月二日のことであり、この批准を受けて行われた同条約批准書寄託式記念日米英連合放送の模様を、JOAKは同月二七日午後一一時五〇分から翌日午前〇時三〇分にかけて伝えた。そしてその放送では、楽曲の演奏に続いて、浜口首相・フーヴァー大統領・マクドナルド首相・松平恒雄駐英大使の演説が日米英で同時中継されたのであった。

五年前に芝浦の仮放送局から放送を開始したラジオという新しいマス・メディアによって、米英という両大国とともに、まさに同時に軍備制限条約成立を祝うという行為は、その放送を聴取する人々に、大日本帝国が名実ともに米英と並び立つ大国に数えられる存在となったことを具体的に示すものであり、田中の式辞は、教育勅語という精神的な礎が渙発されたからこそ、このような発展を達成し得たと四〇年後に称揚している、と読むこともできる。

13 同前、二八頁。

14 現下の憂慮すべき教育問題の一つが学生思想問題・学校紛擾であることを、田中は全国中学校長会議(六月一五日開催)、全国実業学校長会議(同前)、学務部長会議(同月二四日開催)などの訓示でも強調している。

15 大原社会問題研究所編『日本労働年鑑』第一二巻(一九三一年)には、「本(一九三〇―引用者)年度に於ける学生運動は昨年に比し量に於いても質に於いても著しい発展を示してゐる。(中略)学生騒動事件は昨年末より本年にかけて頻発し、本年はその数に於いてレコードを作つたと云はれてゐる」(五六六頁)と記され、自治運動について、「今資料の存するもののみについてみても、本年中に行はれた学生自治運動と目すべきものは約五二件であり、うち同盟休校にまで進展したものは三二件に上つてゐる」(五七二頁)と録されている。

16 文部省学生部『学生思想運動の経過概要 附、其の対策』一九三一年(思想調査資料集成刊行会編『文部省思想局思想調査資料集成』第二二巻〔日本図書センター、一九八一年〕所収)、四六頁。

17 同前、四七頁。

18 同、四八～四九頁。

19 荻野富士夫『戦前文部省の治安機能――「思想統制」から「教学錬成」へ――』校倉書房、二〇〇七年、八二頁。

20 佐藤秀夫「学校紛擾の史的考察」『教育の文化史二――学校の文化――』阿吽社、二〇〇五年、二三三頁。

21 早稲田大学大学史編集所編『早稲田大学百年史』第三巻、一九八六年、四五七頁。

22 『東京朝日新聞』一九三〇年一〇月一七日付一一面。同面には「早大体育会声明書」も掲載されている。

23 同前、一〇月一八日付夕刊一面。

24 同、一〇月一八日付七面。『読売新聞』一〇月二〇日付七面には、左傾団体の策動とする大学側に対して憤慨する学生の声が掲載されている。

25 『早稲田大学百年史』第三巻、四六一～四六二頁。

26 同前、四六三～四六四頁。

27 同、四六六頁。

28 同、四七三～四七四頁。なお、一八日の決議に対する回答については、同四七四頁を参照されたい。

29 維持員とは今日の評議員のことであり、功労維持員と選出維持員の二者が存在し、合計三五名から構成されていた。同盟休校長期化の背景には、学生と大学当局の対立に、大学と大隈家との反目に起因する政治的策動が接合した側面があるという（同、四七〇～四七三頁）。

30 同、四七五～四七六頁。

31 同、四七七～四七八頁。

32 思想調査資料集成刊行会編『文部省思想局思想調査資料集成』第三巻（日本図書センター、一九八一年）所収の文部省学生部編『思想調査資料』第九輯（一九三一年）によれば、「賛成者五、三一三人反対者二、七八五人大勢順応者八八人」（一六四頁）であった。

33 井上達夫「公共性とは何か」（井上編『公共性の法哲学』ナカニシヤ出版、二〇〇六年、三～二七頁）は、従来の公共性論を整理し、領域的公共性論、主体的公共性論、手続的公共性論、理由基底的公共性論という四つの理論モデルを抽出し、理由基底的公共性論が他のモデルに対して理論的優位性を有することを導出している。手続的公共性について言えば、その正統性の条件は、手続自体に存在するのではなく、手続を制約する先行的な価値原理に依拠せざるを得ないため、「公共的プロセスが公共的理由を定義するのではなくて、逆に公共的理由が公共的プロセスを定義する」（一八頁）のであり、困難であっても、我々は実体的な価値原理を探究する理由基底的公共性論に進まざるを得ない、と井上は述べている。早稲田大学同盟休校における妥結は、学生にとって大きな前進であったが、十分なものであったのかどうかについては検討の余地があると言えよう。

34 『東京朝日新聞』は、一一月一八日付夕刊紙面にも「早大盟休／解決式」という記事を、「解決式」の写真入りで掲載している（二面）。

35　一一月七日付二面の「よみうり直言」でも学校紛擾に言及しているが、日本女子大学校の昇格問題を争点とする学校紛擾を話題としている。

36　学校紛擾の解決策として、学生の自治権承認を挙げている記事は、管見の限り、両紙には存在しない。

37　補助的に参照する『帝国教育』において、早稲田大学同盟休校を始めとする学校紛擾を扱っている論考としては、塚原政次「昭和五年に於ける高等教育の回顧」（第五八〇号、二一～二八頁）、野田義夫「昭和五年高等教育の回顧」（同前、二八～三〇頁）、福島四郎「昭和五年の女子教育に関する回顧」（同、四〇～四一頁）、林博太郎「昭和六年の新正を迎へて」（第五八一号、一～五頁）、三井甲之「敬神崇祖の科学的基礎確立を思ふ」（同前、五～九頁）、三浦圭三「教育は社会連帯責任」（同、一二～一三頁）、赤井米吉「学校争議論」（同、七五～七九頁）、小沢徳一「官立大学無用――昼間大学が邪魔になる今日――」（第五八二号、八四～八八頁、八一頁）がある。『改造』には石浜知行「学校制度の変化と学生運動の進化」（『改造』第一二巻第一二号、一九三〇年一二月一日発行、八七～九三頁）が掲載されているだけである。

なお、高等教育関係者も読者としていた教育週刊紙『教育週報』には、「思想対策問題で私大の主事会議／どんな名案が出るか」（一九三〇年一二月二〇日付二面）、「師弟間情味の欠乏が学校騒動の主因」（野口援太郎談話、同年一二月二七日付二面）、「私大騒動対策に思想調査官／予算あれば設置する＝伊藤学生部長談」（一九三一年一月一〇日付二面）、「学校に警察権を与へよ／私立大学思想取締案に早大当局から提出」（同年一月二四日付二面）という記事が掲載されている。

38　田代素一「最近の学校騒動への批判的考察」『教育時論』第一六三九号、一九三〇年、五頁。

39　同前。

40　石黒魯平「最近の大学騒動に就て」『教育時論』第一六四〇号、一九三一年、四五頁。

41　同前、四五～四六頁。

42　松本金寿「学校騒動の一側面観」『教育時論』第一六四一号、一九三一年、一八頁。

43　同前、一九頁。

44　川辺喜三郎「日本名物学校騒動」『教育時論』第一六四三号、一九三一年、一五～一八頁。

45　同前、一八頁。

46　同、一八～二二頁。

47　河合栄治郎「大学の自由とは何か」『中央公論』第四五巻第一一号、一九三〇年、一九頁。
48　同前、一五〜一六頁。
49　森戸辰男「『学生思想問題』の社会的考察」『中央公論』第四五巻第一二号、一九三〇年、九八頁。
50　同前、九〇頁。
51　尾佐竹猛「学校騒動とテロリズム」『中央公論』第四六巻第三号、一九三一年、二五〇頁。
52　同前、二四九〜二五〇頁。
53　同、二五一頁。
54　塚原政次「昭和五年に於ける高等教育の回顧」『帝国教育』第五八〇号、一九三〇年、二七〜二八頁。
55　石浜知行「学校制度の変化と学生運動の進化」『改造』第一二巻第一二号、一九三〇年、九二頁。
56　同前、九三頁。
57　赤井米吉「学校争議論」『帝国教育』第五八一号、一九三一年、七八頁。
58　同前、七九頁。
59　同。
60　『早稲田大学百年史』第三巻第一一・一二・一三・一六・一七章参照。
61　同前、四八〇頁。
62　シャンタル・ムフは、『政治的なものについて――討議的民主主義と多元的グローバル秩序の構築――』（酒井隆史監訳、篠原雅武訳、明石書店、二〇〇八年）において、「異議申し立てする声のために闘技的で正当性をもった政治的回路が存在するなら、敵対的な対立は出現しにくくなるだろう。さもなければ異議申し立ては、暴力的な形態をとる傾向を帯びる」（三八〜三九頁）と論じている。ムフの理論的営為に従うならば、学生を敵と捉える思想国難的視線、そしてそれに基づく思想統制政策の強化ではなく、学校紛擾に参加する学生の論理や声を大学の教育や運営、経営に反映する回路を何らかの形で構築できたことが、大学と学生との敵対的な対立が暴力的な形態で噴出する可能性を縮減したのかもしれない。

1　『少年世界』第八巻第一六号、一九〇二年、一一七頁。
2　『少年世界』における少年たちの投稿文の文体が言文一致体へと変容したことには、投稿規定改定によって青年と位置づけられた者の投稿文が、以前は数多く掲載されていたことに対して、同改定によって少年と位置づけられた者の不満が存在し、その不満を解消する改定は、少年にとって受容しやすいものであったことと同時に、その改定によって、天真爛漫な言文一致の投稿文でなければ、『少年世界』に掲載されないという事情が作用していたことを見逃してはならないだろう。
3　芦田恵之助「理想」『教育研究』第一〇〇号、一九一二年、三一一頁。
4　小原国芳「玉川塾の教育」『帝国教育』第五七二号、一九三〇年、一七頁。
5　「全国小学校成績品展覧会審査の結果（下）　綴方に就て」『実業之日本』第一五巻第一五号、一九一二年、五四頁。
6　原田実「生ける幾多の小野訓導を想ふ」『教育時論』第一三四二号、一九二二年、一頁。
7　本尾小太郎「吾子を見つめて」『教育問題研究・全人』第三三号、一九二九年、八六頁。
8　赤井米吉「学校争議論」『帝国教育』第五八一号、一九三一年、七五～七九頁。
9　山本正秀は「文部省編の第一次国定読本の『尋常小学読本』一～八（三十六年八月～三十七年一月刊）の編纂は、明治三十五年四月に着手し三十六年六月に終わっている」（山本正秀『言文一致の歴史論考』桜楓社、一九七一年、四三五頁）と記している。また井上赳は、「吉岡読本の実施は明治三十七年ですが、その編集は少なくとも明治三十五年に始まっています」（井上赳『国定教科書編集二十五年』古田東朔編、武蔵野書院、一九八四年、一一頁）と述べている。『少年世界』の投稿規定改定は、第八巻（一九〇二年）の最終号である第一六号に掲載されたのであり、それ以前から『尋常小学読本』の編纂は開始されていた。
10　博文館は一八九五年に整理・統合した雑誌を、一八九八年に『中学世界』、一九〇一年に『女学世界』を創刊するなど、改めて分化させていた。この博文館の出版戦略も投稿規定改定には作用したのであり、改定は「青年者」は『中学世界』や『女学世界』などに投稿するように促すものであった。

11　ピーター・バーク『歴史学と社会理論』第二版、佐藤公彦訳、慶応大学出版会、二〇〇九年、一四八頁。

12　木戸による教育ジャーナリズム史研究については、『明治の教育ジャーナリズム』（大空社、一九九〇年、近代日本社〔一九六二年〕の復刊）、『大正時代の教育ジャーナリズム』（玉川大学出版部、一九八五年）、『昭和の教育ジャーナリズム』（大空社、一九九〇年）を参照されたい。

13　榑松かほる、菅原亮芳、小熊伸一の教育ジャーナリズム史研究としては、榑松かほる・菅原亮芳「民間教育雑誌の成立に関する一断面（上）――『教育時論』と『教育報知』をてがかりとして――」（『桜美林論集』第一五号、一九八八年、四七～七〇頁）、同前「民間教育雑誌の成立に関する一断面（下）――『教育時論』と『教育報知』をてがかりとして――」（『桜美林論集』第一六号、一九八九年、一三～四六頁）、榑松かほる・菅原亮芳・小熊伸一「近代日本教育雑誌史研究（一）――明治期刊行教育雑誌の諸類型とその変容――」（『桜美林論集』第一七号、一九九〇年、四九～六八頁）、同前「近代日本教育雑誌史研究（二）――明治期刊行教育雑誌の諸類型とその変容――」（『桜美林論集』第一八号、一九九一年、二五～四二頁）、同前「大正・昭和戦前期における教育雑誌の変容過程――その類型化を中心として――」（『立教大学教育学科研究年報』第三六号、一九九二年、七九～九三頁）、菅原亮芳編『受験・進学・学校――近代日本教育雑誌に見る情報の研究――』（学文社、二〇〇八年）、菅原亮芳『近代日本における学校選択情報――雑誌メディアは何を伝えたか――』（学文社、二〇一三年）などを挙げることができる。

14　社説「殉職と責任」『教育界』第二一巻第九号、一九二二年、五頁。

参考文献

●本論文の引用・参考文献一覧を提示するが、雑誌に掲載された論考や記事、また投稿に関しては、すべて記載すると膨大な量となるため、主要なもののみを一覧に載せた。また、新聞に関しては、これも膨大な量となるため、記事を一覧に載せず、引用したり参考とした雑誌と合わせて、新聞名を一覧の最後に列挙した。

赤井米吉「学校争議論」『帝国教育』第五八一号、一九三一年。

浅井幸子『教師の語りと新教育——「児童の村」の一九二〇年代——』東京大学出版会、二〇〇八年。

芦田恵之助『尋常小学綴り方教科書第三学年〜第六学年』宝文館、一九一一年。

芦田恵之助「理想」『教育研究』第一〇〇号、一九一二年。

芦田恵之助『恵雨自伝』上巻、開顕社、一九五〇年（『芦田恵之助国語教育全集』第二五巻、明治図書、一九八七年、所収）。

天野郁夫『大学の誕生（下）』中公新書、二〇〇九年。

新井誠夫「小学校教師の学力問題——其根本原因について——」『教育学術界』第二五巻第四号、一九一二年。

Anderson, Benedict, *Imagined Communities: Reflections on the Origin and Spread of Nationalism*, London : Verso, 1983.（白石隆・白石さや訳『想像の共同体』リブロポート、一九八七年）

安藤修平「教育課程の変遷」国立教育政策研究所『国語科系教科のカリキュラムの改善に関する研究——歴史的変遷・諸外国の動向——』二〇〇二年。

石井信二「教育日誌の中から」『教育論叢』第八巻第四号、一九二二年。

石黒魯平「最近の大学騒動に就て」『教育時論』第一六四〇号、一九三一年。

石戸谷哲夫『日本教員史研究』大日本雄弁会講談社、一九五八年。

石浜知行「学校制度の変化と学生運動の進化」『改造』第一二巻第一二号、一九三〇年。

伊藤彰浩『戦間期日本の高等教育』玉川大学出版部、一九九九年。

伊藤整『日本文壇史七　硯友社の時代終る』講談社文芸文庫、一九九五年。

井上晴一「所謂教員学力問題の真相」『帝国教育』第三六〇号、一九一二年。

井上赳『国定教科書編集二十五年』古田東朔編、武蔵野書院、一九八四年。

井上達夫編『公共性の法哲学』ナカニシヤ出版、二〇〇六年。

今田絵里香「少年雑誌におけるセンチメンタリズムの排除——一九三〇年代の『日本少年』『少女の友』投稿欄の比較から——」『女性学』第一一号、日本女性学会、二〇〇四年。

イ・ヨンスク『「国語」という思想——近代日本の言語認識——』岩波書店、一九九六年。

岩田重則『ムラの若者・くにの若者——民俗と国民統合——』未来社、一九九六年。

巌谷小波『桃太郎主義の教育』東亜堂書房、一九一五年。

牛島千尋「戦間期の東京における新中間層と「女中」——もう一つの郊外化——」『社会学評論』第五二巻第二号、日本社会学会、二〇〇一年。

内田青蔵『日本の近代住宅』鹿島出版会、一九九二年。

生方敏郎『明治大正見聞史』中公文庫、一九七八年。

海原徹『明治教員史の研究』ミネルヴァ書房、一九七三年。

大内裕和「隠蔽された記憶——国民学校の〈近代〉——」『現代思想』第二三巻第一号、一九九五年。

大内裕和「「教育」における戦前・戦時・戦後——阿部重孝の思想と行動——」山之内靖他編『総力戦と現代化』柏書房、一九九五年。

大原社会問題研究所編『日本労働年鑑』第一二巻、一九三一年。

岡谷英明「『幼年雑誌』にみる読者共同体の教育的意義」『日本の教育史学』第三九集、一九九六年。

荻野富士夫『戦前文部省の治安機能――「思想統制」から「教学錬成」へ――』第Ⅰ・Ⅱ部、校倉書房、二〇〇七年。

小熊伸一「雑誌『教育実験界』解説」寺﨑昌男監修『『教育実験界』解説』、一九九一年。

尾佐竹猛「学校騒動とテロリズム」『中央公論』第四六巻第三号、一九三一年。

小野さつき訓導遺徳顕彰会『ああ小野訓導』一九七五年。

小野雅章「一九二〇～三〇年代にかけての学校事件・学校事故史研究素描――学校紛擾の展開を中心に――」『教育制度研究紀要』第三九集、日本大学教育制度研究所、二〇〇八年。

小原国芳「玉川塾の教育」『帝国教育』第五七二号、一九三〇年。

オング、ウォルター・J『声の文化と文字の文化』桜井直文・林正寛・糟谷啓介訳、藤原書店、一九九一年。

賀川豊彦「子供を叱る工夫」『教育問題研究・全人』第三八号、一九二九年。

学海指針社編『帝国読本』尋常科用一～八巻、一八九三年（海後宗臣編『日本教科書大系近代編』第五巻、講談社、一九六四年、所収）。

梶田雄一朗「大正から昭和初期の間においての理想の少年イメージの形成――高畠華宵の手による『日本少年』の表紙絵から――」『京都精華大学紀要』第三七号、二〇一〇年。

加藤哲郎「体制変革と情報戦――社会民主党宣言から象徴天皇制まで――」山本武利編『岩波講座「帝国」日本の学知　第四巻　メディアのなかの「帝国」』岩波書店、二〇〇六年。

門脇厚司・北村久美子「大正期新学校支持層の社会的特性――成城学園入学者父兄の特性分析をもとに――」『筑波大学教育学系論集』第一四巻第二号、一九九〇年。

鹿野政直『資本主義形成期の秩序意識』筑摩書房、一九六九年。

上沼八郎監修『教育事件・教育論争史　事例・研究篇』第四巻、ゆまに書房、一九九一年。

上沼八郎監修『教育事件・教育論争史　事例・研究篇』第六巻、ゆまに書房、一九九一年。

唐沢富太郎『教師の歴史――教師の生活と倫理――』創文社、一九五五年。

柄谷行人『日本近代文学の起源』講談社、一九八〇年。

柄谷行人「日本精神分析三」『批評空間』第七号、一九九二年。

河合栄治郎「大学の自由とは何か」第四五巻第一一号、一九三〇年。

河図次郎「全国小学校成績品展覧会を観る」『都市教育』第九三号、一九一二年。

河原和枝『子ども観の近代――『赤い鳥』と「童心」の理想――』中公新書、一九九八年。

川辺喜三郎「日本名物学校騒動」『教育時論』第一六四三号、一九三一年。

川村邦光『民俗空間の近代――若者・戦争・災厄・他界のフォークロア――』情況出版、一九九六年。

川村湊「「作文」の帝国――近代日本の文化帝国主義の一様相――」酒井直樹他編『ナショナリティの脱構築』柏書房、一九九六年。

木方十根「戦前期高等教育機関の郊外立地――東京を中心に――」『名古屋大学史紀要』第八号、二〇〇〇年。

菊川忠雄『学生社会運動史』海口書店、一九四七年。

菊川忠雄「学校財閥の解剖」『中央公論』第四六巻第一号、一九三一年。

岸英雄「家庭に於ける児童読書生活の指導」『教育問題研究・全人』第三四号、一九二九年。

北里柴三郎「戦慄すべき小学児童の大問題」『実業之日本』第一六巻第一号、一九一三年。

木戸若雄『明治の教育ジャーナリズム』大空社、一九九〇年、六九頁（近代日本社（一九六二年）の復刊）。

木戸若雄『昭和の教育ジャーナリズム』大空社、一九九〇年。

木戸若雄『大正時代の教育ジャーナリズム』玉川大学出版部、一九八五年。

木戸若雄『婦人教師の百年』明治図書新書、一九六八年。

木下竹次『学習原論』目黒書店、一九二三年。

木下竹次「学制頒布五十年記念に際し将来の教育を憶ふ」『学習研究』第一巻第七号、一九二二年。

木村小舟『少年文学史　明治篇』上・下巻（改訂増補版）、童話春秋社、一九四九年。

木村元「戦時期の教育史研究の動向と課題――近年の教育科学運動研究に注目して――」『教育学年報』第六巻、世織書房、一九九七年。

教育ジャーナリズム史研究会編『教育関係雑誌目次集成』（合計一〇一冊）日本図書センター、一九八七〜九四年。

榑松かほる・菅原亮芳「民間教育雑誌の成立に関する一断面（上）――『教育時論』と『教育報知』をてがかりとして――」『桜美林論集』第一五号、一九八八年。

榑松かほる・菅原亮芳「民間教育雑誌の成立に関する一断面（下）――『教育時論』と『教育報知』をてがかりとして――」『桜美林論集』第一六号、一九八九年。

榑松かほる・菅原亮芳・小熊伸一「近代日本教育雑誌史研究（一）――明治期刊行教育雑誌の諸類型とその変容――」『桜美林論集』第一七号、一九九〇年。

榑松かほる・菅原亮芳・小熊伸一「近代日本教育雑誌史研究（二）――明治期刊行教育雑誌の諸類型とその変容――」『桜美林論集』第一八号、一九九一年。

榑松かほる・菅原亮芳・小熊伸一「大正・昭和戦前期における教育雑誌の変容過程――その類型化を中心として――」『立教大学教育学科研究年報』第三六号、一九九二年。

河野清丸「小野訓導を犬死たらしむる勿れ」『教育論叢』第八巻第三号、一九二二年。

紅野謙介「『中学世界』から『文章世界』へ――博文館・投書雑誌における言説編制――」『文学　季刊』第四巻第二号、岩波書店、一九九三年。

粉川宏『国定教科書』新潮選書、一九八五年。

小林一三『小林一三全集』第一巻、ダイヤモンド社、一九六一年。

小林弥太郎「家庭教育に就て（入学以前及以後）」『教育問題研究・全人』第三三号、一九二九年。

斉藤利彦・市川雅美「旧制中学校における校友会雑誌の研究」『東京大学大学院教育学研究科紀要』第四八巻、二〇〇八年。

斉藤利彦編『学校文化の史的探究――中等諸学校の『校友会雑誌』を手がかりとして――』東京大学出版会、二〇一五年。

佐々木吉三郎「殉職と教育者について――小野さつき女史――」『教育研究』第二四六号、一九二二年。

佐々木秀一「学制頒布五十年」『教育研究』第二四六号、一九二二年。

佐藤秀夫『教育の文化史一――学校の構造――』阿吽社、二〇〇四年。

佐藤秀夫『教育の文化史二――学校の文化――』阿吽社、二〇〇五年。

佐藤学「「個性化」幻想の成立――国民国家の教育言説――」『教育学年報』第四巻、世織書房、一九九五年。

佐藤学「教育史像の脱構築へ――『近代教育史』の批判的検討――」『教育学年報』第六巻、世織書房、一九九七年。

佐藤学「「義務教育」概念の歴史的位相――改革のレトリックを問い直す――」『教育学研究』第七二巻第四号、二〇〇五年。

沢柳政太郎「学制頒布五十年を記念するに際して」『帝国教育』第四八四号、一九二二年。

沢柳政太郎「真の教育者であつた」『向上』第一三巻第一二号、一九二二年。

沢山美果子「教育家族の成立」中内敏夫他編『〈教育〉――誕生と終焉――』藤原書店、一九九〇年。

重田勘次郎「小学校教育に関する一大問題」『教育時論』第九七九号、一九一二年。

柴田勝「家庭教育の諸問題」『教育問題研究・全人』第五一号、一九三〇年。

陣内靖彦『日本の教員社会――歴史社会学の視野――』東洋館出版、一九八八年。

陣内靖彦「明治後期における師範教育の制度化と師範学校入学生の特質」石戸谷哲夫・門脇厚司編『日本教員社会史研究』亜紀書房、一九八一年。

菅原亮芳編『受験・進学・学校――近代日本教育雑誌にみる情報の研究――』学文社、二〇〇八年。

菅原亮芳『近代日本における学校選択情報――雑誌メディアは何を伝えたか――』学文社、二〇一三年。

鈴木省三『日本の出版界を築いた人びと』柏書房、一九八五年。

スミス、ヘンリー・D『新人会の研究――日本学生運動の源流――』東京大学出版会、一九七八年。

生活改善同盟会編『住宅改善の方針』生活改善同盟会、一九二〇年。

高田師範学校附属小学校「課外読物の研究」『帝国教育』第三六二号、一九一二年。

高橋磌一『高橋磌一著作集　第一〇巻　流行歌でつづる日本現代史』あゆみ出版、一九八五年。

高見順『昭和文学盛衰史一』文芸春秋新社、一九五八年。

田嶋一「「少年」概念の成立と少年期の出現――雑誌『少年世界』の分析を通して――」『国学院雑誌』第九五巻第七号、一九九四年。

建部遯吾「教育の権威と教員待遇」『太陽』第一八巻第一二号、一九一二年。

建部遯吾「教育の権威と教員待遇（二たび）」『太陽』第一八巻第一四号、一九一二年。

田代素一「最近の学校騒動への批判的考察」『教育時論』第一六三九号、一九三〇年。

谷本富「国民教育の問題」『太陽』第一八巻第一〇号、一九一二年。

田淵巌『教育美談噫‼殉職の十訓導』日比書院、一九二三年。

淡月生「時事評論」『教育の実際』第六巻第一〇号、一九一二年。

津金沢聡広編著『近代日本のメディア・イベント』同文館、一九九六年。

塚原政次「昭和五年に於ける高等教育の回顧」『帝国教育』第五八〇号、一九三〇年。

土田杏村「日本は如何に改造せらるべきか」『日本及日本人』第八二六号〜改巻第五九号、一九二三〜一九二四年。

寺崎昌男「明治後期の教員社会と教師論――沢柳政太郎と加藤末吉――」石戸谷哲夫・門脇厚司編『日本教員社会史研究』亜紀書房、一九八一年。

土居安子「読書投稿欄から見る明治後期の『少年世界』――創刊時の『少女世界』との比較を通して――」『国際児童文学館紀要』第二四号、二〇一一年。

土居安子「明治期『少年世界』の読書投書欄から見た『少年世界』の読書様態」『国際児童文学館紀要』第二六号、二〇一三年。

東京大阪朝日新聞社『朝日住宅写真集』一九三〇年（『叢書・近代日本のデザイン　五五　『朝日住宅写真集』朝日新聞社』ゆまに書房、二〇一三年。として復刊）。

東京都世田谷区『新修世田谷区史』下巻、一九六二年。

豊原石南「所謂小学校教員学力問題」『小学校』第一三巻第八号、一九一二年。

内務省社会局『住宅問題資料第一輯　都市住宅問題』一九二四年。

内務省地方局有志『田園都市と日本人』講談社学術文庫、一九八〇年。

永嶺重敏『雑誌と読者の近代』日本エディタースクール出版部、一九九七年。

滑川道夫『日本作文綴方教育史Ⅰ　明治篇』国土社、一九七七年。

成田龍一「『少年世界』と読書する少年たち――一九〇〇年前後、都市空間のなかの共同性と差異――」『思想』第八四五号、岩波書店、一九九四年。

西尾実「信州教育の三遷」『信濃教育』第四三四号、一九二二年。

新田義之「ベルリンの巌谷小波」『外国語科研究紀要』第四二巻第一号、一九九五年。

新渡戸稲造「余は何故実業之日本の編集顧問となりたるか」『実業之日本』第一二巻第一号、一九〇九年。

日本近代文学館編『日本近代文学大事典』第五巻、講談社、一九七七年。

野口援太郎「学制頒布五十年記念祝賀会」『帝国教育』第四八五号、一九二二年。

野口武彦『三人称の発見まで』筑摩書房、一九九四年。

バーク、ピーター『歴史学と社会理論』第二版、佐藤公彦訳、慶応大学出版会、二〇〇九年。

橋本紘市・丸山和昭「近代日本における「教育界」の構造分析――イシュー・アクター・ネットワーク――」『東京大学大学院教育学研究科紀要』第四九巻、二〇〇九年。

橋本伸也「歴史のなかの教育と社会――教育社会史研究と到達と課題――」『歴史評論』第八三〇号、二〇〇七年。

蓮沼門三「松本虎雄君と修養団」『向上』第一三巻第一二号、一九一九年。

蓮実重彦「「大正的」言説と批評」『批評空間』第二号、一九九一年。

原武史『「民都」大阪対「帝都」東京――思想としての関西私鉄――』講談社、一九九八年。

原田実「生ける幾多の小野訓導を想ふ」『教育時論』第一三四二号、一九二二年。

樋口勘治郎「教育時評三則」『帝国教育』第三五四号、一九一二年。

樋口勘治郎「教員の文字力」『帝国教育』第三六〇号、一九一二年。

樋口勘治郎「全国小学校成績品展覧会を見る」『帝国教育』第三六〇号、一九一二年。

広田照幸「戦前期の教育と〈教育的なるもの〉――「教育的」概念の検討から――」『思想』第八一二号、一九九二年。

広田照幸『日本人のしつけは衰退したか――「教育する家族」のゆくえ――』講談社新書、一九九九年。

広田照幸『教育言説の歴史社会学』名古屋大学出版会、二〇〇一年。

深川明子「国語教科書にみる子ども観（一）――明治時代後半を中心に――」（『金沢大学教育学部紀要（教育科学編）』第三三号、一九八四年。

福元真由美「橋詰せみ郎の家なき幼稚園における教育――郊外住宅地における保育空間の構成――」『教育学年報』第七巻、世織書房、一九九九年。

福元真由美「賀川豊彦における松沢幼稚園の設立と自然中心の教育――郊外型幼稚園の系譜において――」『明治学院大学キリスト教研究所紀要』第三二号、二〇〇〇年。

フーコー、ミシェル「ある世界の誕生」（廣瀬浩司訳）『ミシェル・フーコー思考集成Ⅲ　一九六八～一九七〇　歴史学　系譜学　考古学』筑摩書房、一九九九年。

フーコー、ミシェル「『エスプリ』誌　質問への回答」（石田英敬訳）『ミシェル・フーコー思考集成Ⅲ　一九六八～一九七〇　歴史学　系譜学　考古学』筑摩書房、一九九九年。

藤井衣笠「小学校教師の告白」『小学校』第一三巻第八号、一九一二年。

前田愛『前田愛著作集第二巻　近代読者の成立』筑摩書房、一九八九年。

増田義彦『実業之日本社七十年史』実業之日本社、一九六七年。

松本金寿「学校騒動の一側面観」『教育時論』第一六四一号、一九三一年。

松本虎雄「死生論」『向上』第一三巻第一二号、一九一九年。

溝口美知子「女教師の観た小野訓導の殉職事件」『婦人公論』第七年九月号、中央公論社、一九二二年。

宮城県教育会・刈田郡教育会編『殉職訓導小野さつき女史』実業之日本社、一九二二年。

宮坂広作「明治期の中学校における学校騒動問題」『宮坂広作著作集三　近代日本の青年期教育』明石書店、一九九五年。

ムフ、シャンタル『政治的なものについて――討議的民主主義と多元的グローバル秩序の構築――』酒井隆史監訳、篠原雅武訳、明石書店、二〇〇八年。

本尾小太郎「吾子を見つめて」『教育問題研究・全人』第三三号、一九二九年。

元森絵里子『「子ども」語りの社会学――近現代日本における教育言説の歴史――』勁草書房、二〇〇九年。

森銑三『明治東京逸聞史』一、平凡社、一九六九年。

守内喜一郎「教員充実の恒久的方法の樹立」『学校教育』第一一二号、一九二二年。

森戸辰男「『学生思想問題』の社会的考察」『中央公論』第四五巻第一一号、一九三〇年。

文部省『尋常小学読本』一～八巻、一九〇三～〇四年逐次刊行（海後宗臣編『日本教科書大系近代編』第六巻、講談社、一九六四年、所収）。

文部省『学制五十年史』一九二二年。

文部省『日本帝国文部省年報』各年度版。

文部省『文部時報』一九二二年分及び一九三〇年分。

文部省学生部『学生思想運動の経過概要　附、其の対策』一九三一年（思想調査資料集成刊行会編『文部省思想局思想調査資料集成』第二二巻、日本図書センター、一九八一年。所収）。

文部省学生部編『思想調査資料』第九輯、一九三一年（思想調査資料集成刊行会編『文部省思想局思想調査資料集成』第三巻、日本図書センター、一九八一年。所収）。

文部大臣官房文書課編『大正十一年文部省例規類纂』一九二三年。

藪重臣「課外読物の調査及び指導」『教育学術界』第二五巻第四号、一九一二年、八四～九〇頁。

山口広編『郊外住宅地の系譜――東京の田園ユートピア――』鹿島出版会、一九八七年。

山口昌男『「敗者」の精神史』岩波書店、一九九五年。

山本武利『近代日本の新聞読者層』法政大学出版局、一九八一年。

山本正秀『言文一致の歴史論考』桜楓社、一九七一年。

山本正秀『言文一致の歴史論考　続篇』桜楓社、一九八一年。

山本良吉「教育界の二小事――楠公論問題及小学校教員学力問題――」『教育時論』第九八一号、一九一二年。

結城亮一『あゝ東京行進曲』河出書房新社、一九七六年。

吉野作造「日本学生運動史」『吉野作造選集』第一〇巻、一九九五年（『岩波講座教育科学』第一五分冊（一九三二年）所収論文の再録）。

吉見俊哉『博覧会の政治学――まなざしの近代――』中公新書、一九九二年。

若林幹夫「郊外論の地平」『日本都市社会学会年報』第一九号、二〇〇一年。

早稲田大学大学史編集所編『早稲田大学百年史』第三巻、一九八六年。

●雑誌

『改造』、『向上』、『実業之日本』、『主婦之友』、『少女』、『少女の友』、『少年世界』、『女学生』、『女学世界』、『新公論』、『太陽』、『中央公論』、『日本及日本人』、『日本少年』、『母之友』、『婦女界』、『婦人画報』、『婦人倶楽部』、『婦人公論』、『婦人世界』、『婦人之友』

●教育雑誌・教育週刊紙

『学習研究』、『学校教育』、『教育界』、『教育学術界』、『教育研究』、『教育時論』、『教育週報』、『教育の実際』、『教育問題研究・全人』、『教育論叢』、『信濃教育』、『小学校』、『帝国教育』、『都市教育』、『日本之小学教師』

●新聞

『大阪毎日新聞』、『国民新聞』、『時事新報』、『信濃毎日新聞』、『東京朝日新聞』、『東京日日新聞』、『東京毎日新聞』、『婦女新聞』、『報知新聞』、『読売新聞』、『万朝報』

〔付記〕

以上の史料の収集に関しては、東京大学大学院教育学研究科・教育学部図書室、東京大学総合図書館、同駒場図書館、東京大学大学院法学政治学研究科附属近代日本法政史料センター（明治新聞雑誌文庫）、東京大学法学部研究室図書室、東京大学大学院情報学環附属社会情報研究資料センター（旧社会情報研究所情報メディア研究資料センター）、東京大学社会科学研究所図書室、成城大学図書館、同民俗学研究所、同法学資料室、成城学園教育研究所図書資料室、立教大学図書館本館、同人文科学系図書館、同社会科学系図書館、学習院大学文学部日本語日本文学科書庫、青山学院大学図書館本館、明治大学生田図書館、国士舘大学中央図書館、駒澤大学図書館、東北大学附属図書館本館、早稲田大学大学史資料センター、埼玉大学図書館、国立国会図書館東京本館、国立教育政策研究所教育研究情報センター（旧国立教育研究所）教育図書館、国立国文学研究資料館史料館、宮城県図書館、神奈川県立神奈川近代文学館、世田谷区立中央図書館、同砧図書館、

板橋区立中央図書館、川崎市立麻生図書館、文京区立真砂中央図書館に便宜を図っていただいた（順不同）。記して深く感謝したい。

刊行に寄せて

◆

佐藤　学

教育の事実は、表象され語られて「教育の事実」となる。さらに、その表象され語られた「教育の事実」が教育の事実に対する見方と論じ方の枠組みとして機能し、新たな〈教育の事実〉を生み出してゆく。この循環の中で教育という問題（problem）は論題（issue）として対象化され、そこに教育の言説（discourse）が構成されている。本書は、この事実・事象から言説へといたる機制による「教育メディア空間」の形成とその歴史的変化を描き出す意欲的かつ挑戦的な研究である。

＊

最初に本研究の概要を確認しておこう。本研究は、明治後期から昭和初期までの教育問題の構成の特徴を、教育メディア空間のダイナミックな展開として描き出している。これまでの教育メディアに関する先行研究は、教育ジャーナルのみに焦点をあてて各ジャーナルの特徴を提示し、それが表象し構成している教育現実との関連を対象化して考察してきたとは言い難い。それに対して本研究は、国民教育の確立とその変容を基軸とする各時期の教育に関わる人々の日常に潜む意味空間の編成に着目し、その意味空間への教育メディアの関与を分析の対象としている。

本論文は、序章、八章からなる本論、終章の全十章から構成されている。第一部は一八九〇年代から一九一〇年代の国民国家創出期の「教育メディア空間」の形成とその機能を扱っている。第一章では雑誌『少年世界』（博文館、一八九五年創刊）、第二章では国語読本、第三章では全国小学校成績品展覧会（一九一二年）、第四章では、『万朝報』の報道が発端となった「小学校教師の学力問題」（一九一二年）がそれぞれ検討されている。少年雑誌の興隆による「少年」という概念の析出が言文一致運動を背景として生じ、国語読本によって教育対象となる子ども概念が浮上する言説実践の過程、および、教師の学力問題の評論や学習発表の展覧会を通して、業績主義の教育言説と教育領域の自律性を樹立する教育言説によって、国民国家の基盤となる国民教育の言説実践が構造化される過程が探究されている。

続く第二部は、戦前期日本が帝国としての相貌を整える一九一〇年代後半から一九三〇年前後までの教育を扱っている。第五章では教師の殉職事件に関する報道、第六章では学制頒布五〇年記念祝典（一九二二年）、第七章では新中間層による新たな郊外住宅地における教育実験、第八章では早稲田大学同盟休校（一九三〇年）を取り上げている。第二部を通して浮き彫りにされるのは、この時期においては、「一等国」として語られ拡張する国民国家の教育言説が当事者において聖域化され、主体化され、内面化されて表象され語られていることであり、その結果、国民教育の再編期を迎える一九三〇年頃には、それらの言説がより強固な教育と国家の自明化された表象と語りへと推移する基盤となったことが描出されている。

このように本研究は、教育問題を構成する言説実践によって教育をめぐる現実がどのように創出されたのかを様々な事例に即して描き出すと共に、教育メディア空間における問題構成の言説実践に見られる歴史的変化を明らかにした点において、これまでの教育ジャーナル分析とは一線を画し、新たな教育メディア史研究の領野を切り開いている。

＊

本研究が意欲的・挑戦的研究として評価されるのは次の諸点によっている。その第一は「教育メディア空間」という概念を提示することにより、「想像の共同体」(ベネディクト・アンダーソン)として定義される「国民国家(nation state)」の具体的様相を教育の言説的実践として対象化し、日本における国民教育の創出と再編の歴史的過程として描出したことにある。本書第一章は、この方法論的な視座と分析概念を巧みに駆使して日本近代における「少年」概念の析出とそれを促進した言文一致運動、および国民教育の対象としての「子ども」概念の現出の過程を探究した出色の論文といえるだろう。

「教育メディア空間」という本研究が提示した中心概念については、多少の補足的な説明が必要である。本書の序章で提示されているように、一八九〇年代後半から一九〇〇年代にかけて多数の影響ある教育雑誌が一挙に発刊され、しかも、それらの教育雑誌がこの時期、今では想定できないほど教師たちに定期購読されたという事実がある。この顕著な教育メディアの現象と国民国家および国民教育の確立(一九〇〇年の第三次小学校令——この私の見解を本研究も踏襲している)との緊密な関係に対する洞察が、本研究の出発点となっている。「教育メディア空間」という本研究の中心概念は、この興味深い歴史的事実から析出された概念である。

事実、この国民教育創設期以来、現在に至るまで、新聞、教育雑誌、展覧会などの「教育メディア空間」は、意識的かつ無意識的に「教育現実」あるいは「教育問題」を表象し語ることによって、国民教育の言説的実践を展開してきた。この現実に対する歴史的視座を獲得しようとする格闘が本研究のライトモチーフと言ってよいだろう。

第二には、国家権力と教育言説および教育実践との関係の解明の切り口としての「教育メディア空間」の探究それ自体が意欲的であり、かつ挑戦的である。「教育は国家のイデオロギー装置」というアルチュセールの遺言のようなテーゼが、本研究の伏線として横たわっていることに読者は気づかれるだろう。しかし、このテーゼは、マルクス主義者のアルチュセールにしてはあまりに形而上学的であり、それが史的唯物論の基底還元主義への対抗図式として提示されていたとしても、あまりに単純化しすぎたテーゼである。したがって、本研究は注意深く、アルチュセールのこのテーゼに関する論及は避けられているが、しかし、このテーゼが内包している国家と教育イデオロギーとの関係に対して、本研究は一つの解答を与えようとする努力によって成立している。

第三に、本研究が教育におけるカルチュラル・スタディーズの挑戦として位置づいていることである。実際、本研究の構想が岩田氏に生まれ、その研究が実を結び始めた時期は、日本においてもカルチュラル・スタディーズが開花し、様々な研究が結実しつつあった時期と重なっている。岩田氏が所属していた私の大学院のゼミナールにおいても、バーミンガム大学のスチュアート・ホールの論文を読み合い、文化・教育・イデオロギーを下部構造に規定された上部構造としてではなく、それ自体が現実の政治以上に政治としての機能を発揮している政治空間として再定位する研究の必要性を議論し合っていた。本研究は、この議論の延長線上に位置している。岩田氏は、スチュアート・ホールが提示した政治空間としての文化とメディアの機能とその表象の政治学と言説的実践の枠組みを基盤として、本研究の構想を具体化し、日本近代の国民教育の創出と再編における「教育メディア空間」の具体的様相を描き出すことに挑戦したのである。

*

本研究は意欲的で挑戦的な研究であることから、いくつもの論争的問題も開示している。それぞれが高度に難解な論題であり、ただちには解決できないほどの難題である。たとえば、本研究において提出された中心概念である「教育メディア空間」の存在とその機能は、本研究において明確化されているが、その「教育メディア空間」それ自体が、どのような歴史的変化を遂げてきたのかについて、本研究は必ずしも明示的に描き出しているわけではない。さらに言えば、本研究で開示された「教育メディア空間」は、その機制と機能の両面において、複合的で重層的で構造的な機制と機能を構成している。本研究は、その複合性、重層性、構造に迫る数々の歴史的事象を問題史的に構成しているが、それ自体の解明は必ずしも明快ではない。

しかし、これらの高度に難解な論題を今後の研究の対象として設定したこと自体が、本研究の卓越性を示している。ここに提示した論題は教育メディアの歴史研究の難題中の難題であり、より根本的には、日本近代の「国民国家」あるいは「国民教育」の複合性と重層性と構造の根幹に連なる難題である。本研究の隠れた成果の一つは、その難題へと迫る一つの筋道を本研究が開示したことにある。

本研究の間接的な貢献についても付記しておこう。これまでの教育史研究において一八九〇年代後半と一九〇〇年代前半については、ほとんど関心が払われてこなかった。何よりも教育勅語の成立（一八九〇年）こそが教育史研究者の関心の焦点であった。しかし、教育の日常を対象化した場合、今日の教育の見方や考え方やふるまい（慣行）の基盤をかたちづくったのは、むしろ一九〇〇年前後に生じた教育に関する一連の出来事である。さらに言えば、今日の学校教育の日常における見方と考え方と慣行の基本的骨格は、一九〇〇年前後と一九三〇年代に形成されている。本研究は、それらについて直接的な言及も探究も行っていないが、これまでの教育史研究が看過してきた数々の教育事象が内包している歴史的意味について、いくつもの啓発と示唆を提示している。その意味で、本研究が切り開いた教育史研究の新しい視座は、岩田氏に続く若い世代の教育史研究者にとって貴重な道しるべとなるだろう。

＊

本研究は、二〇年余りに及ぶ岩田氏の教育史研究の集大成であり、新たな視座を開く教育史研究の労作である。その二〇年間、岩田氏は、私の研究と実践の傍らで、いつも刺激的な啓発を与え続けてきた。岩田氏の卒業論文、修士論文、そしてこの博士論文を指導する過程で、私は彼からいつも学び続けてきた。特に、彼の最初の学術誌論文である「明治後期における少年の書字文化の展開：『少年世界』の投稿文を中心に」（『教育学研究』第六四巻四号、本書第一章）を読んだときは、彼の研究の独創性とその独創性を産み出す才覚の凄さに驚嘆したことを覚えている。その研究を起点として本研究がスタートし、そして本書として結実した。その探究の過程は、決して彼の類まれな才覚だけで切り拓かれるものではなかった。行きつ戻りつ、もっと言えば逡巡し史料と格闘し省察と熟考を重ね続けた二〇年だったと思う。それほど本研究のテーマは、重要かつ魅力的であると同時に、一筋縄ではいかない複雑さと難解さを内にはらんだテーマだった。その格闘の足跡を本研究の各章から読み取っていただければ幸いである。

＊

最後に、岩田氏の二〇年に及ぶ探究がここに結実したことの歓びを記すと同時に、本研究の公刊を一つの起点として新たな探究が開始されることへの期待を寄せておきたい。私自身をふり返ってみても、博士論文の公刊は一つの結節点というよりも、新たな始まりの出発点であった。あまりに多くの論題や難題を発見し抱え込んだことによる探究の新たな出発である。その新たな出発点に立った岩田氏を同志として心から歓迎し、今後の新たな探究の歩みを期待したい。

（学習院大学教授・東京大学名誉教授）

あとがき

本書は、博士学位請求論文「明治後期から昭和初期までの教育問題の構成に関する研究――教育メディア空間の動態――」（二〇一六年六月、東京大学大学院教育学研究科に提出、二〇一六年一二月、博士（教育学）の学位取得）を、二〇一七年度成城大学文芸学部研究成果刊行補助金の交付を受けて刊行したものである。公刊に際して、表題を『教育メディア空間の言説実践――明治後期から昭和初期までの教育問題の構成――』と改め、論文全体に加筆と修正を施した。

博士論文の審査に際しては、主査の小国喜弘先生を始めとして、小玉重夫先生、浅井幸子先生、新藤浩伸先生、仁平典宏先生、佐藤学先生に有益なコメントをいただくとともに、その論文が有している私自身が気づいていなかった意義、課題を教示いただくことができた。記して衷心より感謝申し上げる。今後の研究を通して、指摘していただいた意義を踏まえながら、いただいた課題に応えていくこととしたい。

本書の各章の初出は、次の通りである。

序　章　「主題の所在」書き下ろし。

第1章　「『少年世界』における「少年」の再編制――投稿文を中心に――」（原題「明治後期における少年の書字文化の展開――『少年世界』投稿文を中心に――」）『教育学研究』第六四巻第四号、日本教育学会、一九九七年、一～一〇頁。

第2章　「教科書に見られる「児童」表象の転換――明治期の国語読本を中心に――」『日本常民文化紀要』第二九輯、二〇一二年、一七五～二〇四頁。

第3章　「展覧され評価される教育の成果――全国小学校成績品展覧会を事例として――」（原題「一九一〇年代における教育のイヴェント化とその射程――実業之日本社、学校教育、全国小学校成績品展覧会のトリアーデ――」）『教育学年報』第七巻、世織書房、一九九九年、四二三～四四八頁。

第4章　「『万朝報』「小学校教師の学力問題」に見る教師文化の構造――教育の固有性の主張――」（但し原題にはサブタイトルは付さず）『東京大学大学院教育学研究科紀要』第三八巻、一九九八年、三三七～三四五頁。

第5章　「殉職によって表象される教師の心性――一九二〇年代初頭の教師文化の一断面――」『東京大学大学院教育学研究科紀要』第四〇巻、二〇〇一年、一九一～二〇〇頁。

第6章　「「教育第一」という言説――学制頒布五〇年記念祝典における表象の力学――」『現代思想』第二九巻第二号、二〇〇一年、青土社、一八九～二〇五頁。

第7章　「学園都市が形成する教育文化――一九三〇年前後の成城学園を事例として――」『成城文藝』第一八九号、二〇〇五年、一～二〇頁。

第8章　「一九三〇年前後の学校紛擾言説に見られる大学の共同体化への希求――早稲田大学同盟休校を中心に――」『成城文藝』第二一八号、二〇一二年、六五～八四頁。

終　章　「見失われた水脈を求めて――教育メディア空間の探究」書き下ろし。

本書にかかわる研究を始めたのは一九九六年のことであった。それ以前は、子どもたちのナラティヴ・アイデンティティ（narrative identity）がどのように構築されるのか、そしてそこに教師の語りがどのようにかかわっているのかということを、ポール・リクールなどの研究に示唆を得ながら、子どもと教師のノートにおける文章の遣り取りを分析対象として考察するという研究を遂行していた。

今日の子どもを巡るアクチュアルな課題に取り組んでいたわけだが、その課題に取り組む過程で、多様な領域において創出されている教育に関する問題構成や言説が学校教育の実践と相関しているのではないか、そしてその相関を歴史的な文脈に位置づけてこそ、アクチュアルな課題が有する意味を照射することができるのではないかという、当然と言えば当然の問題意識が芽生え始めた。

以上の問題意識に基づき、多様な教育事象が言説化される場である教育メディア空間において、どのような教育にかかわる問題が構成されてきたのかということを歴史的に探究しようと考え、本書に連なる研究を遂行することを自分の研究課題と設定していくこととなった。それ以降、教育雑誌、少年雑誌、総合雑誌、新聞を始めとして、教育問題を論じている活字メディアを渉猟する作業を継続してきた。

歴史的な研究を遂行する傍らで、市民性の教育や矯正教育にかかわるもの、新任教師の成長過程にかかわるもの、グローカル状況にかかわるものを始めとするアクチュアルな研究調査に取り組み、またさまざまな学校の校内研修に参加し、現代日本の子どもや教師、教育実践について学ぶ活動を継続してきた。それゆえ、自分自身の怠惰さもあってのことであるが、学位論文を執筆し、本書をまとめるのに想定以上に時間を費やすこととなってしまった。しかし、歴史的な研究、そしてそれと並行して進めてきたこれらの研究調査、活動に通底しているのは、教育にかかわる人々がどのようにアイデンティティを構築しているのかということに対する関心であったということを、本書を執筆しながら遡及的に見出した。

このような関心にかかわることで想起するのは、大学、そして大学院の指導教授である佐藤学先生に、私が学部生であった時期に、ヒドゥン・カリキュラム（hidden curriculum）という概念を教室生活の分析から導出したことで知られるPhilip W. Jackson, *Life in Classrooms*, New York：Holt, Rinehart and Winston, 1968. を読むように示唆され、貸していただいたことであった。どのような教育学研究に取り組んでいけばいいのかと考え、ともかく濫読していたストレイ・シープであった当時の私に、先生がジャクソンの著作を読むように言われたことが、教育と人々のアイデンティティの関係を研究の機軸としていく契機であったと思う。

また、私が論文やそのアイディアを携えて研究室に伺うたびに、先生はその該博な知識に基づいて、教育学だけではなく、さまざまな学問領域の多様な文献、また各地の教育実践を紹介してくださり、私の研究を広い文脈に位置づけ、拙い研究を励まし、方向づけていただいた。学部、大学院在学中だけでなく、成城大学の教員となってからも、遅々として進まない私の研究を粘り強く指導してくださった。これまでのご指導に深く感謝するとともに、今後の研究活動を通じて、先生の学恩に少しでも報いたい。

既に一部は着手し始めているが、今後は、本書で扱えなかった時期や事例を対象として、教育メディア空間における問題構成に迫っていく研究に取り組んでいくこととしたい。矯正教育の研究に誘っていただいた広田照幸先生に、歴史は他の学問分野以上に、センスよりも知識の蓄積が重要な分野であり、それゆえ年齢が高くなってからも若い研究者に負けない仕事ができる、という趣旨の話を伺ったことがある。この話を胸に刻み込みながら、本書に続く研究に挑戦していくこととしたい。

本書の研究を遂行するにあたって、既にお名前を記させていただいた方々以外にも、多くの方々にお世話になった。論文に対して、その都度、的確なコメントを寄せてくれるとともに、お互いに励まし合った大学院の友人（今でも刺激を与えてもらっている）、そして研究を継続できる環境を与えてくれている成城大学とその教職員、特にさまざまな人文科学・社会科学の知が集積する場となっている文芸学部とその同僚の存在がなければ、本書の研究を完遂することはできなかっただろう。また、成城大学では、主事を務めている民俗学研究所、研究員となっているグローカル研究センターの同僚からも、専門分野や学部を横断して同じテーマに迫ることを通じて、自分の教育学研究を再考する契機を得ることができた。歴史的な研究と並行して進めてきた前述の研究調査においても、それぞれの学問分野の第一線で活躍している先生方から、同様の契機を得ることに恵まれた。さらに、史料を提供してくださったり、史料の所蔵場所を紹介してくださったりした多くの方々もいる。すべての方のお名前を記すことができないのは残念であるし、申し訳ないことであるが、この場を借りて心よりお礼を申し上げたい。

本書の出版にあたって、世織書房の伊藤晶宣さん、門松貴子さんのお世話になっている。特に伊藤さんには、大学院生の頃から目をかけていただき、折にふれ、著書の刊行を催促していただいたが、私の力不足があり、なかなかそれに応えることができなかった。本書によって、ようやく伊藤さんの求めに応えることができたことをうれしく思っている。

最後に、研究生活を支えてくれた両親、そして妻に深い感謝の気持ちを伝え、筆を擱くこととしたい。

二〇一七年一〇月

岩田一正

エイミー・ガットマンの教育理論●現代アメリカ教育哲学における平等論の変容
平井悠介
3400円

教育システムと社会●その理論的検討
広田照幸・宮寺晃夫＝編
3600円

【第2版】右派の／正しい教育●市場、水準、神、そして不平等
マイケル・アップル／大田直子＝訳
4600円

意味が躍動する生とは何か●遊ぶ子どもの人間学
矢野智司
1500円

佐藤学・不朽の教育理論三部作
カリキュラムの批評●公共性の再構築へ　4800円
教師というアポリア●反省的実践へ　4000円
学びの快楽●ダイアローグへ　5000円

人間学
栗原彬＝編
2400円

〈価格は税別〉

世織書房

〈著者プロフィール〉
岩田一正（いわた・かずまさ）
1969年島根県生まれ。東京大学大学院教育学研究科博士課程修了。博士（教育学）。成城大学文芸学部専任講師、成城大学文芸学部助教授・准教授を経て、現在、成城大学文芸学部教授。
主な著書に、『現代日本の少年院教育』（分担執筆、名古屋大学出版会、2012年）、『新しい時代の教職入門【改訂版】』（分担執筆、有斐閣、2015年）、『グローカル時代に見られる地域社会、文化創造の様相』（共編、成城大学グローカル研究センター、2016年）ほか。

教育メディア空間の言説実践
——明治後期から昭和初期までの教育問題の構成

2018年2月15日　第1刷発行 ©

著　者　岩田一正
装幀者　M. 冠着
発行者　伊藤晶宣
発行所　(株) 世織書房
印刷所　(株) ダイトー
製本所　協栄製本 (株)

〒220-0042　神奈川県横浜市西区戸部町7丁目240番地　文教堂ビル
電話 045-317-3176　振替 00250-2-18694

落丁本・乱丁本はお取替えいたします　Printed in Japan
ISBN978-4-902163-97-1

索　引

〈人名〉

か行

さ行

た行

な行

は行

ま行

や行

わ行

索　引

〈事項〉

あ行

か行

さ行

た行

な行

は行

ま行

や行

ら行

わ行